EVA
価値創造への企業変革

ジョエル・M・スターン
ジョン・S・シーリー
アーヴィン・ロス
伊藤邦雄【訳】

The EVA Challenge:
Implementing Value-Added Change in an Organization

Joel M. Stern and John S. Shiely with Irwin Ross

日本経済新聞社

The EVA Challenge:
Implementing Value-Added Change in an Organization

Copyright ©2001 by Joel M. Stern and John S. Shiely.
All Rights Reserved.

Authorized translation from the English language edition published
by John Wiley & Sons, Inc.
Translation copyright ©2002 by Nihon Keizai Shimbun, Inc.
Japanese translation rights arranged
with John Wiley & Sons International Rights, Inc., New York
through Tuttle-Mori Agency, Inc., Tokyo

EVA® is a registered trademark of Stern Stewart & Co.

訳者まえがき

「ＥＶＡを導入すると、いままで見えていた風景が、まるでちがって見えるようになった」

いまから三年前、ある講演会で、訳者に先立って講演したソニーの出井会長（当時社長）が語った言葉である。出井会長は、当時のソニーの株式時価総額がまだまだ低い水準にとどまっていることに不満を述べた後に、この言葉を続けた。

これは、ＥＶＡの本質を突いた、含蓄溢れる箴言である。従来とはちがった尺度を導入しながら、景色が従来と同じように見えるようでは考えものだ。ＥＶＡは、従来の景色を一変させる威力と効果を持つというのである。

ここに登場するＥＶＡ（経済付加価値）こそ、本書がメインテーマとするものである。ＥＶＡは、本書の著者の一人である、ジョエル・スターンが創業者でもあるスターン・スチュワート社が商標権を持つ、新たな経営手法であり、企業価値の評価尺度でもある。EVAは、一九九〇年代初めに、次々とアメリカ企業に導入されて以来、学会や証券アナリスト、投資家などに幅広く受け入れられている。コカ・コーラやGEをはじめとする、多くの主要なアメリカ企業がEVAを経営指標として導入し、成功を収めている。企業ばかりではない。カルパース（カリフォルニア州公務員退職年金基金）などの年金運用会社をはじめとする機関投資家も、EVAをベースに企業の評価を行っている。

日本企業も最近になって、EVAに強い関心を抱きはじめた。すでに、花王やソニー、旭化成、キリンビールをはじめとする主要企業がEVAを導入しており、ほかに松下電器産業や三菱商事、HOYAなどを含む五〇社を超える企業が、EVAと実質的に同じ経営手法を採用している。

以下、本書をより深く理解していただくために、訳者の思いも込めながら、EVAの意義や特徴について、多少長い「まえがき」になることをお許しいただきたい。また、そうした思いゆえのお願いで恐縮であるが、この「まえがき」は本文を読む前に必ず目を通していただきたい。また、できれば本文を読みながら、あるいは読了した後に、この「まえがき」を読み返していただきたい。なぜ、日本企業にEVAが必要なのか、そして皆さんは何をしたらよいのか。この「まえがき」には、そのヒントを込めたつもりである。

それでは、皆さんをEVAの旅にご招待することにしよう。

「グローバル資本主義」という地殻変動

現在、日本企業はさまざまな問題に直面し、依然として苦境から脱け出せないでいる。それが株価の低迷や株式時価総額の下落に如実に表れている。「日本再生」という言葉は、事態の深刻さに照らせば、決して大仰な表現ではない。日本企業の経営スタイルを抜本的に変えるぐらいの覚悟がないと、「再生」などおぼつかないだろう。

日本企業がこうした苦境に陥るきっかけとなったのが、「グローバル資本主義」という名の地殻変動だった。かつては、各国の「固有の資本主義」を尊重すべきだという資本主義多元論が全盛だった。しかし、いまや資金は国の壁を越えて瞬時に移動し、また人もモノもダイナミックに移動する。そうした中、日本の資本主義もグローバルな対応を余儀なくされ、その特殊性をもはや失っているのである。「グローバル資本主義」に恐怖を抱こうが、それを高らかに標榜しようが、それだけでは問題は何ら解決しない。そうした時代環境の変化を直視した上で、大胆なアクションを果敢に実行しなければならない。

こうした時代状況のもとで、いま日本企業に最も求められるのが「企業価値の創造」である。グローバル資本主義の時代には、企業価値を創造できない会社は淘汰される。これは冷徹な経済原理である。企業はさまざまなステークホルダーから資金の提供を受けている。この資金を効率的に活用し、価値を創造することが経営者の役割である。ステークホルダーの中でも、とりわけ株主は企業のリスクテイカーでもあり、企業が活動を続けていく上で不可欠の存在である。したがって、株主へのリターン、あるいは企業価値を反映する株価を意識しない経営は認められない。

にもかかわらず、過去において、日本企業はこの経済原理を看過し、知らず知らずのうちに企業価値を破壊してきた。最近では、こうした反省から「企業価値の創造」を標榜する企業が増えてきた。そのこと自体は評価できるが、残念ながらそれがお題目に終わっているケースが少なくない。

また、こうした価値思考は、よき戦略に支えられて初めて満たされる。つまり、価値思考と戦略思考の両輪があいまって、初めて企業価値創造が可能となるのである。振り返って、日本企業はこうした価値思考と戦略思考のいずれも希薄だったと言わざるを得ない。よい製品を安く作ればよしとする「オペレーション効率志向」に偏重した古典的な経営スタイルでは、激烈な市場競争の中で生き残っていくことは困難である。

なぜ企業価値創造なのか

では、なぜ近年になって、企業価値創造が日本企業の緊急課題となったのだろうか。いくつかの要因があげられる。まず、従来の安定株主構造が崩壊しつつある点である。それを誘発した第一の原因が会計ビッグバンの一環としてわが国にも導入されつつある、時価評価の波である。保有有価証券が時価評価されるようになると、利益や株主資本が毎期変動し、それに伴って株主資本利益率（ROE）などの業績指標が変動してしまう。それを回避するためには、保有有価証券を売却するしかない。これが、持ち合い株式の放出を招いているのである。

また、そうして放出された株式を外国人投資家が取得した結果、外国人持ち株比率も上昇している。これが第二の要因である。つい最近まで、四五％というソニーの外国人持ち株比率は特殊だとされてきた。しかし最近では、外国人持ち株比率が三〇％を超えている会社がざらにある。外国人投資家は純粋に経済原理で行動するため、従来の安定株主とはおよそ異なる。

従来の安定株主構造が堅持されているときは、株価がいくら下がっても、株式時価総額がいくら下落しても、M＆Aのターゲットになる恐れはなかった。しかし、いまはちがう。PBR（株価純資産倍率）が1を下回っていれば、まさに「お買い得」企業になって、M＆Aの脅威にさらされる。

これまでも訳者は、「いかなる会社も、とりわけPBRの低い会社はM＆Aのターゲットになりますよ」と大学の教室や講演などで言い放ってきたが、実のところ、あまり迫力がなかった。なぜなら、安定株主比率が高ければ、それは非現実的だからである。ところが今日、このことはまさにリアリティーを持つようになったのである。

企業価値創造はこうした脅威・ネガティブな側面から要求されるだけではない。株主の期待に応えるためにも、また他社のM＆Aを有利に進め、戦略的に経営を進めるためにも必要である。

なぜEVAが注目を集めるのか

では、EVAとはどのようなものなのだろうか。EVAは、税引後営業利益（NOPAT＝Net Operating Profit After Tax）から資本コスト（Cost of Capital）を差し引いて算出する。この資本コストとは、負債の資本コストと株式の資本コストからなり、投下資本に加重平均資本コスト（WACC）を乗じて求められる。実際にはEVAは、この式にさまざまな修正を加えて計測するのであるが、ここでは差し当たり無視しておこう。

ここで求めたEVAがプラスであれば、事業活動は企業価値を創造し、マイナスであれば企業価値を破壊しているととらえるのである。つまり、EVAの符号が企業価値を創造しているか否かのリトマス試験紙なのである。もちろんＥＶＡのプラス幅が大きければ大きいほど、企業価値の創造額も大きくなる。

ここで言うＮＯＰＡＴは、営業利益に（１－実効税率）を乗じて求めるので、それほど難しくない。問題は「資本コスト」である。企業の役員やミドルの研修などで説明する際に、最もてこずり、既にＥＶＡを導入することを決めた会社でも社員に「最もわかってもらえない」のが資本コストである。

では、資本コストとは何だろうか。たとえば、銀行から借り入れれば利子がかかる。この利子は、損益計算書上に「支払金利」という項目で計上されており、企業にとってのコストとなることは明らかである。銀行からの借入金も広い意味で資本であるから、利子は資本コストの一部となる。

では、もう一つの有力な資金調達源泉である株主資本コストはどうだろうか。株主に対して配当を支払うことから、配当がコストだと答える企業人は存外に多い。では、内部留保のコストはいくらだろうか。内部留保は配当支払後に残ったものだから、コストはゼロ、あるいはきわめて低く、会社が自由に使える資金であると思い込んでいる人が非常に多い。こうした人は、意識を転換する必要がある。

内部留保は、株主により投資された資金という性格を持つ。というのは、会社があげた利益は本来、株主に還元されるべきものである。しかし、その利益を引き続き再投資することを予定して、配当として支払わずに企業内に留保することを、株主が了承したのが留保利益なのである。その意味で、株主が払い込んだ資本金や資本準備金と留保利益は、何ら変わらない。

さらに、配当のみが株主に対するコストとする考え方は適切ではない。そもそも投資家は、配当のみをリターンとして期待しているわけではなく、株価の値上がり益、すなわちキャピタル・ゲインも期待している。つまり、投資家は配当とキャピタル・ゲインの双方を見込んで、最低限の投資収益率を期待して投資するのである。これが、企業経営者からすればコストであり、それが株主資本の資本コストなのである。

要するに、同様のリスクを持つ企業に投資したとすれば得られると期待されるリターン、すなわち「機会費用」が資本コストなのである。経営者はそうした資金の提供を受けたからには、資本コストを上回る利益をあげることが使命となる。残念ながら、一九八〇年代、そして一九九〇年代に入っても、こうした意識が希薄だった。

ところで、実際にEVAを導入するとなると、大きな壁に直面することになる。それは、資本コストをどのように測定するかという問題である。

企業全体のWACCを求める場合には、それほど大きな問題は生じない。各種のデータが比較的入手可能な状態にあるからである。たとえば、企業の市場価値に対する有利子負債、株主資本のウエートについては、一般的に目標数値が適用される。また負債コストには、当該企業の実績値、あるいは格付けに基づき算出される金利が適用されることがほとんどである。さらに株主資本コストは、リスクのない証券の利子率に当該会社のリスクプレミアムを加算して求める。

資本主義の源泉を見つめる

資本コストという概念は、企業にとっての「真の利益」という考え方を導く。それは、企業のあげた当期純利益のうち、資本コストを上回る部分が「利益」であり、それが企業の創造した「付加価値」だとする考え方である。こうした利益は、会計上の利益と区別する意味で「経済的利益（Economic Profit）」とも呼ばれる。一九九九年三月九日にソニーが発表した企業改革構想によれば、一九九九年度から導入する「新しい業績評価尺度」は「Economic Profit の概念に基づくもの」と明言されている。

資本コストを考慮に入れた場合、たとえ企業が黒字であっても、それが資本コストを上回っていなければ、付加価値、すなわち企業価値を創造していることにはならない。仮にそうした状態が続くようであれば、大胆な事業構造の変革（リストラ）や業務の徹底効率化の施策を打つ必要がある。これは資本主義のコアに位置する本質的な原則であり、「アメリカ型」も「日本型」もない。

日本企業でも、既に多くの会社がＲＯＥを経営目標に掲げるようになっている。株主資本に対するリターンを見据えはじめたという点で評価できる。しかし注意すべきは、ＲＯＥには三つの限界があることである。第一に、ＲＯＥの計算式の分子は会計上の利益であり、会計政策の影響を受けてしまう。第二に、ＲＯＥの計算式の分子からは資本コストが控除されていない。第三に、ＲＯＥは比率指標であり、創造された価値額を表していないため、企業が縮小均衡に陥るリスクを伴う。

ＥＶＡが支持される理由の一つは、ＥＶＡという経営指標には論理一貫性があり、かつ使い勝手がよいことである。ＥＶＡとは、言ってみれば価値創造の源泉となる投下資本を活用して、いかに資本提供者の要求リターンを上回るリターンをあげることができたかを表す。つまり、資本主義の本質である株主へのリターンを意識した経営指標となっているのである。また、ＲＯＥなどほかの経営目標を掲げるよりも、価値創造のために企業が何を実施しなければならないかが明確になりやすい。

異なる景色はどうして見えてくるのか

では、冒頭に紹介した出井会長の言葉に戻ろう。ＥＶＡを導入すると、何がどのように変化するというのだろうか。同氏は講演の中で、その意味について改めて説明することはなかったので、訳者の解釈を示すことにしよう。

第一に、損益計算書の見方が大きく変わってくることである。少なくとも一九八〇年代までは、ビジネスの成否は損益計算書のボトムラインにある「当期純利益」がプラスかマイナスかで判断されていた。つまり、黒字であれば事業は順調であり、逆に赤字であれば要注意で、場合によっては合理化を検討しなければならないと判断されていた。一九九〇年代に入ってもその傾向が続いていたと言ってよい。しかし、ＥＶＡを導入するとなるとそうはいかない。事業が黒字であっても、資本コストをまかないきれず、ＥＶＡがマイナスとなれば、大胆な事業構造の変革や業務の徹底効率化が必要となる。こうした新しい世界では、もはや黒字や赤字は死語となる。

たとえば、一九九九年七月に、旭化成は食品事業を日本たばこ産業（ＪＴ）に売却した。旭化成は同事業で年間四八〇億円の売り上げと一〇億円弱の利益を計上していた。少なくとも一九八〇年代には、こうした事業の売却は困難だっただろう。経営者や従業員の当該事業に対する愛着や労組からの反発などが、それを許さなかったからだ。しかしＥＶＡをベースにすると、たとえ黒字事業でも、利益（ＮＯＰＡＴ）が資本コストを上回る水準に達していなければ、何らかの施策を打つ必要が出てくる。実際、旭化成が食品事業から撤退したのは、将来業績を高めていくために、巨額の投資が必要となることが明らかになったためである。巨額の投資は資本コストを引き上げ、利益を圧迫する。ＥＶＡを新たに導入した旭化成は、その事態に陥る前に意思決定をしたのである。

日本企業があるビジネスから撤退しようとすると、「魔女狩り」が始まりかねない。当該事業から撤退しようとすると、その事業を始めたかつての役員が目に浮かぶし、また失敗した責任を誰がとるのかを明らかにしなければならないからである。こうした「魔女狩り」が不採算部門からの撤退、ひいては事業の「選択と集中」を遅らせた。しかし、ＥＶＡのような明確なベンチマークがあると、そうした「魔女狩り」にとらわれることなく、しかも利益が圧迫される前に撤退を進めることができる。企業価値を高めるために、人を切るのではなく、事業を切るのである。

第二は、資本コストが新しい風景の真ん中に位置することである。会社が事業活動から企業価値を創造しているのか否かは、企業が生み出すキャッシュ・フロー（利益）が資本コストを上回っているか否かの検証が必須となる。従来の日本企業の経営スタイルでは、とりわけ株主に対するコスト意識はきわめて希薄であった。したがって新しい風景を正しくとらえるには、その中心に位置する資本コストを正しく理解する必要がある。

第三はバランスシートの見方が変わることである。従来、バランスシートの借方側（左側）に記載される資産の規模が大きい会社は「格のある会社」「地位の高い会社」「安定した会社」という、暗黙知的な価値観があった。

しかしＥＶＡを導入すると、そうした価値観は一変する。ＥＶＡの導入に伴い、資本コストに対する目配りが必要となるためである。つまりバランスシートの借方の資産にはすべて資本コストがかかっていることを意識せざるをえなくなる。保有資産が大きければ大きいほど、負担しなければならない資本コストの金額も大きくなる。日本企業の中には巨額の現金・預金を保有している企業も少なくない。しかし現在のような低金利時代に、そうした現金・預金が資本コストを上回るリターンを生み出すとは考えにくい。そうした点も含め、資産ポートフォリオを見直す必要がでてくる。

企業の財務諸表は、企業の実態を浮かび上がらせる鏡としての役割を担う。その主要財務諸表である損益計算書や貸借対照表の見方が変わるということは、とりもなおさず企業経営の「風景」が大きく変わることを意味する。変化した新たな風景の中で、企業は事業の「選択と集中」を進め、資産効率に対する意識を研ぎ澄まさなくてはならない。

どのように「選択と集中」を進めるべきなのか

そうした選択と集中を進めてＥＶＡを高めるためには、どのような施策があるだろうか。大別すると、以下の四つの方法があげられる。

1 収益改善
2 高付加価値投資
3 整理回収
4 資本コストの低減

第一の「収益改善」では投下資本を増大することなく、ＮＯＰＡＴを改善するよう努めることが必要となる。第二の「高付加価値投資」では、資本コストを上回るリターンを生み出すプロジェクト（ＥＶ

Aスプレッドがプラスの場合）への傾斜投資を意味する。第三の「整理回収」は資本コストを下回るプロジェクト（EVAスプレッドがマイナスの場合）からの撤退である。不採算部門からの撤退や事業売却などがこれに該当する。最後に資本コストを引き下げることがあげられる。

こうした四つの施策の中でも特に興味深いのは、第四の資本コストの引き下げである。これに寄与する有力な活動がＩＲ（Investor Relations）である。

わが国では、これまで必ずしも企業のＩＲ活動を、あるいはそれを担当するＩＲ部門を正当に評価してこなかった。ＩＲとは、一言で表現すれば、投資家を中心とする企業の利害関係者との関係構築のための自発的なコミュニケーション活動といえる。ＩＲ部門は投資家にとって意味のある情報を社内から収集し、それを投資家などに伝達する。あるいはアナリストや機関投資家の目に自社がどのように映っているのかを確認する役割を果たす。

これまで、日本企業はＩＲ活動に対し十分な理解を示してこなかった。中には、ＩＲ部門が利益に貢献しないことから、企業には必要ないと論じるものもあった。

確かに、ＩＲ部門は、損益計算書で算出される利益創出に対して、直接には貢献しないかもしれない。しかし、企業の付加価値や企業価値の増大を経営目標とするのであれば、話は一変する。なぜなら、ＩＲを効果的に展開すれば、資本コストを引き下げることができるからだ。資本コストの低減は企業価値の創造に寄与する。

ではＩＲ活動で、なぜ資本コストを引き下げることができるのか。それはＩＲの主要なねらいの一つが、市場の「ショック」を和らげることにあるからである。ＩＲ活動では、タイミングよく、さまざまな情報を提供することにより、市場の「驚き」や「ショック」をできるかぎり小さいものに抑えることができる。結果として、株価の変動（ボラティリティ）が小さくなれば、「資本コスト」が引き下げられる。

組織風土変革のテコに

ＥＶＡ導入にあたっては、以下の点にも留意する必要がある。

第一は経営責任の明確化だ。これまでも日本企業は中期経営計画などで経営目標や戦略を策定してきた。にもかかわらず、それが必ずしも成果に結びつかなかった。しかし、目標の達成度が評価・分析されることもなければ、その責任の所在を明らかにすることもまれだった。こうした状態では、せっかくＥＶＡを導入しても、企業価値を創造することは難しい。

第二に、インセンティブ報酬との結び付けである。たとえＥＶＡを導入しても、それを報酬に結び付けなければ、従業員の目をＥＶＡに向けさせることは難しい。企業が本気でＥＶＡを導入しているかどうかは、ＥＶＡをインセンティブ報酬に結び付けているかで判断するというアナリストも多い。ＥＶＡの導入をかけ声で終わらせることなく、それを報酬に結び付けることで、従業員の行動ベクトルを企業価値に向けさせることができる。

ＥＶＡを導入したからといって株価が上がるわけではない。ＥＶＡという評価尺度に基づいて、さまざまな活動を企業価値の向上につながるように変革して、初めて効果を発揮するのだ。これが第三の留意点である。

あるソニーのＥＶＡ推進事務局のスタッフは、「ＥＶＡ導入の目的の一つは、株価に実力をつけることだ」と語ってくれた。もちろん株価は日々変化する。しかし、そうした日々の変化に一喜一憂しても継続的な企業価値創造は見込めない。むしろ株価の過度の変動を抑え、株価が安定的に上昇トレンドを描くように、長期的な観点から企業の実力をつけていく必要がある。これを意識せずして、ＥＶＡ導入による企業価値創造を期待することは難しい。

「ＥＶＡの導入は、『組織の風土を変える』という経営者のアナウンスと受け止めています」。ある有力アナリストの言葉である。ＥＶＡは単なる業績評価尺度の変更ではなく、経営トップや社員が価値創造にコミットすることの表明にほかならない。後は実行あるのみである。

本書はよくある手軽なノウハウ本ではない。またＥＶＡや企業価値創造をテクニカルに解説した書物でもない。時間節約的な、しかし皮相的なノウハウ本をいくら読破したところで生きた知恵にならないことは、お節介がましく言わなくても、読者諸賢にはおわかりのことと思う。

かといって、本書はいわゆる理論書でもない。本書の第一の特徴は、ＥＶＡの背後にある、つまり企業価値創造経営の背後にある本質的な考え方を、深い含蓄をもって、的確に説明していることである。第二は、いかにＥＶＡを活用して企業価値創造を成功させるかを、著者らのコンサルティング経験に基づいた生きた実例をまじえて体系的に述べた実践書だということである。

実は、これら二つの特徴を一書で併せ持つのはきわめて難しい。著者らはその困難な課題を香り高い筆致で見事に達成している。ぜひ、企業価値創造経営の奥行きの深さと醍醐味を味わっていただきたい。

なお、邦訳にあたり、ＥＶＡを理解するために必要とされる重要な用語については、巻末に解説を付した。ご活用頂ければ幸いである。採録した用語は初出時にアスタリスク（※）を付けている。

本書の訳出にあたっては、横浜市立大学助教授の中條祐介氏、同専任講師の野間幹晴氏のご協力をいただいた。心から感謝申し上げたい。

出版に際しては、日本経済新聞社出版局の伊藤公一氏にお世話になった。同氏のいつもながらの丁寧な仕事ぶりには敬服するばかりである。また、今回は金東洋氏という力強い編集者にも加わっていただいた。両氏に感謝したい。

伊藤邦雄

二〇〇二年秋　　東京・国立にて

EVA　価値創造への企業変革＊目　次

装丁　桂川　潤

ＥＶＡはスターン・スチュワート社の登録商標です。

第1章　会計制度をめぐる問題

一九六〇年代の初め、本書の著者の一人である若き日のジョエル・スターンは、古くからの知人から「シカゴ大学で何を勉強しているんだい」と尋ねられ、こう答えた。「何が企業の価値を決定付けるのか明らかにしようとしているんだ」。小さな商店を営んでいたその知人は、こう聞き返した。「それは、うちみたいな店でもいいのかい」。「もちろん」。すると彼は、いぶかしげに次のように言った。「君はそんなことのために大学に通っているのか！　それなら、明日うちにくれば、何が企業の価値を決めるのか教えてあげるよ」。翌朝、その知人は怪訝そうな面持ちで店を訪ねたジョエルをカウンターの中に招き入れ、葉巻入れを指差して言った。「ここに金を入れるんだ。もし葉巻入れの蓋が閉まらなくなるほど持ち上がっていたら、その日は儲かったということだよ」

事業を評価するうえで、いかにキャッシュが重要であるかという単純明快な本質を、起業家である彼は経験的に見抜いていたのだ。実際、起業家はしばしば封筒の裏を使って、事業の期待リターンと、同程度のリスクを持つほかの手段によって稼げたであろうリターンとを比較する。つまり、資本に対する機会コストを計算するわけである。このような洞察力を曇らせ、多くの投資家をこうした計算から遠ざけてきた原因は、アメリカ資本主義の発展と関連している。それは、①公開企業における所有と経営の分離が進んだこと、②そもそも企業価値を測定するためのものではない会計を用いて、企業価値を測定することが広く行われてきたこと、である。

経営者と企業株主との対立

まず第一の問題から始めよう。この問題の核心は、公開企業を所有する株主が多数いるにもかかわらず、その企業の経営は、プロの経営者の手に握られていることにある。しかも多くの場合、そうした経営者は株式をほとんど所有していないために、経営者の利害と多くの物言わぬ株主の利害とがかけ離れている。さらに経営者は、いかに証券アナリストが情報を伝えようと努力しても外部の株主が知りえないような、企業の将来展望に関する詳細な情報を握っている。

所有と経営の分離はいまに始まったことではない。それは、一九三二年にコロンビア大学教授のアドルフ・A・バーリとガーディナー・C・ミーンズが著し、大きな反響を呼んだ『近代株式会社と私有財産』(北島忠男訳、文雅堂銀行研究社)の中で詳細な分析が行われたことでもよく知られている。バーリとミーンズは、一八世紀末(企業が橋や運河、高速道路を造っていた時代)にさかのぼって、アメリカの近代株式会社の成長過程を歴史的に描き出した。一九世紀の初めには織物工業や鉄道業にしか見られなかった株式会社は、その後、石油、採鉱、電話、鉄鋼をはじめとするほぼすべての産業へと広まっていった。

一九三二年の時点で、バーリとミーンズは大胆にも、巨大企業が大きな力を持っているため「個人所有者の主導権」はもはや存在しないと主張した。いつまでもその地位にとどまろうとする経営者が、経済を支配し、所有者の利益、ひいては国益と対立するような行動をとるようになるだろうと主張した。彼らの主張は誇張しすぎのように映ったが、当時、大恐慌の真っ只中にあったことを考えれば無理もない。さらに出版のタイミングもこの本のインパクトを強めたと言えよう。しかし、この本に対して寄せられた高い評価は何十年にもわたって変わらず、いまだに増刷されている。

この本は、今日の「コーポレート・ガバナンス」（経営者を株主の利益のために行動させるシステムの探求を意味する大げさな言葉）の問題を予知したという点でも貴重である。一定のリスクを所与とすれば、間違いなく株主は最大のトータル・リターン（配当と株価の上昇の合計）を求める。これに対し経営者は、しばしば個人的な金銭的利益に心を奪われがちだ。同書で事例として示された経営者と株主との対立は、身の毛がよだつものであると同時に時代遅れでもある。なぜなら、一九三二年以降、事態が改善されてきたという紛れもない証拠があるからである。たとえば、経営者がひそかに株を所有している納入業者に注文を出すなどといった自己取引に関する多数の事例をはじめ、一九三四年の証券取引委員会（ＳＥＣ）という強力な監視機関の設立以降はほとんど見られなくなった各種の不正を同書は描いている。もっとも、たとえ経済合理性を欠き、株主価値を破壊する場合でも、自己の利益のために成長拡大路線を追求したり、経営者の名声や個人の富を高めるための行動をとるという、今日ではよく知られている経営者の不当な行動も紹介されている。

会計実務の歪み

一九三二年当時と同様、現代においても、株主は、経営者が持つ内部情報を手に入れることができないため、おそらく客観的と思われる基準（会計士が用いる尺度）を使って企業の業績をモニターしようとする。困るのは、この基準が不十分できわめて紛らわしいものであるのに、慣習的に神聖視されていることである。この基準は、葉巻入れの中のキャッシュの量を必ずしも明らかにするわけではない。純利益（いわゆるボトムライン、一株当たり利益〈ＥＰＳ〉に変換される）は、証券アナリストや金融専門紙から、神聖視とは言わないまでも、長いあいだ最も重視されてきた。株価収益率（ＰＥＲ）がほぼ一定であるという前提に基づいて、企業のＥＰＳが向上すれば、株価も上昇すると考えられている。この簡略化された企業評価はシンプルで心地よいが、至るところで使われているからといって当てにはならない。

会計士は、ボトムラインに到達するまでに、損益計算書上で経済的事実を歪めるいくつかの計算を行っている。こうした歪みは、会計計算上、美徳とされている保守主義に偏りすぎていることから、企業の真の価値を過小表示させる。たとえば一九七五年以降、研究開発（Ｒ＆Ｄ）支出は、会計処理上「費用処理」されてきた（つまり、支出が行われた年に収益から控除されてきた）。このようなＲ＆Ｄは将来の長期間にわたって収益をもたらすと考えられるにもかかわらずである。会計処理の選択肢としては、Ｒ＆Ｄを投資とみなし、「資本化する」ことがあげられるだろう。すなわち、Ｒ＆Ｄ支出をバランスシート上に資産として計上し、その期待有効年数にわたって徐々に償却するのである。Ｒ＆Ｄを費用処理することは、その年の実際の利益を過小表示させる効果がある（言うまでもなく、その分だけ課税額が少なくなる）。

一般に認められた会計原則（GAAP）や会社法はともに、会計士に選択肢を与えていない。もちろん、歪みの程度は企業ごとに異なる。R&Dをほとんど、あるいはまったく行っていない企業がある一方、ハイテク企業や、新薬の開発に数十億ドルを費やしている製薬会社にとって、R&Dは巨額の費用項目である。こうした企業は、EPS指標よりも、経済的観点による指標の方が、ずっと価値が高くなる。

広告宣伝やマーケティング支出も支出年度に費用計上される。広告宣伝の効果は一瞬のものにすぎないように感じられるため、この会計実務は一見、理にかなっているように思える。しかし、一部のケースではそうであっても、広告宣伝やマーケティングに対する投資は、ブランド価値の構築に長期的な効果をもたらすこともしばしばある。飲料や朝食用の食品など、多くの消費財において、広告宣伝が、だれもが知っている数多くの有名ブランドを過去半世紀にわたって作り出してきた。論理的には、これらのコストは資本化し、有効年数にわたって徐々に償却すべきである。同じ論理は従業員の教育訓練費（とりわけ銀行や保険業界では巨額の項目である）にも当てはまる。

会計実務は、企業のバランスシートにも歪みを生じさせている。資産は取得原価から減価償却累計額を控除した金額、もしくは市場価値のいずれか低い方で計上されているため、成長の只中にある市場では、明らかに価値が過小評価されることになる。建物を取得するために一〇〇〇万ドル支払い、現在は二〇〇〇万ドルの価値になっているとしよう。バランスシート上ではこの建物を九〇〇万ドルで計上することになるが、経済的観点からはこれは不合理である。

過去数十年間、企業買収の会計処理には二つの方法があった。「持分プーリング法」では、買収対象となる企業の株式の購入対価を自社株式で支払う。その場合、二つの企業の資産は単純にバランスシート上で合算され、買収プレミアムが買収企業のバランスシートに記録されることはない。つまり、この処理に従った場合は、将来の利益を圧迫することはないのである。しかし、現金（あるいは現金と株式の組み合わせ）による買収では、異なるルールが適用されてきた。買収価額が被買収企業の純資産の「公正」価値を上回っている場合、その超過額は「営業権」として結合後の企業のバランスシートに計上されなければならない。その後、営業権は四〇年を超えない期間で償却され、その結果として毎期の純利益は持分プーリング法を用いた場合よりも少なくなる。しかし、経済的実態は、両者にちがいがないことに注意してほしい。つまり、かつては二つだった企業が、いまでは一つの企業になったということだ。「パーチェス法」では利益が減少するが、「持分プーリング法」ではまったく影響がない。数年間にわたって批判にさらされた結果、現在、持分プーリング法を撤廃する方向で議論が進められている（二〇〇一年にFASBは持分プーリング法を廃止しパーチェス法に一本化する会計基準を公表した）。

企業会計は何のために行われているのか

会計士は意図して強情にこうした歪みを維持させようとしているわけではない。ただ彼らは、株主にとって目的適合的な基準（企業の経済的実態を評価するための測定）に焦点を合わせていないだけである。むしろ、会計士の長年の目的は、企業の財政状態と経営成績を保守的に評価し、最悪の状況下での残余価値を確定することにある。本来、彼らの努力は企業の社債権者やほかの与信者を守り、その企業が倒産した場合にどの程度回収可能なのかを確定できるようにすることにある。ロチェスター大学サイモン・ビジネススクールの会計学教授、ジェラルド・ジマーマンは、一九九三年に開催されたスターン・スチユワート社の円卓討論会で、企業会計を支える論理を簡潔に報告した。これは、その年の夏に刊行された*Journal of Applied Corporate Finance*に掲載された。

「そもそも、会計および監査システムの設計にあたって解決すべき問題は、受託責任という基本的な問題であるとされてきた」。つまり、企業の従業員は、カネやそのほかの資産を企業あるいは所有者のために使っているのか、それとも自分たちのために使っているのか、ということである。「もう一つの重要な機能は、……中略……その企業の社債権者と株主との利害対立をコントロールすることである。その際の問題は次の点である。いったいどうすれば株主の代表である経営者が、不当に高い配当を株主に支払ったり、過度にリスクの高い投資を行ったりしないと社債権者にきちんと約束することができるか、ということである。こうした対立を緩和するために、企業は社債権者と私的に財務制限条項を締結し、その条項を遵守していることをモニターするのに有用な情報を収集・報告するために、評判のよい会計事務所を雇い入れるのである」

こうした状態は長く続いた。ＳＥＣが創設されて間もなく、市場参加者に対する十分な開示のために、会計数値の定期的な開示が義務付けられた。やがて、こうした開示が、年次および四半期報告や新聞紙上における標準的な報告手段となった。それらは主に債権者にとって有用である。ジマーマンが指摘したように、「債権者は基本的に下方リスクにしか関心がない。債権者は株主に比べると、企業のゴーイング・コンサーン価値ではなく、もっぱら清算価値に関心がある。彼らは、企業が利払いできなくなったとき、その資産にどれほどの価値があるのかを知りたいのである」。会計士はそのような情報を提供するが、株主価値についてはほとんど明らかにしない。簡単に言えば、株主は、企業から獲得できるキャッシュと自分が投資したキャッシュとを比較したいと考えている。株主が企業から獲得できるキャッシュは、企業の市場価値で表されるものであって、会計士の計算した帳簿価額ではないのである。

利益操作の巧妙な手口

EPSは長いあいだ、企業が四半期報告や年次報告を発表する際の見出しとして活用されてきた。伝統と深く根付いた慣習は、揺るがしがたいものである。EPSが現実を歪めるだけでなく、利益計算もまた、利益の上昇とボーナスとが連動しているシニア・マネジャーによって、容易に操作されている。いとも簡単に利益を修正する一つの方法は、報告利益を改善するために、R&Dや広告宣伝などの費用を削減することである。

消費財関連企業がよく使うもう一つのトリックは、言いなりになる顧客に無理やり商品を売りつけることである。これは「押し込み販売」として知られている。顧客は会計期末の直前に、必要以上の商品を受け入れるように説得され、その見返りとして何カ月も支払期限を延長してもらう。商品が発送された時点(一般に四半期末か年度末直前の時点)で売り上げが記録されるので、メーカー側はEPSの上昇によって、また、顧客側は支払期限の延長によって、双方とも表向きは得をする。しかし、これは明らかに見せかけのゲームである。企業には何の経済的価値もない。シニア・マネジャーだけが、EPSと連動したインセンティブ報酬が増えたり、EPSの上昇が(市場は上昇の理由を知らないため)株価上昇につながった場合に、ストック・オプションの価値が上がるという恩恵を受ける。言うまでもなく翌年は、売り上げが落ち込まないように（実際に売り上げが増えないかぎり）、より多くの押し込み販売が必要になる。

クエーカー・オーツは、一九九〇年代初めまで、長年にわたってこのゲームにふけっていた。前CEOのウィリアム・スミスバーグは、スターン・スチュワート社の別の円卓討論会で次のように言った。「押し込み販売は、われわれの製品需要に人工的な山や谷を作り出すが、裏を返せば、過度なインフラや余分な在庫費用を発生させている。本当はやめたいと考えながら業界全体に普及している慣行だ」。そして、クエーカー・オーツはついにこの慣行をやめた。「この変更は一時的に四半期利益を落ち込ませたが、明らかにわが社の経済的価値を増大させた」とスミスバーグは付け加えた。

一九九八年九月に開催された有名な演説の中で、SEC委員長のアーサー・レビット・ジュニアは、「利益マネジメント※」で使われる巧妙な仕掛けを列挙した。第一の仕掛けはリストラ費用の「ビッグ・バス」（レイオフした従業員に対する退職金や設備の閉鎖費用をはじめとする、リストラ費用の過大計上）である。「なぜ企業は、こうした費用を過大計上したがるのか」と彼は聴衆に問いかけた。「こう考えることができる。利益が大きく落ち込んだとき、ウォール・ストリートはその一時的損失ではなく、将来利益に焦点を合わせる。そして、もしこれらの費用がほとんど余地を残すことなく保守的に見積もられていれば、見積もりが変化したり、将来利益が減少したときに、このいわゆる保守的見積もりが奇跡のごとく利益として生まれ変わる」

第二の仕掛けは、企業がほかの企業を合併もしくは買収したときのもので、レビットはこれを「合併マジック」と表現した。トリックの一つは買収価額のほとんどを「イン・プロセスR&D」とすることである。これにより即時償却が可能となり、将来利益を圧迫する「営業権」の一部としてバランスシートに計上しなくてすむ。「同様に厄介なのは、将来の利益を確保するために、将来の営業費用を見越し計上し、多額の負債を作り出すことである。これらすべては、買収という仮面をかぶって行われている」。これらの負債が過大であったことがわかると、再び見積もられる。そのときはおや！　利益に変わっている！

買収をしない企業も、同様のトリックを使う。レビットはそれを「へそくり準備金（cookie jar reserves）」と名付けた。このトリックを使う企業は、「売上戻り高、貸倒損失、あるいは補償費用といった負債を見積もるときに非現実的な仮定をし」、帳簿上巧妙なごまかしをする。「こうすることで、業績のよいときにはへそくりとして会計発生項目を隠し、逆境になり必要となったときに手を伸ばすのである」。レビットは次のような例をあげた。「フランチャイジーに設備料を返済するために一時損失を計上したアメリカ企業があった。しかし、これらの設備（実際にはキッチン・シンクだった）はいまだ買い取られていない。しかも彼らは、将来利益が、なんと毎年一五％も成長するだろうと発表したのである」

なにもレビット一人が、こうした会計実務を非難しているわけではない。一九九九年三月、ウォーレン・バフェットは、投資家を欺いている経営責任者に厳しい非難を浴びせる一文を書いた。彼はバークシャー・ハザウェイのアニュアル・リポートで、とてつもなく成功した自らの投資戦略を説明しながら、次のように述べている。「多くの大企業は、いまでもごまかしのない行動をしている。しかし、大多数の、ごまかしさえしなければ立派な経営者（投資家が、自分の子供たちの結婚相手として、あるいは遺言信託者として指名できれば幸せだと思うくらい立派なＣＥＯ）は、彼らが考えたウォール・ストリートの望みを満足させるために、利益を操作してもかまわない、と思うようになってきている。それだけではない。多くのＣＥＯはこの種の操作を単にかまわないというだけでなく、彼らの『義務』だとさえ考えている」。バフェットは、レビットによる「利益操作撲滅キャンペーン」を賞賛した。

利益操作で報酬を増やす経営者たち

しかし、多くの企業が、取締役のボーナスの全部、あるいはその一部をＥＰＳの増加と連動させているかぎり、この仕掛けをやめさせることは難しいだろう。とはいえ、この問題は既に知れわたっている。そのため、多くの企業の報酬委員会は、たとえば株主資本利益率（ＲＯＥ）や投下資本利益率（ＲＯＩ）、純資産利益率（ＲＯＮＡ）といった、いくぶん異なる利益ベースの測定値をボーナスの基準にすることで、ＥＰＳの罠を免れようとしている。これらはバランスシート項目を含んでいるため、企業業績を示す指標としては比較的ましではあるが、いずれも操作される可能性のあるフローを含んでいる。もしＲＯＥが標的なら、この指標を改善するには二つの方法がある。一つは自然な業績の回復である。これが実行できないなら、ほかの戦略もある。手元にある現金、あるいは資金を借り入れて自社株を買い入れ、株主資本を減少させるのである。同レベルの利益で発行済み株式が少なければ、明らかにＲＯＥは上昇する。エグゼクティブたちは好待遇を受けるが、株主もいい目にあうとはかぎらない。

ボーナスがＲＯＮＡにリンクしていれば、同様の操作が可能である。ある資産がなくなったとしても、それに見合うだけ利益率が低下しなければ、たとえその資産を保有することに価値があったとしても売却されるだろう。そうすれば、残りの資産から得られるリターンはより高くなる。この方策がとられなくても、ボーナスがＲＯＮＡにリンクしている場合には、将来の利益率の成長を犠牲にする行動がとられる可能性があるので油断できない。たとえば、将来性のある買収は、たとえそれが企業のトータルな利益率を上昇させるとしても、分母となる資産を増大させ、ＲＯＮＡが低下することになるため実行されないだろう。

規模拡大に対するインセンティブ

現在の報酬制度には、ボーナス以外にも問題がある。エグゼクティブの報酬が企業規模とともに増大するからである。これは当然で、きわめて論理的のように感じられる。大企業のトップ・エグゼクティブは、より大きな責任があるというわけだ。大企業は、より優れた才能と傑出したリーダーシップを持つ経営者を必要とし、そうした経営者はより高い報酬を要求する。しかし、企業の成長と株主価値の増大は同じではない。だが、こうした報酬システムは強大なインセンティブを作り上げてしまった。つまり、個人の報酬のために企業成長が押し進められるようになったのだ。上述したように、バーリとミーンズはこの現象を一九三二年に早くも指摘し、その誘因を、トップ・エグゼクティブに与えられる名声に求めた。名声による説明は説得力があるが、もっとわかりやすいのは、ＣＥＯやＣＦＯ、ＣＯＯの全員が受け取る巨額の報酬である。そして、報酬を増やす最も簡単な方法は買収と合併であり、それは数十年前にシッド・シーザーが出演したコメディー映画『サイレント・ムービー』のように「飲み込み、むさぼり食う」ことと言うこともできる。

一九六〇年代と七〇年代には、規模拡大に対する衝動が新たな形をとるようになった。これまで企業は、ライバルを買収しようと躍起になっていた。その結果、必ずと言っていいほど未知の領域に迷い込む企業があった。一九六〇年代中頃には、多角化の動きが一般的な現象となっていた。巨大化した企業には、コングロマリットという新たな名前が付けられ、それなりの合理性を持つようになった。かつて企業は、自分の得意領域、いまで言うところのコア・コンピタンスに専念するのが最善だと考えられていた。ところが突然、アナリストや評論家が多角化の美徳を触れ回り始めたのである。非関連分野の企業を買収することで、一つの産業の周期的な落ち込みをほかの産業の上昇によって相殺し、安定的に利益を生み出すことができる。中央集権的で強力な財務管理は規律を生み出し、事細かに管理しなくても下位ユニットの効率性を実現できる。少なくとも理論上はそうであったが、現実にはそうはいかなかった。

新たなコングロマリットのリーダーたち（ITTのハロルド・ジェニーン、ガルフ・ウェスタンのチャールズ・ブラッドホーン、リン・テムコ・ボウトのジェイムズ・J・リン）が有名になった。金融専門紙で何度も賞賛されたジェニーンは、ホテル・チェーンから通信、ニューヨークの独立系出版社まで、世界中の三五〇社を買いつくした。一時的な流行が続くなか、喝采を浴びたコングロマリットは株価の急上昇を享受したが、長距離ランナーとして成功したものはほとんどなかった。

モービルによるモンゴメリー・ワードの買収、リン・テムコ・ボウトによるジョーンズ&ローリン・スチールの買収のように、多くの買収はその産業が斜陽化すると悲惨な結果を招いた。うまく運営され、成功を続けているコングロマリットもあるにはあるが（GEはその代表格である）、基本的にほとんどのコングロマリットは失敗だった。コングロマリットという組織形態が、傘下にある各企業に何の価値も付加しなかったためである。規模の経済性も、生産効率も実現しなかった。各コングロマリットは投資家に多様なポートフォリオを提供したが、それは相当の、しかも不必要なプレミアムを投資家に要求するものだった。分散化を望む投資家は、より低いコストで自分自身のポートフォリオを組んだり、投資信託を購入できただろう。

敵対的買収とLBOの時代

一九七〇年代後半、コングロマリットに対する失望が広まる中で、真の価値が話題に上るようになり、敵対的買収者（カール・アイカーン、アーヴィン・ジェイコブス、サー・ジェームズ・ゴールドスミス、T・ブーン・ピケンズ）やレバレッジド・バイアウト（LBO）が登場するようになった。いわゆる乗っ取り屋は、過小評価されている企業を探しまわった。彼らは法律上その意図を明らかにすることが必要となる割合に達するまで、水面下で株式を買い占めた。その後、彼らはターゲット企業にアプローチして買い取りを要求する。そして予想どおり拒絶されると、今度は取引価格よりもはるかに高額な価格で株式の公開買い付けへと乗り出す。乗っ取り屋たちは株主価値について語り、いかに現在の経営陣によって株主価値が破壊されてきたかを力説した。彼らの言い分は多くの場合、真実だった。ただ彼らは、相当な利益を確保してターゲット企業に自分の持ち分を売りわたすこと（いわゆるグリーンメール）を望んでおり、株主の味方としての熱意があるかどうかは疑問だった。グリーンメールが乗っ取り屋の唯一の動機だと皮肉った者もいたが、多くの場合、敵対的買収は成功し、外部者が経営者となった（たとえば、アイカーンはTWAの経営者を数年間務めた）。敵対的買収の主な貢献は、株主価値がいかに浪費されてきたかに光を当てたことだった。

ＬＢＯ現象には、もっと大きな意義があった。ＬＢＯも、その潜在能力を下回る業績しかあげられず、株価が悲惨な状況にある企業に目を向けた動きだった。そうした企業は、方向転換を迫る企業家に目を付けられていたが、ＬＢＯでユニークだったのはその資金調達方法である。ちょっとした財務上の巧妙な手口を使って、買い手は株式にほとんど投資することなく、ターゲット企業の資産やキャッシュ・フローを担保にしてほとんどの資金を調達した。この手法は家を買う際のプロセスによく似ている。家を買う際、買い手は価格よりも少ないキャッシュを用意し、家を担保にモーゲージ・ローンを借り入れる。両者のちがいは、ＬＢＯでは、借入金が買い手個人の所得によって返済されるのではなく、事業から得られるキャッシュ・フローと、業績が低迷している資産の売却によってまかなわれるという点である。

ＬＢＯの発展とＫＫＲの躍進

ＬＢＯの起源は、一九六〇年代初めまでさかのぼることができる。しかし当初はきわめて小規模なもので、ＬＢＯという名前では知られていなかった。「ブートストラップ・ファイナンス」という言葉が、最もよく使われていた。一九六五年にジェローム・コールバーグは、ベア・スターンズで小さな企業を相手に、彼の最初のＬＢＯを行った。保険会社が必要な借り入れを引き受けた。翌年その企業は公開し、コールバーグはすぐに一七万五〇〇〇ドルの利益を手にしたのである。この取引にかかわったすべての人が大金を手にした。

その後、コールバーグは彼の二人の従兄弟であるヘンリー・クラビスとジョージ・ロバーツの助力を得て、別のブートストラップ事業を続けた。一九七六年に、この三人はベア・スターンズを辞職し、コールバーグ・クラビス・ロバーツ（ＫＫＲ）を創設した。当初彼らは、業界でさしたる存在ではなかったが、一九八三年までには隆盛するＬＢＯビジネスを支配するようになっていた。彼らの取引は、四億二〇〇〇万ドルから八億ドルを超えるものまで広範囲にわたっていた。これらの取引は当時でも巨額に思えたが、数年のうちに、数十億ドル単位の取引が行われるようになっていった。フォースマン・リトルがＫＫＲの最大の競争者だったが、ほかにも何社かライバルがいた。

ジャンク債が誕生するまで、これらの取引の資金は銀行借り入れや保険会社による従来型の債券、社債、優先株式の引き受け、あるいは公的年金基金や個人投資家による株式運用基金（equity pool）によって調達されていた。一九八〇年代中頃にジャンク債が利用できるようになると、一層大きな取引が可能となった。一九八四年に、ＫＫＲは最初の一〇億ドル単位の株式投資ファンドを調達した。これは実際のところ、取引まで資金を遊ばせておくタイプのファンドではなく、いつでも投資のための資金が引き出せるという契約だった。買収による負債比率は、一般に四対一から八対一のあいだだった。ＫＫＲはあらゆる取引のパートナーとなり、投資家は法律上、有限責任の出資者の地位を有していた。その見返りは巨額だった。取引をまとめあげるにあたり、投資銀行手数料の一％を通常は新会社の株式で受け取り、さらに、そのポートフォリオに含まれる企業に対するコンサルタント料として株式運用基金の一・五％分を毎年受け取り、さらに（これが大きな問題なのだが）共同出資経営者（equity partner）があげた利益の二〇％を受け取った。ＫＫＲの代表は、支配下にある全企業の取締役会に出席した。

典型的な取引では、ＫＫＲは企業を非公開にした後、現職の経営者を留任させて、彼らに相当の株式出資をさせるよう手配した。業績を向上させるためのほかの誘因は、その企業が負わされた多額の負債だった。危篤状態のように重荷となった負債は、企業の関心を一点に集中させることになった。資本構成の全体図が、負債を返済するに足るキャッシュを生み出すために、製造と経営の効率性を上げるよう設計されたのである。資本基盤が脆弱だったため、負債が減少するに従って、企業価値は急速に成長した。多くのＬＢＯの究極の目標は、再度公開を果たして大儲けすることであり、そうなったケースも結構あった。しかし、成功したＬＢＯでも、非公開のままのものも多くある。言うまでもなく、ほかのＬＢＯは失敗している。

一九八三年にヘンリー・クラビスは本書の著者に対して、アメリカ企業のほとんどをＬＢＯが覆いつくす日がくるだろうと語った。彼の言うとおりにはならなかったが、わずか六年後にＫＫＲとその有限責任のパートナー（limited partner）は三五企業、合計で五九〇億ドルの資産を所有するまでになった（当時、*The Economist* は「一〇年後、ＫＫＲよりも大きな企業は、ＧＭ、フォード、エクソン、そしてＩＢＭだけだろう」と指摘した）。ＫＫＲの最大の勝利は一九八九年に訪れた。ＫＫＲは、ＲＪＲナビスコに対する三一〇億ドルの敵対的買収を実施したのである。この成功は大評判となり、ベストセラーやＴＶドラマの題材となったが、最終的にはＫＫＲの成功物語の一つとはならなかった。

ＬＢＯが示した効率的な経営モデル

研究者は、ＬＢＯを金融ジャーナリストよりもはるかに好意的にとらえていた。一九八九年の議会証言の席で、マイケル・ジェンセンは、ＫＫＲやフォースマン・リトルのようなＬＢＯ集団を、以前からの株主だけでなく、公開後の新たな株主に対しても高いプレミアムを作り出した「新しい経営モデル」と評した。このプレミアムは、ＬＢＯ以前には長らく活用されずに隠れていた価値だったと証言した。同年、格調高き*Harvard Business Review*に掲載された論文の中で、ジェンセンは旧来型の公開企業の「没落」を指摘した。

クラビスと同じく、ジェンセンの考えも行き過ぎだったことが証明された。現在、ＬＢＯ持株会社の傘下にあるアメリカ企業はごくわずかである。しかし、ＬＢＯの貢献は計り知れないものがある。経営者をオーナーにしたり、債務を負わせることによって、効率性を高められなければ倒産するということを経営者に気付かせたのである。そして忘れてはならないのが、大事なのはキャッシュ・フローであってＥＰＳではないということだ。

しかし、ＬＢＯは、効率的な経営を誘導する反面、株主にとって価値を創造する方法としては厄介で、しかも高くつく方法だった。取引をまとめるのに大変な労力が必要となるだけでなく、ＬＢＯ企業をその気にさせるために高額のコンサルティング料が必要となるからである。さらに、多額の負債を完済するまでは、リスクをとることに消極的になる。これよりもっとシンプルで柔軟な方法、それこそ、われわれが本書の中で勧める方法――ＥＶＡ※、すなわち経済付加価値なのである。では、これからＥＶＡの話をしよう。

第2章　EVAが示した解決法

経済付加価値（EVA＝Economic Value Added）とは何だろうか。簡潔に定義すれば、EVAとは、利益創造のために投下された資本のコストを差し引いた後の、残余利益のことである。いち早くEVAを導入したコカ・コーラの前CEO、ロベルト・ゴイズエタは、この定義を「投資コストを上回るリターンをあげれば裕福になれる」と表現した。また、EVA方程式の一変数である資本コストには、有利子負債に加え、株主資本も含まれる。負債コスト※の計算は、基本的に企業の新たな負債の利子率を適用すればよいので簡単である。しかし、後述するように、株主資本コスト※の計算は複雑になる。なぜなら、株主が負うリスクによって変動するからである。

しかしEVAの長所の一つは、財務を知らない人にもその考え方が理解しやすく、容易に導入できる手法だという点である。さらにEVAはまったく新しいコンセプトというわけでもない。それはエコノミストたちが経済的利益と呼んできたものにほかならない。ただ最近まで、ＥＶＡを測定する手法がなかったのである。そして、同じく重要なのは、経営者や従業員を動機付けるようにきめ細かく測定された、ＥＶＡに基づくインセンティブ報酬システムもなかったということである。かなりの熟成期間を経て、一九八九年に、ＥＶＡはスターン・スチュワート社によって提唱された。それから現在まで世界中の三〇〇社以上の企業（たとえばコカ・コーラ、クエーカー・オーツ、ボイシ・カスケード、ブリッグス＆ストラットン、ラファージ、シーメンス、テート＆ライル、テレコム・ニュージーランド、テルストラ、モンサント、ＳＰＸ、ハーマン・ミラー、ＪＣペニー、そしてＵＳポスタル・サービス）がＥＶＡを採用した。

ＥＶＡを適切に導入すれば、経営者と株主の利害とを結び付けることができる。それによって、長きにわたり株式会社を悩ましつづけ、バーリとミーンズによって約七〇年前に明らかにされた、不可避的とも考えられた利害の対立を、終結させることができるのである。まず、企業業績の測定が、会計慣行のからくりとは言えないまでも、気まぐれによって影響を受けなくなることで、利害の一致が実現する。真実の経済的利益が企業業績の測定値となるということは、株主の利益を唯一の目標として明示することであるからだ。そして、経営者のボーナスをＥＶＡにリンクさせることで、彼らも株主と同じ目標を共有することになる。これにより経営者は、ＥＰＳやＲＯＮＡ、ＲＯＩを操作する必要性を感じなくなる。

ＭＶＡ――将来の予測ＥＶＡを測定する

ＥＶＡは株主価値の主たる推進力だが、もう一つ、スターン・スチュワート社独自の測定指標がある。

それは株主に生じた利益や損失を正確に測定する指標である。これは、市場付加価値（ＭＶＡ※＝Market Value Added）と呼ばれるもので、企業の市場価値と企業に対する総投資額との差額、と定義される。市場価値は、計算時点の株式時価総額と負債簿価を用いて測定する。計算時点の企業に対する総投資額とは、有利子負債および留保利益を含めた株主資本である。さて、現在の市場価値と総投資額を比較してみよう。これは言いかえれば、投資家が企業に投資した金額と、彼らが回収できる金額を比較するのである。回収額が、投資額よりも多ければ、その企業は富を創造したことになる。もし投資額が上回るようであれば、富が破壊されたということである。キャッシュ・インとキャッシュ・アウトというシンプルな（第１章で紹介した小さな商店の葉巻入れの話に近い）コンセプトなのである。最近、ＭＶＡは経営付加価値と呼ばれるようになってきている。それはＭＶＡが、経営者が説明責任を持つ純資産に対して付加される価値だからだ。

ＥＶＡの成長とＭＶＡの成長のあいだには、決定的な結び付きがある。株価は現在の業績ではなく、将来の投資家の期待を反映しているため、ＥＶＡとＭＶＡは一対一の関係にはない。しかし、ＥＶＡの上昇はＭＶＡの増大に先行しているのである。別の言い方をすれば、理論上、ＭＶＡは、将来に生み出されると期待されるＥＶＡの現在価値※である。もし、期待が非現実的であることが明らかとなれば、現在の株価が高すぎるのか、あるいは低すぎるのかということが議論されるだろう。しかし重要なのは、ＭＶＡの増減とＥＶＡの増減のあいだに、きわめて強い相関関係があるということだ。実際、ＭＶＡの増減とＥＶＡの増減との相関は、ＥＰＳやキャッシュ・フローとの相関よりも三倍、ＲＯＥとの相関よりも二倍高いのである。

ＥＶＡの定義と理論的基礎

スターン・スチュワート社のＥＶＡシステムは、長期にわたる経済モデルのリサーチに根差しており、会計モデルをルーツとしているわけではない。スターン・スチュワート社の経営コンサルティング業務（資金計画や買収の評価、資本構成、配当政策に関する助言）では、常にキャッシュ・フロー、とくに、将来フリー・キャッシュ・フローの正味現在価値（ＮＰＶ、一九七二年にジョエル・スターンが作った用語）が強調されてきた。このアプローチの理論的基礎は、マートン・Ｈ・ミラーとフランコ・モジリアーニという二人のノーベル経済学賞の受賞者によって、一九五八年から一九六一年に発表された学術論文である。彼らは、経済的利益が企業の価値創造の源泉であり、必要収益率※（資本コスト、とわれわれが呼んでいるもの）は投資家が引き受けるリスクによって決まると論じた。これについては、後で詳しく説明する。さらに彼らは、投資家が、ほかの事情の中でもとりわけ、こうした現実に対して合理的に反応すると主張した。つまり、高度に進んだ分析テクニックを持っているか、新たな情報を優先的に入手できる洗練された投資家（われわれは「リーダー牛」と呼んでいる）が残りの投資家集団を先導し、市場全体がファンダメンタルズの変化に反応するようになるということである。

しかし、ミラーとモジリアーニが提示しなかったものが一つある。それは、企業の経済的利益を測定する方法である。スターン・スチュワート社もすぐに解決策が得られたわけではなかった。キャッシュ・フロー分析が企業評価業務の最も重要な手法だったが、これでは年度ごとの経済的利益の変化を測定することができなかった。たとえば、資金計画案を分析する際に、通常は適切な利子率を用いて将来フリー・キャッシュ・フローを現在価値に割り引くだろう（このプロセスを反対にすれば、お金を一〇年か二〇年にわたって、複利で運用するといくらになるかを計算できる）。こうして、そのプロジェクトのコストと正味現在価値を比較し、これが賢明な投資なのかを判断することになる。

同様に、事業全体の価値を算定することもできる。しかし、将来フリー・キャッシュ・フローをＮＰＶに割り引くことは静的な方法である。つまり、一年ごとの変化額を提供するのではなく、予想できる将来価値を、現在価値に圧縮するだけなのである。もちろん、一年目のＮＰＶを二年目のＮＰＶと比較し、利益、あるいは損失が生じているかを見ることはできるだろう。しかし、このアプローチの問題は、予想将来キャッシュ・フローを割り引くことであり、予想は外れる可能性があるという点だった。

多くのスターン・スチュワート社の社員は、単年度ごとの業績測定の利点を目の当たりにしてきた。とくに、本社のシニア・パートナーであるＧ・ベネット・スチュワート三世は、ＥＶＡのコンセプトを形成するために重要な、画期的概念を発見した†（ただし、これは既にモジリアーニとミラーの評価と配当政策に関する独創的な論文の第三節、とくに、有名な脚注一五の中で示されており、後塵を拝したものではあった）。モジリアーニとミラーの論文から複雑な数式を取り去ると、ＥＶＡが顔をのぞかせる。ＥＶＡの利点は、予想値ではなく、実績値に基づく企業業績の測定システムだということである。ＥＶＡは、税引後営業利益（ＮＯＰＡＴ）※から、企業の資本コストを反映した資本コスト額を控除したもの、として定義することが

†スチュアートの業績は、ジョエル・スターンが年次のＥＶＡ計算を初めて提案した***Analytical Methods in Financial Planning*** 一九七二年号所収論文にも基づいている。

できる。つまり、企業の資本が五〇〇〇ドルでそのコスト率が一二％であれば、資本コスト額は六〇〇ドルとなる。たとえば、NOPATが一〇〇〇ドルであれば、そこから六〇〇ドルの資本コスト額を控除した残りの四〇〇ドルがEVAとなる。

資本コストの計算法

EVAを計算するために、まず必要収益率とも言われる企業の資本コストを測定する必要がある。収益率は投資家が負うリスクから算出されるため、通常、業界や企業、事業計画ごとに異なる。もし、企業利益が必要収益率に等しいとすると、投資家はまったく儲かっていない。つまり、経済的利益を得ていないのである。その企業が資本コストを上回るリターンをあげなければ、投資家は経済的利益を得られない。

資本コストを計算するのは複雑だが、そのエッセンスは単純である。負債コストは、その企業の有利子負債の利息である。支払利息は、税務上の損金算入項目なので税引後利子率を適用する。株主資本サイドでは、長期国債の利子率（たとえば六％と仮定する）を出発点として計算が始まる。これは、考えられるかぎり最も安全な投資で稼げるリターンである。これに株式のリスクプレミアム※を加算するが、これは業界によって大きく異なる。通常は一～七％である（当然だが、雑貨店チェーンに投資するほうが、映画制作会社に投資するよりもリスクが低い。適切なリスクプレミアムを決めるのは面倒なので、専門家に任せるほうがよいだろう）。株主資本コストが計算できたら、資本構成に占める負債と資本の割合を基に、負債コストと株主資本コストを「ブレンドした」資本コストを算出する（つまり加重平均資本コスト〈WACC〉である）。二〇〇〇年半ばの長期国債の利子率に基づけば、多くの場合、資本コストは一〇～一三％になる。

一部の企業は、負債比率を大きく上昇させれば、負債の節税効果で加重平均資本コストが低下すると考えているようだが、それは間違いである。負債比率の上昇はある程度のメリットをもたらすが、それは次の二つの理由からさほど大きなものではない。

1　貸し手は税金を支払う必要があるため、その利子率は税金分も反映している（借り入れに対する需要が小さく、貸し手自身がマージンを減らさざるをえないような状況を除く）。

2　負債が多くなるほど株主のリスクが高くなるとすれば、株主資本コストが上昇することになる。負債を増やすことに何らかの利点があるとすれば、それは年金基金や非営利組織のような、税金を支払わない貸し手が多数存在するという場合にかぎられる。

NOPATの計算法

資本コストが決まったら、次に、NOPATから控除すべき資本コスト額を計算する。これは本書が示すように、単にその企業の総資本に資本コストをかけるだけである。

ではここで、方程式のカギとなる変数であるNOPAT（税引後営業利益）を詳しく説明しよう。ここでNOPATとは、さまざまな会計上の歪み※を調整したものを意味している。もし単純に、会計士の計算したボトムラインを使えば、NOPATは実際の経済的利益を過小評価することになる。なぜなら、会計ルールは、株主の視点からすればバランスシートに資産計上すべき項目を過大に当期費用として計上させるからである。スターン・スチュワート社のスタッフは、一二〇カ所以上もの会計「アノマリー（歪み）」を発見した。ただし、ほとんどの企業では一〇カ所前後の調整をすることで、NOPATを算出できる。原則として調整は、金額的に大きく、経営者の行動に影響を与え、理解しやすく、その企業の市場価値に対して大きなインパクトがあるものを選ぶべきである。

最も一般的なのは第1章で触れた三点、①研究開発（R&D）費、②広告宣伝費および販売促進費、③教育訓練費、を調整することである。企業が倒産するとR&D支出の価値はなくなるので、会計士はR&Dを費用処理する。確かに、こうした配慮は清算価値に関心を持つ債権者の期待に応えるものだが、その企業の収益性を算定することとはかけ離れている。R&Dは将来リターンをもたらす可能性のある投資として考えるのが適切である。EVAでは、バランスシートにR&D費が計上され、その研究支出の効果が期待される期間にわたって償却される。一期間の償却費だけが、NOPATの算定に際して費用として控除される。

コカ・コーラやジョンソン&ジョンソンのような消費財関連企業の広告宣伝費および販売促進費についても、EVAの測定では同様に処理する。確かに、広告宣伝費や販売促進費の効果が持続する期間はR&Dよりも短いが、これらの支出も新製品や商標という長期にわたる占有的な価値を創り出すための投資である。

NOPATの計算では、税金は支払った年のものだけを考慮する。これは、繰り延べられた年に税金が控除される会計慣習とは対照的である。もちろん、繰延税金は企業が将来支払うべき負債である。このため、会計士が将来の支払い義務を控除することは立派なくらい保守的だが、この会計実務は毎年の企業業績を歪めてしまう。税金の控除を実際に支払った金額に限定することで、より実際的な年間コストがわかる。同じことは、会計士が設定する引当金、たとえば保証義務に関する費用の引当金などにも当てはまる。引当金が多すぎると利益を不自然に圧迫することになるし、過少だと利益を水増しすることになる。その年度の保証に対する支出額だけを用いることで、正確な状況が把握できる。

ＥＶＡ導入後の会計

ＥＶＡの観点から会計を検討すると、とくに望ましくないのが加速償却である。企業の税務部門は加速償却を好む。なぜなら、多くのコストをより少ない年数に押し込むことで、税金を減らすことができるからだ。しかし、加速償却は利益も減少させる。多くの企業では、実際の減耗を合理的で忠実に描写する定額法が適している。しかし、多額の長期使用設備を抱える企業にとって、定額法は、長持ちする古い設備の方が、効率的な新しい設備よりも安くつくとみせかけるといった歪みをもたらす。この問題を解決するために、ＥＶＡは減債基金償却法を使用する。毎年度の費用は変わらないが、モーゲージの場合と同様に、元本のリターンは初期に少なく、後に多くなる。これは、工場や設備の経済的価値が実際に減少するのを反映している。もちろんこの調整は、後にバランスシート上で、資産価値を急減させることで反映される。資本集約的な企業では、この調整は相当額に上る。

ほかの会計上の変更は、バランスシートだけに影響を与える。ＥＶＡでは、たとえ持分プーリング法（第1章を参照）が使用された場合でも、買収のために支払われた全額がバランスシートに記録される。持分プーリング法は「営業権」プレミアムが財務諸表に現れないため、支払いすぎることが多い。全額が資産側に計上され、インセンティブ報酬がＥＶＡに連動している場合にのみ、経営者が買収額に現実的な上限を設けることが期待できる。

ＥＶＡ導入の利点

ＥＶＡは、資本の無駄遣いに厳しい制約を課す。これが、ロンドンに本拠地を置く甘味料と澱粉食品関連の世界的な大企業、テート＆ライルがＥＶＡに惹き付けられた一番の理由だった。財務担当取締役のサイモン・ジフォードは、「以前は、シティーやアナリストの要求に応えるために、収益性、とりわけＥＰＳを重視してきた」と言う。ジフォードのような財務担当者はキャッシュを重視していたが、営業担当マネジャーは基本的に利益を見ていた。結果的に、「企業全体で資本、とりわけ運転資本に十分な注意を払ってこなかった」とジフォードは言う。テート＆ライルはＥＶＡを実行し、優先順位を正しく付けることができるようになった。テート＆ライルは運転資本の使用を引き締めることに加え、マイナスのＥＶＡを出したいくつかの事業から撤退した。マイナスのＥＶＡとは、資本コストを上回るリターンをあげておらず、将来リターンをあげるという合理的な見通しも持てないことを意味していた。ジフォードは「もしＥＶＡを採用していなかったら、撤退の決断はもっと遅れていただろう」と言う。

ＥＶＡの利点の一つは、その汎用性である。ＥＶＡは、企業全体の測定システムであるだけではなく、部門や工場、店、生産ラインというレベルでも、容易に応用できる。ＥＶＡは、収益や費用、使用資本（ここが最も難しい部分である）の配分される可能性のあるところならどこでも使用することができる。ノースカロライナ州ロッキー・マウントの銀行持株会社、センチュラ・バンクスは、すべてのプロダクト・ラインや支店だけではなく、同社の全顧客ごとのＥＶＡを算定した。これにより同社は、最も利益率の高い分野へと集中することができた。南アフリカ共和国で五〇〇店の家具小売店チェーンを展開するＪＤグループは、ストア・マネジャーごとにＥＶＡを毎月算定している。大半のＥＶＡ導入企業は、少なくとも部門レベルにまで計算レベルを細分化している。

信頼される投資情報

測定システムとしてのＥＶＡは、リターン最大化を目指す経営者の指針や誘因となるだけでなく、投資家にも貴重である。投資家は現在、ＳＥＣが企業に開示を義務付けている会計数値の裏にある現実を読み取ろうと、四苦八苦している。ほとんどのＥＶＡ導入企業は、通常、自社のＥＶＡ数値を数年前からのトレンドとともに公表している。さらに一部の企業は、アニュアル・リポートの中でＥＶＡの全計算を公開している。これを最初に実行したのが、アトランタを中心に財務データをリポートするエクイファックスであり、ミシガンの有名な家具メーカーであるハーマン・ミラーがこれに続いた。ミラーの一九九八年のアニュアル・リポートの中では、会計数値より前に、詳細なＥＶＡが示されていた。徐々にではあるが、金融機関も、伝統的な分析を補うために会社リポートの中でＥＶＡフレームワークを使用するようになってきている。ゴールドマン・サックス、クレディ・スイス・ファースト・ボストン、ソロモン・スミスバーニー、モルガン・スタンレー、ＢＮＰパリバ、オッペンハイマー・キャピタル、ＪＢウェア＆サン、そしてマッケリーなどである。ゴールドマン・サックスはさらに発展させ、スタンダード＆プアーズ（Ｓ＆Ｐ）５００インデックスに含まれる、すべての企業のＥＶＡを算定するまでに至っている。

EVAは従業員のやる気を引き出す

EVAは測定ツールというだけではない。経営者を株主と同じ利害を持つ立場に置き、株主へのリターンを増加させる行動には報い、減少させたときにはペナルティを与えるインセンティブ報酬システムのベースともなる。この報酬プランの核心は、EVA改善の目標と計画の策定である。通常は目標を三年先から五年先に設定することで、多くのボーナス・プランの特徴である年次交渉を回避している。上司と部下との年次交渉では、大して努力しないでも達成できるような目標を設定する傾向があり、結果的に、平均をわずかに上回る業績でボーナスが支給されるという致命的な弱点がある。われわれはこの評価を、「A」や「A+」が達成可能なときの、寛大な「B」評価と呼んでいる。

通常、EVAシステムでは目標のことを、その年の「期待改善度」と呼ぶ。それが達成されると、経営者は「目標ボーナス」の一〇〇%を受け取る。目標には達しないが、六〇~七〇%を達成した場合は、未達成分に比例してボーナスが減額される。しかし、目標の達成率があまりにも悪い場合には(プランごとに基準が異なるが)、何も受け取れない。他方、その年の期待改善度を上回る業績をあげた場合には、ほぼ比例した「割増ボーナス」が与えられる。中には、目標ボーナスの二~三倍をもらうことになる人もいる。ミシガンに拠点を置く総合メーカーのSPXでは、基本給の七倍以上のボーナスが与えられたケースが数件ある。

この制度では、ボーナスが相当な額に達することもある。目標ボーナスは給与の何%かに相当し、一般に、CEOの一〇〇％から最下級職位の一〇％までの幅がある。ほとんどの経営者は、五〇％前後である。トップ・エグゼクティブは、企業全体の業績によって評価され、マネジャーは、彼らの担当部門、あるいはユニットの成績に応じて報酬を受け取る。唯一の例外は、部門の最高責任者であり、この場合は、そのボーナスの二五％は企業業績をベースとして、七五％は担当部門の成績をベースとすることになる。ベースを分けることで他部門との協調が促される。取締役の報酬システムの多くは、固定報酬の方が変動部分よりもはるかに大きいという不均衡が生じているが、これを解消する素晴らしいシステムがＥＶＡである。割合を変えることで、ＥＶＡシステムはエグゼクティブを個人的なリスクにさらし、奮闘努力させる誘因となる。

株主価値を高めるボーナス・プラン

理想的なＥＶＡプランでは、ボーナスが「上限なし」になる。多くの企業の報酬委員会は株主からのクレームや悪い評判を恐れ、この寛大さに難色を示すが、説得は簡単である。なぜなら、エグゼクティブが裕福になる一方で、株主も裕福にするプロセスだからである。ペンシルベニア州ランカスターに本社がある床材関連の巨大企業、アームストロング・ワールド・インダストリーの取締役は、一九九五年に目標ボーナスの二倍以上を受け取ったが、それをねたまれることはなかった。というのも、その年の株価は六〇％も上昇したからである。さらに、ハーマン・ミラーのエグゼクティブたちは、一九九七年から一九九八年にかけて目標ボーナスの五倍も受け取った。そのあいだにミラーの株価は三倍になった。

もう一つのＥＶＡインセンティブ・システムの優れた特徴は「ボーナス・バンク」である。これは年次ボーナスのかなりの額、または全額をプールし、業績水準に応じて将来期間に少しずつ分割支給するシステムである。ボーナス・バンクの普及タイプには、「目標ボーナス超過額」の三分の一をプールし、三分の二が現金で支給されるというものがある。翌年のＥＶＡが落ち込んだら、バンクからの支払可能金額の三分の一が減額される。

全額預け入れバンクと呼ばれるタイプでは、全ボーナスがプールされ、毎年三分の一が引き出せる（このバンクにはあらかじめ、初年度の支払いのために入金しておく必要がある）。いずれのタイプのバンクも、エグゼクティブの報酬の多くをより長い期間にわたってリスクにさらし、将来業績によって報酬が決まるという利点がある。全額預け入れバンクは、より多くの金額（ボーナス全額）をリスクにさらすという明確な利点がある。二つの仕組みとも、経営者に長期的視点を持たせるように設計されている。一時的な利益はその後の期間で一掃されるので、資本ベースを縮小させるなどの手法で短期的な結果を追求する意味がなくなる。

上層部のエグゼクティブにはレバレッジド・ストック・オプション（ＬＳＯ）という、さらに追加的なインセンティブ・プランがある。このプランでは、毎年のボーナスの相当額がストック・オプションの形で分配される。エグゼクティブは、その価格で通常得られるより多くのストック・オプションを獲得する。これが、レバレッジドと呼ばれる理由の一つである。しかし、通常のストック・オプションとは異なり、オプション行使価格は固定されている。ＬＳＯは年ごとに、前年より高い株価のときにだけ行使できる。しかし、行使できなければ価値はない。これにより、株価の上昇によって株主が儲かったのとほぼ同じ分だけ、エグゼクティブは富を手にすることになる。

要するに、これらすべてのプランは、エグゼクティブを株主と同じリスクにさらすように設計されているのである。実際には、経営者のリスクの方がより大きい場合すらある。株主はトップ・エグゼクティブと同様、企業全体のリターンに依存しているのだ。しかし既に述べたように、部門マネジャーは個人業績をベースにボーナスを受け取る。自分の担当部門が弱体化すれば、その企業の残りの部門がうまくいっていたとしてもボーナスをもらい損ねるということもある。こうした例は、一九九七年にＳＰＸの一部門で起こったが、翌年にその部門は業績を回復させた。

ＥＶＡボーナス・システムは通常、トップの経営陣から導入され、徐々に中間管理職へと広げられる。一部の先進的な企業（ハーマン・ミラー、ブリッグス＆ストラットン、ＳＰＸ）では、一気に現場従業員レベルまでＥＶＡボーナス・プランが導入された。このような形の従業員資本主義が、どのようにして形成されたのかについては後で取り上げることにしよう。

第3章　戦略と組織のシナジーを確立せよ

十分に体系化されたＥＶＡプログラム（徹底した教育体制とともに、測定プログラム、マネジメントシステム、インセンティブ報酬プラン）を導入することが、企業が成功を収めるために重要である。しかし、ＥＶＡプログラムを導入するだけでは成功しない。当然だが、企業は卓越した戦略と、しかるべき組織とを備えていなければならない。洗練されたＥＶＡシステムでも、大きな効果を生み出さないことがある。たとえば、明確なマーケティングの強みに欠けている場合、顧客の要望を正確に把握していない場合、製品がニッチでもなく、コストや認知度などで競争優位を獲得できてもいない場合、また消費財メーカーなら、競合他社よりも顧客の役に立っていることをアピールできない場合などがこれに当たる。まして、組織が機能不全に陥っている企業は、ＥＶＡにチャレンジすることすらままならない。

適切な戦略がなければ、新興企業は競争を勝ち抜くどころか十分な市場シェアを獲得することすら難しい。また既存企業の場合であれば、かつては優れた戦略だったが、いまや環境の変化に対応していない戦略へのこだわりを捨てきれずに行き詰まることが多い。

老舗企業の改革

ブリッグス&ストラットン（B&S）のケースは、行き先を見失っていた老舗企業が、戦略的イノベーションとEVAによる規律との相互作用によって、再び成功を収めた好例である。B&Sは空冷式ガソリンエンジンの世界最大手で、売上高は一三億ドルに達する。一九〇八年にミルウォーキーで創立された同社の過去は華々しく、第二次世界大戦後の数十年間にわたり成功を収めてきたが、一九八九年に一九二〇年代以来の赤字に転落した。これが劇的な変化の始まりだった。

まず同社の沿革を紹介しよう。イノベーションが常にB&Sの特徴だった。創立者は、当時二三歳だったステファン・F・ブリッグスと、二九歳のハロルド・M・ストラットンだった。電気技師のブリッグスは天賦の才能に恵まれ、さまざまな発明によってアメリカ特許庁を騒がせつづけた職人だった。また、ストラットンは穀物取引に関する経験豊富なビジネスマンだった。彼らが共同で事業を始めるきっかけとなったのは、ブリッグスが設計した六気筒二サイクルの自動車エンジンだった。彼らは、このエンジンが市場で圧倒的な支持を得られると確信していた。エンジンを生産するには多大なコストがかかることが判明したが、B&Sは自動車ビジネスへの参入を諦めなかった。とりわけこの時代には、アメリカ全土の新進の機械工作所が自動車の生産を始めようとしていた。そこで、この二人の創立者は、多くの部品業者からエンジンやフレーム、ボディーなど、ありとあらゆるものを購入して四気筒の自動車を製造することを決めた。彼らは絶大な自信を持って、自分たちの自動車を「スペリオール」と名付けた。しかし、このプロジェクトは失敗し、二台のツーリングカーと一台のロードスターを製造することしかできなかった。

それでもなお、彼らは部品業者として、今後成長する自動車市場にかかわりつづけることにしたのである。ブリッグスがデザインした電気式エンジン点火装置は、一九〇九年に販売が始まり、売れ行きは好調だった。そのほかの電気部品の売り上げも好調で、多目的スイッチはベストセラーとなった。さらに彼らは「モーター・ホイール」の権利を購入し、さらに改良を加え、大々的に宣伝をした。これは車輪に小さなガソリンエンジンを取り付けたもので、自転車を動かすための第三の車輪として広く使われたばかりでなく、そり用にも開発が進められ、さらにはフライヤーの動力源となった。フライヤーとは木製の床に、四輪、二座席、ステアリングコラムを備えた小型車で、天井とドアはなく、モーター・ホイールは後部に設置されていた。一九二四年にこの装置が生産中止になるまでに、およそ二〇〇〇基が販売された。

このモーター・ホイールは財務的には失敗に終わったが、小型の据え付けガソリンエンジン開発の契機となった。この小型ガソリンエンジンは多くの派生モデルが開発され、とりわけ、洗濯機やガーデン・トラクター、芝刈り機、ポンプ、そのほかの小型農機具用の動力源として広く受け入れられた。というのも、これらの製品は、電気の通じていない郊外の需要が大きかったからである。ほかに成功した製品として、一九二〇年に売り出された自動車用ロック装置があり、一九九五年に事業がスピンオフされるまで自社製造が続けられた。

誤った投資判断が企業価値を破壊する

第二次世界大戦後、都市近郊への大規模な人口移動と並行してB&Sの業績も向上した。何百万もの人が芝生や庭園でのひとときを楽しむようになった結果、とくにエンジンを動力とする芝刈り機の需要が増大した。B&Sのアルミニウム製ダイカスト・エンジンは、既存品よりも軽くて安価だったので、一九五三年に市場に投入されると好評を博した。B&Sの企業規模は急速に拡大し、一九八〇年代中頃には、ミルウォーキー郊外のウォーワトサに二〇〇万平方フィート（約一八・五八ヘクタール）の工場を保有し、従業員数も一万人に達していた。しかし、労働組合が組織されていたので人件費は高く、細かい労働規則のために生産性が伸び悩んでいた。さらに同社は、一連のストライキに苦しめられていた。

人件費を削減するため、一九八〇年代にB&Sは設備の自動化に大金を投入した。当時、自動化は最大の「キャッシュ浪費の罠」の一つであった。CEOにとって何が当面の問題であろうとも、自動化推進派は次のように主張し、打開策を提示するのだった。「自動化が競争力を強化します」「自動化で労働問題から解放されます」「自動化すればプロセスで生じる品質問題を解決できます」。この話が事実なら、自動化が、CEOの在任期間を永久なものとしてくれるはずだ。しかし、それにはあまりにもコストがかかりすぎた。B&Sの経験は、一九八〇年代における多くの資本集約型メーカーの典型例となった。一九七〇年代末のB&SのROIは約三三%だったが、一九八〇年代末には約一一%にまで落ち込んでいた。

多くの資金が「誤ったプロセス」と言うほかない自動化に投資された。後になって振り返ると、今日、高い価値創造を行っている多くの企業は、自動化への投資によるキャッシュ浪費の罠を回避している。彼らは、まずプロセスを改善する必要があることを知っていた。そしてプロセスの改善後に初めて、最も有望そうな部分を自動化したのである。

自動化によって資本が浪費されているあいだに、競争環境はより激しさを増した。Ｂ＆Ｓは業界におけるコスト・リーダーの地位を失い、さらに労働力の安い日本勢の攻勢にさらされたばかりでなく、一九八〇年代末には、人件費がＢ＆Ｓよりも約三〇％低いアメリカ国内の競合企業からの脅威にも直面していた。さらに決定的だったのは、独立ディーラーから、ウォルマートやホーム・デポのような大型小売店へ、という小売り形態の変化であった。これらの企業は古い体質のディーラーよりも、ぎりぎりの最低価格を実現することにこだわり、しかも、それを実現するだけの交渉力を持っていた。その結果、一九八九年度の決算（六月末）で、Ｂ＆Ｓは二〇〇〇万ドル以上の損失を計上した。

コア・ビジネスを見つけ出せ

これは大きな衝撃だったが、Ｂ＆Ｓは少なくとも一二カ月前には事態に気が付いていた。一九八八年にＣＥＯのフレッド・ストラットン（創業者の孫にあたる）は、戦略と組織の徹底的な調査を命じていたのである。時期を同じくして、スターン・スチュワート社は、売却やスピンオフの可能性を探るためにＢ＆Ｓの資産価値を評価することに着手した。またＢ＆Ｓ自体も、敵対的買収を恐れ、Ｂ＆ＳのエグゼクティブによるＬＢＯが実行可能かどうかスターン・スチュワート社に調査を依頼した。

そうした可能性がないことが明らかになると、Ｂ＆Ｓは優先事項の再検討と資本の充実に集中することになった。さらに、完全なEVAプログラムが導入された。新しいアプローチの概要は、一連の戦略策定過程で書き留められたメモが示している。「すべての面で競争力があるとは思っていない。競争領域を選択しなければならない」。B&Sは長いあいだ、汎用小型エンジン業界でコスト・リーダーの座にあった。しかし、最近になって高級機種市場に参入し、資金を失うだけの状態が続いていた。メモには「高級OEMエンジンを販売しても、高い収益性を確保できないことが証明されたと思う」と書き留められていた。「市場規模の小さい高性能セグメントは、優れたデザイン・エンジニアリング技術を持った多数の精力的なプレーヤー（主に日本勢）によって占められており、参入障壁も低い」

他方、特別な機能が付いていないエンジンを提供していた大量生産の汎用機種セグメントは、二社の寡占状態にあった。B&Sと、小規模な競合企業であるテクメシュだった。さらに、多額の投下資本※が必要なため、参入障壁は高かった。「現在、わずか一社の競合企業しか存在せず、高い経験効果と規模の経済性が得られることは明らかで、潜在的な参入に対する障壁も高かったので、この市場の方が高い収益性を獲得できる見込みが高いのは自明の理のように思えた。この考え方に忠実だったならば、おそらく海外からの激しい攻勢に直面しなかっただろう。この事業領域外に進出すると、海外と国内の競合企業による攻勢を受けることは確実であり、結果として、資源は枯渇するまで使われ、競争優位は失われることだろう」とメモは結論付けている。

すべての経営資源を、価値創出できる事業領域に集中させることになった。その事業領域をB&Sのコア・ビジネスと定めて、再び業界内のコスト・リーダーとなるために懸命な努力が払われた。コア・ビジネス以外の領域へ進出していたとすると、B&Sは、既に適当なニッチ市場で競争優位を築いているパートナーと、相対的に投資を抑制することのできるジョイント・ベンチャーを組む以外に選択肢がなかっただろう。

組織を再編し、資本効率を高める

コスト・リーダーになるために、そして、ウォルマートなどとともに売り上げを拡大するために、B&Sは投下資本と人件費の両面を削減する必要があった。EVAによる規律を導入することによって、創立以来初めて、投下資本に対する全コストに焦点が合わせられた。しかし、この制限をエグゼクティブに理解させるだけでは不十分だった。EVAによる規律を各事業部門にまで徹底する必要があった。

これが、その後、会社のすみずみに至るまで徹底的に行われた組織再編のロジックである。広範に受け入れられるような、いわゆる汎用エンジンを生産していればうまくいっていた頃は、職能別に垂直統合された組織が間違いなく最も効率的だった。操業能力以上のことを企業の戦略計画で取り上げる必要はなかった。しかし、一九八〇年代には、小型エンジン市場の不確実性と複雑性のレベルが高まり、企業の内部組織でも規模と複雑性が増大した。こうした複雑化に対応するために、企業の組織デザインを変更したことが、B&Sの将来を決定付けることとなった。

長いあいだ典型的な垂直統合企業だったB&Sは、ストラットンの下で七つの事業部門に再編成され、小型エンジン部門（小型エンジン付き後押し式芝刈り機）、大型エンジン部門（乗車式芝刈り機や商用機器向けエンジン）、アルミニウム鋳造部門や鉄鋳造部門などが誕生した。これらの部門には、事業運営ばかりでなく、資本的支出に対しても大きな裁量権が与えられた。事業部門で意思決定が行われるようになったことで、B&Sのキャッシュ・フローと資本管理は劇的に改善した。事業部長は資本コストに敏感になり、彼らの業績（事業部別EVA）に資本コストがどのような影響を与えるかについて関心を示すようになった。彼らの年間ボーナスは部分的に事業部別EVAと連動していたため、より注目されるようになった。すべての事業部長は基本的に、ボーナスのうち五〇%が全社の業績、四〇%が事業部別EVA、残りの一〇%が上司による個人業績の評価をベースに決められることとなった。本社スタッフのボーナスは全額が全社の業績に基づいて決定されたが、ボーナスの一〇%を個人業績によって決定する選択肢も与えられている。また、エグゼクティブ・スタッフのインセンティブ・プランとしてボーナス・バンクが用意され、このほかにトップ・マネジャーにはLSOが与えられる。

財務面の改善は、リストラクチャリングに伴う数々の重要な変革に反映された。変革とは、たとえば製品ラインの改善や職能横断的な活動の徹底的推進、労働力と資本とのトレードオフの評価、さらには責任を持たせたことに伴う事業部長の研修と能力向上などである。またEVA分析は、会社分割や内陸部での新工場の建設、中国やインド、日本での戦略的提携といった、あらゆる全社的意思決定において重要な役割を果たした。

この期間を通じて、以前は惰性的だった現場従業員に対しても、時間をかけて分権化が進められた。現場での混乱（後の章で詳しく説明する）が収まった後で、ウォーワトサの時間給従業員は労働組合契約に調整済みEVAフォーマットを加えた。一般従業員の代表がプロセス改善チームに参加し、標準的EVAフォーマットを使って、彼らが実現した改善度合いを定量化することになった。ウォーワトサにあるスペクトル事業部は、他事業部向けの特別仕様部品を製造しており、従業員の参加意欲は非常に高く、プロセス改善チームへの問い合わせがひっきりなしにあるそうである。

新しい戦略は分権化を重視し、EVAによる規律に従うことで継続的改善が行われた。EVAプログラムが導入される直前の一九八九年は、B&SのEVAはマイナス六二〇〇万ドルだった。しかし一九九三年度に、同社のEVAは初めてプラスとなった。算出された資本コストが一二%だったのに対し、ROIは一二・九%を達成したのである。それ以降、二度とEVAがマイナスになることはなかった。一九九三年度以降は、毎年、一二%の資本コストを上回っており、一九九九年度には五〇九〇万ドルのEVAを達成した。株主にとって、これ以上の幸せはなかった。一九九〇年の秋に一株当たり一〇・二五ドルで一〇〇ドル分の株式を購入していた株主は、一九九九年五月には、六七三ドルを手にしたのである。

五つの構造的競争要因――ポーターの競争戦略論

B&Sの事例は、いかに企業戦略が重要かを示している。B&Sがあいまいな戦略と古めかしい組織構造を温存したまま、単にEVAだけを導入していたなら、おそらく復活はなかっただろう。では、B&Sの事例からどのような法則が導き出せるだろうか。

優れた企業戦略を構築する際に必要となる基本的原則は、適切な競争ポジションを把握すること（言いかえると企業の「コア・ビジネス」を定義すること）であり、そのポジションを構築し維持するために、ほとんどすべての組織の時間や資源、人員、資本を捧げることである。コアではないセグメントに、重要な人的資本や物的資本を投じた場合、そのセグメントで特別な競争力を持つパートナーと提携しないかぎり、企業の競争優位を弱めることになるだろう。たとえば、B&Sは日本のダイハツ工業とジョイント・ベンチャーを立ち上げており、また赤字続きだったアメリカでの高価格プレミアムエンジンの製造では三菱重工業と長期契約を結んでいる。

企業戦略についての綿密な研究と実践的な知見というものは、比較的最近になって獲得されてきている。この分野の優れた文献としては、一九八〇年の発表以来、いまだに戦略に関するバイブルとなっている、マイケル・ポーターの『競争の戦略』（土岐坤ほか訳、ダイヤモンド社）がある。ポーターは、業界内の競争を激化させる五つの構造要因を理解し予測するための、業界分析の概念を導入した。五つの構造要因とは、①新規参入の脅威、②売り手の交渉力、③買い手の交渉力、④代替製品の脅威、⑤既存企業間の競争の度合いである。その業界の魅力度を決めるこれらの五つの構造要因を分析した後、ポーターは他社を圧倒する主な手段として、競争ポジションと競争機会という概念を展開している。

ポーターは、二つの主要な競争ポジションを定めている。一つは「コスト・リーダーシップ」であり、それは「最適規模の設備の構築、コスト削減の強力な追求……中略……コストの切り詰めと間接費の管理、重要性の低い顧客との取引の回避、R&Dやサービス、販売、広告などの費用の最小化」を行うことである。二つ目の競争ポジションは「差別化」と呼ばれ、これは「『業界全体』で認知されるようなユニークな何かを生み出すこと」であり、たとえば、際立ったデザイン、ブランドイメージ、技術、品質、顧客サービスなどである。

ポーターの研究は、このどちらかの競争ポジションにも立てない企業が成功することはないと結論付けている。彼の言葉を借りれば、そのような企業は、「市場シェアと投下資本が不足しており、価格競争に突入するか、〔もしくは〕低価格競争を避けるために必要な、業界内での差別化を行うかの決心がない……中略……中途半端なままでいる企業が低い収益性しか得られないことはほぼ確実である……中略……〔そして〕不明瞭な企業文化や、組織的な決まりごととモチベーションを高めるシステムとの矛盾におそらく悩まされるだろう」

企業の競争ポジションに加えて、ポーターは市場シェアや競争領域の重要性を強調している。彼は多くの業界で、ＲＯＩと競争領域とのあいだにＵ字型の関係があることを見いだした。競争領域が極端に広いか、極端に狭い企業がともに高いＲＯＩを示す傾向にあり、逆に中庸の競争領域の企業は収益性が低い。こうした企業は、競争ポジションと同様に、市場シェアの観点からも「中庸にある企業」と言うことができる。

ポーターは後の研究で、長期にわたる高い価値創造につながる可能性が大きい、四つの基本的戦略を明らかにした。それは、①広い競争領域でのコスト・リーダーシップ（一九九〇年代のウォルマートが典型例）、②広い競争領域での差別化（一九七〇年代のＩＢＭ）、③狭い競争領域でのコスト・リーダーシップ（一九六〇年代のフォルクスワーゲン）、④狭い競争領域での差別化（一九八〇年代のクレイ・コンピュータ）である。Ｂ＆Ｓは広い競争領域でのコスト・リーダーシップを選択し、その地位を維持している。

しかし、ウォルマートやＩＢＭ、フォルクスワーゲン、クレイが経験したように、高い価値を生む競争ポジションと競争領域を維持するのは、かなりの難題である。時が経つにつれて、選択したポジションからその業界が「シフト」してしまうかもしれない。その場合、組織は焦点を失ってポジションを維持することが難しくなるだろう。ＮＦＬの名コーチであるヴィンス・ロンバルディはかつて、達成することよりも、それを維持することの方がはるかに難しい、と述べていた。チームは自己満足に陥りやすく、またライバルチームのゲーム戦略が刻々と変化するため、二度目、三度目のNFLチャンピオンシップを獲得することはさらに困難となる。長期的に価値を創造しようとする企業は、定期的な自社分析が欠かせない。

ポーターの分析手法は単純すぎるとして一部から批判を受け、事実、ポーターはその後の研究結果を反映させて自身のモデルを精緻化させてきた。それにもかかわらず、彼のアプローチは、戦略の焦点を議論する際の出発点とされている。ある著名な戦略家は「リソース・ベースト・ビュー」という概念を用いることでポーターの分析手法を発展させてきた。この概念では競争優位を保つための必要条件を、価値が高く、貴重で、模倣困難で、移転することが比較的難しい資産を維持することだとしている。おそらく、企業にとって戦略の最も重要な要素は、これらのカギとなる資源（すなわちコア・コンピタンス）を正しく認識し、それらの資源を価値創造の最大化につながるような方法で活用していくことだろう。

価値規則を特定し、焦点を明確にする

高い価値を付加するための戦略策定に関する、最も優れた最近の書籍は、一九九五年に出版されたマイケル・トレーシーとフレッド・ウィアセーマの『ナンバーワン企業の法則』（大原進訳、日本経済新聞社）だろう。この本では、価値創造を行おうとしている企業だけに適合するようなモデル、分析、専門用語を扱っている。焦点を絞らずに努力しても高いリターンはあげられない、というポーターの視点に立ったうえで、トレーシーとウィアセーマは三つの「価値規則」と、それを実践する際のモデルを設定した。

1　コスト・リーダーシップ（「オペレーショナル・エクセレンス」モデル）
2　プロダクト・リーダーシップ（「イノベーションと実用化」モデル）
3　ベスト・トータル・ソリューション（「顧客満足追求」モデル）

「価値規則」としてのこれら一般戦略の解説は的を射ている。三つの戦略から一つを選択する必要性が、企業の最も重要な使命の核心、つまり価値創造に到達させると考えている。さらに、高い価値ポジションを維持するための厳しい基準についても言及している。

トレーシーとウィアセーマの価値規則の定義は、マイケル・ポーターが発展させた定義とかなりの部分で合致している。ただし、彼らが差別化戦略を二つの別個の規則、つまり、①プロダクト・リーダーシップ、②ベスト・トータル・ソリューションに区別している点が異なる。この区別は「拡張製品」概念によって定まる。拡張製品とは、製品自体の特徴だけでなく、その製品のマーケティングや配送、サービス、サポートをどのように行ったのかという点をも網羅する概念である。プロダクト・リーダーは、製品やサービスの提供がそれ自体の独自の価値を生み出すことで、市場においてプレミアムを獲得することができる。ベスト・トータル・ソリューションは、個人顧客や顧客グループが望むとおりの価格、特徴、製品サポートなどを組み合わせる能力を高めることで、市場において高い価値を生み出す。

価値規則を選択するポイントは何か

価値規則の選択は、経営者が行わなければならない最も基本的な意思決定である。最適な意思決定を行うためには、企業の強み、文化、組織構造、モチベーション・システム、マーケティング・チャネル、さらには、投資機会の動向と比べてその企業の能力がどの程度であるか、という点について詳細に分析する必要がある。企業内部の能力と外部市場の投資機会とをうまく整合させることが、成功のカギとなる。言いかえれば、投資機会は逃してはならないし、企業はそれを実現するために必要な能力を兼ね備えなければならない。あるいは少なくとも、それなりに成功のチャンスが期待できるこれらの能力を構築する計画が必要である。

誤った意思決定を行ってしまうこともしばしばある。少し前に、ある会計事務所の経営コンサルタントが「企業戦略とＥＶＡとのリンク」と題してセミナーを開催した。そのコンサルタントは、企業のコア・コンピタンスを明らかにして、それをほかの市場でも応用できるように「戦略的構造」を作り上げることに焦点を合わせていた。言いかえると「戦略的多角化」である。しかし、このアプローチの問題点は、企業のコア・コンピタンスが価値規則の選択を左右する一要素にすぎないということである。実際には、この要素だけに基づいて行われた戦略的意思決定は、過大投資と株主価値破壊を促すこととなった。

皮肉にもこのコンサルタントは、数期にわたって資本コストに見合う利益も、十分な株主リターンを獲得できなかった多角化戦略を支持しつづけていた。価値付加の必要事項を無視することは経営者にとって致命的である。有効な戦略意思決定には必ず、最終的に株主へ利益の分配がある。

トレーシーとウィアセーマのもう一つの意義深い主張は、企業が三つの価値規則のどれを企業の戦略的フォーカスとして実践したとしても、残りの価値規則についても必要最低限は実行する必要があるという考えである。つまり、プロダクト・リーダーだとしてもコストから目を背けてはならず、ベスト・トータル・ソリューションを目指す企業だとしても、製品の品質を保たなければならない。これらは、いたって基本的なことのように思えるだろうが、驚くほど多くの企業がこの自明な概念を見落としているのだ。

それでは、選択しなかった価値規則に必要とされる最低限、あるいは「出発点」となる達成水準はどの程度だろうか。それは、市場の中でその企業が「たくみに、かつ適切に」活動でき、しかも、水準を達成することによって、選択した価値規則が損なわれないようなレベルである。したがって、企業は、その属する業界に対して鋭い感覚を持ち、最低限の必要条件を把握しなければならない。また、価格、製品、サービスに必要とされる水準を理解しなければならない。それと同時に、最低限の水準を超える人員と資本を投下せずに、そうした必要条件を満たす努力をしなければならない。

価値を創造する成長戦略を策定する

価値創造をもたらす戦略策定に何が必要かという議論には、企業の成長が戦略構築に果たす役割を論じることが不可欠となる。収益面では際立った成長を果たしているものの、高い株式パフォーマンスを達成していない企業のエグゼクティブは、しばしば価値創造経営が「成長を否定する」ものだと批判する。つまり、リターンを最大化させるために資本を「厳しく管理する」ことを要求するので、イノベーションが抑制されてしまうというのである。売上成長そのものは、株主に対して高い付加価値を生み出した証拠ではない。資本規則に反した収益成長は価値を破壊する。このことは、かつて成功していた多くの企業が、なぜ自社のこれまでの成功を忘れさせる方向へ向ってしまったのかという理由を明らかにしている。一方で、安定的、または減少傾向の資本に対する資本コストを単に継続的に稼ぎ出している企業のMVAが、それほど素晴らしい値を示していないことも事実である。

ＥＶＡとＭＶＡの持続的成長を達成したければ、成功を合理的に予測できる成長戦略を構築しなければならない。価値創造に向けて着実な経営を行っている企業は、手の内を隠す必要はない。マネジャーが理にかなったリスクを冒すことに対して、株主は報酬を払っているのだということを認識すべきである。ひとたび、経営に特定の価値規則を導入したなら、その規則と一貫し、少なくとも資本コストと同等のリターンを得られそうな、あらゆる潜在的な成長機会を見いださなければならない。

最近、経営者のあいだで、不採算企業は将来の成長機会を見いだす前に「改革」を実施すべきか、それとも、改革を試みるあいだにも成長を維持させつづけるべきなのか、ということについて議論がなされている。われわれからすると、この議論について最も堅実な立場をとるのは、マッキンゼーの成長プラクティス・グループによる調査である。彼らの分析結果は、経営陣に「成長する権利を獲得」させるべきだというものである。つまり、既存事業で最低基準の収益性を達成することは、将来の成長に向けて唯一の安定した足がかりとなるということである。別の角度からこの結論をとらえると、資本コストを上回るリターンを獲得する能力のある企業は、その活動範囲を拡大した場合にも成功する可能性が高いと言える。

組織構造が戦略成功のカギとなる

成功するには、合理的で、すべてに優先される戦略を策定するだけでは不十分である。選択した戦略を進化させるような組織構造を構築することも重要である。組織は戦略に合致していなければならない。従来の組織構造に大胆で新しい戦略を導入しても、最初からつまずくだろう。

組織構造のデザインについて最もわかりやすく紹介した論文の一つに、二十年ほど前にロバート・ダンカンが書いた'What is the Right Organization Structure?（正しい組織構造とはどのようなものか）'（*Organizational Dynamics* 一九七九年冬号）がある。まずダンカンは、組織構造の存在意義が組織上の報告責任を明らかにするためだけではなく、むしろ「組織が目的を確実に達成するための、組織の技術、業務、人員構成を互いに結び付ける相互作用と調整のパターンである」ことを明らかにした。ダンカンは二つの基本的な目的を示した。その目的とは、①内部での情報交換の拡大、②組織内の多部門間での行動の調整、である。

実際には、ダンカンはマネジャーに身近な二つの一般的な組織構造、つまり職能別組織と分権化組織の分析にとどめた。職能的で中央集権的な組織（すなわち、製造、技術、購買などといった職能単位の組織）は非常に効率的である。またこの組織は、明確で限定された競争目標を掲げた、設立間もない小規模企業に必要な、専門的技術や技能を支援するうえでも有効である。しかし、ダンカンの研究では、組織が集権化されると情報の流れが制約されることが示されている。その結果、こうした企業は不確実性に直面したときに必要となる情報を収集する能力で劣っている。これにより、少数の企業トップが、最適な意思決定を行うために必要な情報を手に入れることが難しくなる。

したがってダンカンは、企業が相対的に単純な環境で事業を行っている場合には、職能別組織が最適だと結論付けている。企業が複雑な環境に直面し、複雑性に対処するために環境を適切なセグメントに分類できる場合は、分権化組織を選択すべきであろう。有効なセグメントに分類できないときは、職能別組織を選ぶべきである。

自社の特徴を見極めて組織構造を決定する

ダイナミックな組織では、必要な情報を伝達し、セグメントあるいは職能を横断する形で統合するために、水平的、あるいはクロスファンクショナルな関係性が必要とされるだろう。水平的関係の程度は、セグメント・マネジャーや職能マネジャー間での非公式な連絡から、統合者（本社スタッフやグループ・エグゼクティブ）を巻き込んだもの、そして最も複雑な組織、つまり、二重の権限体制と直接的関係を持ったマトリックス組織まで、さまざまである。ダンカンは、最少限の相互干渉でうまくいく水平的関係こそが適切な組織だという。マトリックス組織の経営は非常に難しい。その理由の一つは、あいまいな責任体制のために、予想外の副作用が生まれるからである。

巨大化、あるいは成熟した組織のほとんどに当てはまる解決策は、セグメンテーションと分権化である。小さな組織を除いて、現実的に分割できない組織はまれである。セグメンテーションは地理や工程、製品、産業、または顧客の区分に沿って行われるかもしれない。セグメンテーションを行う際に、いままで議論してきた三つの異なる価値規則を、企業はどのように利用すればよいのであろうか。

コスト・リーダーは、費用を最小化するためにプロセスの簡素化に力を注いでいるので、できるかぎり業務を標準化しようとする傾向がある。汎用品の生産など、各プロセスが相互依存していなければ、いくつかのプロセスごとに独立した事業単位を設けることで、最善の結果がもたらされるだろう。たとえば、内燃エンジンの生産のように生産工程が集約化されていると、製品別セグメンテーションによって最も高い価値が創出されるだろう。

これに対して、プロダクト・リーダーはプロダクト・イノベーターである。この場合、一般的に、製品ごとに分類された自由度の高い柔軟な組織で、それぞれが製品開発と商品化に必要な経営資源を備えた組織のほうが効果的に運営できる。

第三の企業グループ、つまり「ベスト・トータル・ソリューション」と呼ぶ規則を導入し、顧客との関係構築と、顧客満足の達成とに焦点を絞った経営を行っている企業は、地理や顧客、産業グループに基づいたセグメンテーションを採用するだろう。

これら三つの企業グループで最大の価値を生み出している企業は、資本配分を決める際に、投資意思決定の評価に最適な情報を持つレベルに意思決定を委ねる傾向がある。その目的は分権化の利点を活用することである。

一九九五年夏号の*Journal of Applied Corporate Finance*に掲載された、マイケル・C・ジェンセンと故ウィリアム・H・メックリングの共著論文'Specific and General Knowledge and Organizational Structure（特殊および一般的知識と組織構造）'で強調されているように、意思決定権の分権化、と一般に呼ばれることだけを行えばよいというわけではない。的確な判断を行う際に必要な知識を持つ部門責任者に、単に意思決定権を委譲するだけでは不十分であると、彼らは指摘している。ほかの人々と同じように、部門責任者たちも自身の利益に深く動機付けられているので、部門責任者の行動を全社的な利益と確実に一致させるためには、さまざまな統制とインセンティブが必要である。

要約すると、組織は適切な人材に意思決定権を委譲し、「業績測定・評価のシステムと賞罰のシステム」から構成された統制メカニズムを構築することで、「ゲームの内部ルール」を確立しなければならないと、論文は結論付けている。

組織設計に重要な三要素

一九九七年に出版された、ジェームズ・ブリックリー、クリフォード・スミス、ジェラルド・ジマーマン（以下「BS&Z」）のテキスト*Managerial Economics and Organizational Architecture*（マネジリアル・エコノミクスと組織構造）では、ジェンセンとメックリングの見解について詳しい解説が加えられ、精緻化が行われた。BS&Zの著書は、最高の成功を収めようとする企業にとってカギとなる、三つの組織体系を示した。それは、①企業内での意思決定権の委譲、②各個人に報酬を与える方法、③個人と事業部門の双方の業績評価を行うシステム、である。BS&Zは、これら三つの構成要素を三本足のイスにたとえた。三本足はすべて、イスのバランスを保つように設計されていなければならない。そのほかの二つの要素を考慮せずにある要素を修正することは、企業価値の減少につながる。

BS&Zのモデルは、成功を収めている企業が、意思決定権と実行の際に必要な情報とを効果的に結び付けるような方法で、意思決定権を委譲しているという前提に立っている。同時に、個々人の望ましい行動を喚起するために、業績評価と報酬提供を行えるような適切なシステムを、組織設計の段階で構築しなければならない。

既に述べたように、企業が活動している事業環境によって、戦略、構造、意思決定権の委譲が変化する。そして、企業の戦略はその組織設計とあいまって、個人の価値創造活動を喚起するのである。図3・1はBS&Zモデルの図説である。この図は、EVA規則を組織内へ統合することに専心している企業のためにカスタマイズされている。

BS&Zの著書を深化させ、組織設計の三要素と、それらのバランスを維持しながらEVAを統合しようとしている企業が直面している多くの課題について、これから議論しよう。

企業は最初に、組織形態に関する問題を解決する必要がある。EVAセンターの特徴は、サブ・ユニットに比べて、意思決定権を広範に委譲しなければならない点である。まずは各種サブ・ユニットを概括しよう。

1　コスト・センター

最大限の効率性（すなわち費用の最小化）で個別製品の生産を行うために、意思決定権の委譲が必要となる。コスト・センターの目標は、インプット（労働力、原材料、購入サービス）の最適なミックスを達成することである。

2　費用センター

一般に業務支援サービス（経理、法務、人事）を提供するサブ・ユニットで、費用と比較して最大限のアウトプットを生み出しているかどうかで業績を測定する。

3　収益センター

マーケティング、販売、配送を行う意思決定権が与えられている。業績測定は、収益最大化の達成度や、販売費用控除後の総利益といった目標に基づいて行われる。

4　プロフィット・センター

一般に、前述したすべての意思決定権（コスト、費用、収益）に加え、固定予算を与えられる。一般的にプロフィットセンターは、サブ・ユニットに固有かつ交換しにくい情報が、プロダクト・ミックスや生産量、価格決定、品質に関する意思決定に必要とされる場合に設置される。しかしマイナス面もある。BS&Zは次のように指摘している。「ビジネス・ユニット間に相互依存関係がある場合、利益最大化に向けて各プロフィット・センターを動機付けることが、全社的な利益最大化につながるとは一概に言えない。たとえば、自らの利益に焦点を絞っている各ユニットは、自らの活動が、ほかのユニットの売り上げや原価にどの程度の影響を与えているかという点を考慮しないからである」

5　インベストメント・センター

本質的にはプロフィット・センターであるが、加えて資本的支出を行う権限が与えられている。どの程度効率的に資本を投下したかに基づいて、成功度合いが測定される。

図3.1　価値創造の組織設計

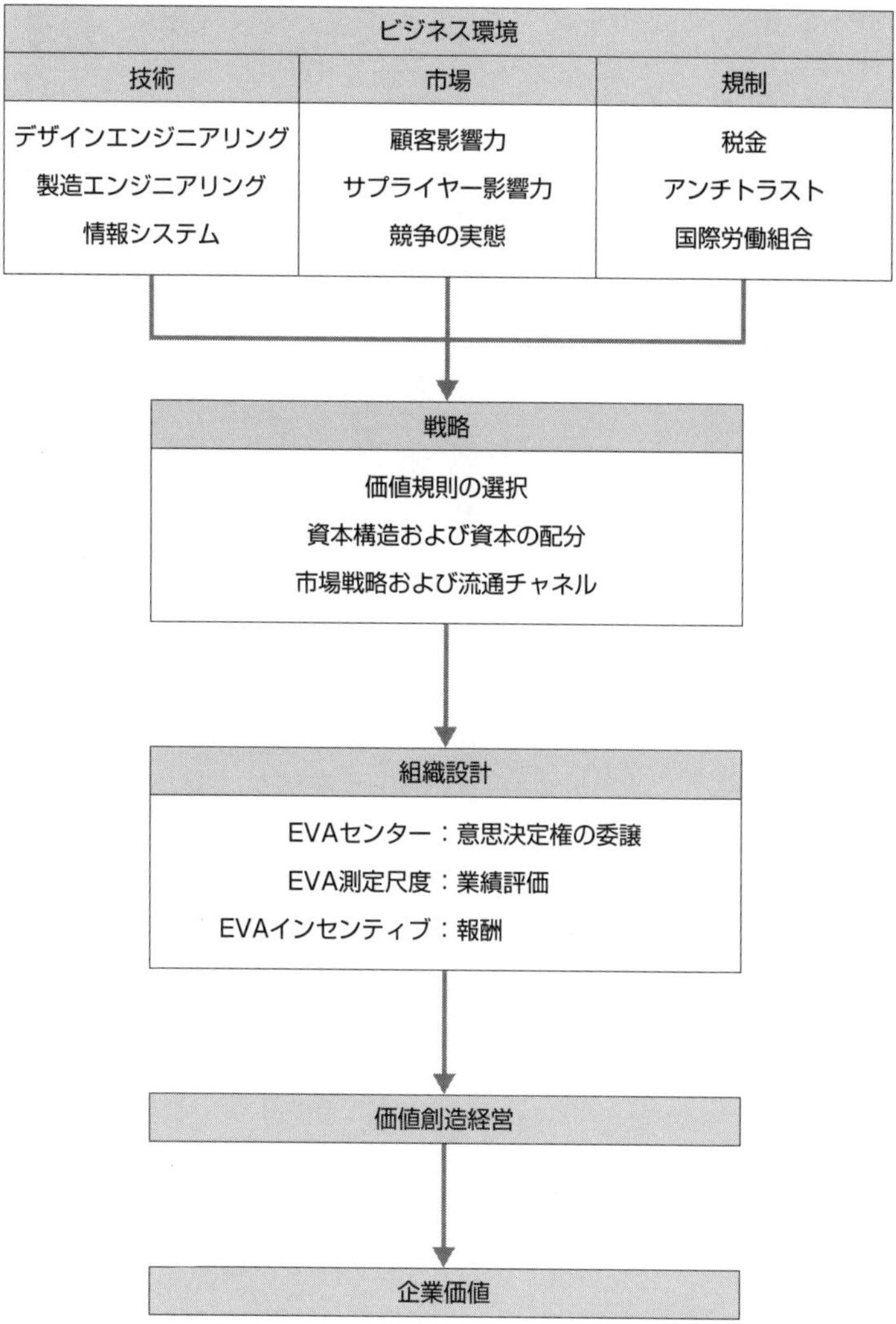

ビジネス環境
技術
市場
規制
デザインエンジニアリング
製造エンジニアリング
情報システム
顧客影響力
サプライヤー影響力
競争の実態
税金
アンチトラスト
国際労働組合
戦略
価値規則の選択
資本構造および資本の配分
市場戦略および流通チャネル
組織設計
EVAセンター：意思決定権の委譲
EVA測定尺度：業績評価
EVAインセンティブ：報酬
価値創造経営
企業価値

EVAセンターの設置

ＥＶＡセンターは、業績測定がＥＶＡに基づいて行われるインベストメント・センターと表現するのが最もふさわしい。既存のサブ・ユニットをＥＶＡセンターにするのにあたって、経営者は、そのサブ・ユニットに利益と資本的支出の権限を委譲した場合に価値最適化が達成できると確信し、そうした意思決定権を委譲する際に、ある程度のコントロールを放棄する必要がある。そうしなければ、一企業に一つのＥＶＡセンターしかできなくなってしまう。

サブ・ユニットの部門長が、最適なプロダクト・ミックス、妥当な価格と品質を選択するのに必要な知識、さらには投資機会に関する包括的な情報を有している場合にのみ、ＥＶＡセンターを設置するべきである。このことは、ＥＶＡセンターが、経営者から完全に自由になるべきだという意味だろうか。もちろんちがう。意思決定権は与えられているが、それ以上のものは与えられてはいない。

広く引用されているファマとジェンセンの論文'Separation of Ownership and Control（所有と経営の分離）'（*Journal of Law & Economics* 第二六巻、一九八三年）を参考にしつつ、ＢＳ＆Ｚは与えられるべき四種類の意思決定権を特定している。

- ・開始：資源利用と契約作成の提案
- ・承認：実行すべき意思決定の選択
- ・実施：承認された決定事項の実行

・監視：意思決定を行ったエージェントの業績測定と報酬の支給

開始と実施に関する権限について、ファマとジェンセンは「マネジメントをデザインする権限」としてとらえている。彼らは、承認と監視を「意思決定をコントロールする権限」と表現している。エージェント（すなわち、オーナーでない従業員）に意思決定マネジメントと、意思決定コントロール権限の双方を与えても、通常は当たり障りのない決定が行われる。したがって、ＥＶＡセンターを立ち上げるためには、前もって相当な意思決定マネジメント権限が委譲されていなければならないが、上級執行役員や取締役会に意思決定コントロール権限が留保されていることが不可欠である。ＥＶＡセンターの意思決定を承認し、監視する的確なプロセスを構築しなければならない。ＥＶＡセンターを完全に自由にすると、惨事を招くことになる。

組織のどの段階にＥＶＡセンターを設置すべきなのであろうか。それは、企業の規模や適切な情報が存在する場所、下層ユニットの自己完結の程度や達成可能な程度による。ここ数年間で、情報システムの信頼性と質が過去にないほど発展したので、以前には不可能だった分権的経営が実現可能になった。ＥＶＡ用語とＥＶＡ文化を導入することで、企業内の情報伝達コストを削減できる。

ＥＶＡ導入の決定に続いてＢ＆Ｓの経営陣が直面した問題は、ＥＶＡセンターの適切な数と範囲を特定することだった。既に述べたように、Ｂ＆Ｓは七つの独立部門を設けた。これらの部門を設定した理論的根拠を理解するために、例として、大型エンジン部門（ＬＥＤ）を見てみよう。ＬＥＤは自家発電エンジンと、五〜二〇馬力の乗車式芝刈り機用エンジンを製造しており、今日でも世界中のこのタイプの芝刈り機と、トラクター式芝刈り機向けエンジンの大部分を生産している。LEDをEVAセンターとしたことには、三つの大きな理由があった。その理由は、①製品の馬力の範囲がほかの事業から自然と分離されていた、②大衆向け市場で販売する押し式芝刈り機ビジネスと比較すると、乗車式芝刈り機やトラクター式芝刈り機、発電関係ビジネスは季節変動が小さかった、③LEDは年間売り上げが五億五〇〇〇万ドルで、二六〇〇人の従業員を擁しており、統制範囲とサブ・ユニット情報システムの構築の観点から適当な規模であったことである。

現場従業員の知識をどのように引き出し、企業を変革するのか

いくつかのEVA導入企業が一堂に会して行われる、EVA協会（スターン・スチュワートの関連団体）の数年前の年次総会で、議論が最も白熱したトピックの一つは、企業で実施すべきEVA測定尺度のタイプとレベル（および付随するインセンティブ）についてだった。現場レベルに対して、ダイレクトEVAの測定尺度を効果的に導入することは可能だろうか。企業はある階層で「バリュー・ドライバー」（経済的価値に貢献することのできる生産と販売プロセスの構成要素）を利用することを考慮すべきだろうか。BS&Zモデルを参照しながら、こうした問いに対する答えを導き出すべきである。つまり、業績測定尺度と、意思決定権の委譲を適切に対応させているだろうかということである。コスト・センターに直接EVAを導入することは誤りだろう。というのは、コスト・センターが、EVA決定の主要な要因である資本コストをコントロールしていないからである。

全従業員に巨額なEVAに基づくインセンティブ・ボーナスを与えさえすれば、株価が急上昇すると

図3.2　ダイレクトEVAとバリュー・ドライバー測定尺度およびインセンティブとの比較

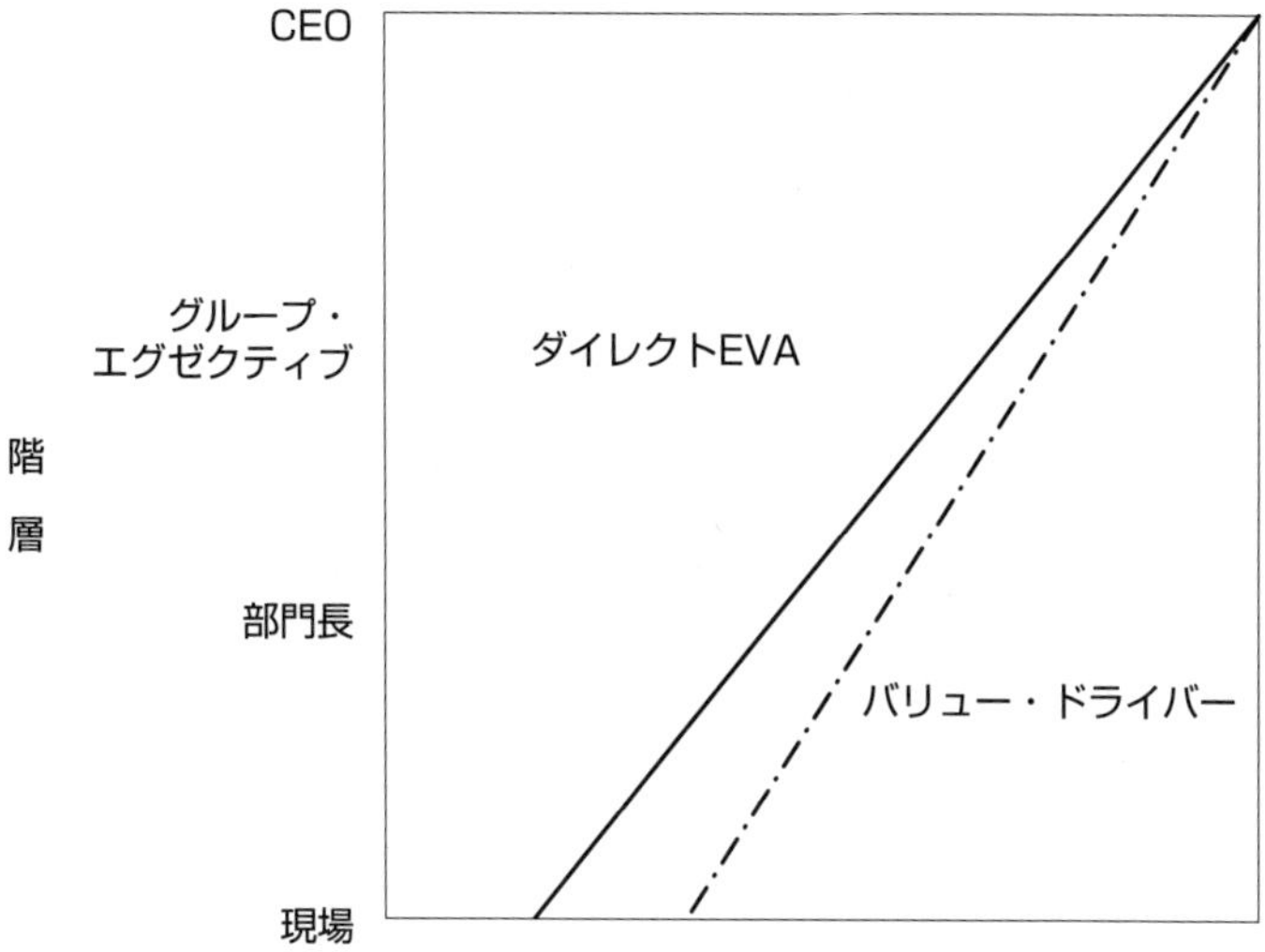

考えるのは浅はかである。問題は、多くの従業員が非常にリスク回避的であり、現場に近い従業員ほどこの傾向が強いということである。もし企業が、そのようなリスクを負うことに対して十分なプレミアムを支払わなければ、従業員をつなぎ留めておくことが現実的な課題となる。従業員はより高い平均賃金を要求するか、あるいは報酬に差をつけることを望むだろう。リスクを理解し、それに対処する能力に長けた従業員にリスクを負わせるのであれば、従業員を失うという過大なリスクを発生させずに、報酬格差を縮小させることができる。

実際は多くの企業で、資本的支出に関する意思決定権のほとんどがシニア・エグゼクティブに与えられており、現場従業員に与えられることはほぼ皆無である。しかし、生産プロセスの要素はしばしば現場従業員に依存しており、うまく管理されているならば、彼らはＥＶＡ創造に十分貢献できる。つまり、生産性の改善、廃棄の削減、生産管理による在庫削減、回転率の向上などの「バリュー・ドライバー」がこれにあたる。これらすべては測定可能であり、少なくともある程度は現場の従業員に委ねられている。

図3・2は、この議論におけるインセンティブ設計と、最適なEVA測定尺度との関係を示している。この図は、従来の企業の各階層に委譲されている資本的支出の意思決定権を示している。現場従業員に対する意味のあるEVA研修プログラムと、資本的支出の意思決定権を与えられているEVAチームへの現場従業員の参加により、軸が右側へとシフト（図3・2で点線で描かれている部分）する。

B&Sは多くの階層で、さまざまな異なるダイレクトEVAバリュー・ドライバー因子を組み込み、非常に興味深い結果を出している。その成果の一つは、ミシガン州ラベンナの鋳造工場（MTIに売却）であり、この工場は大々的にダイレクトEVAアプローチ（総インセンティブ報酬の八〇％）を導入して大きな成功を収めた。この工場が成功裏に運営されてきた背景は、「軸を右側にシフトさせる」努力が行われてきたからだと同社は考えている。第6章で詳細に述べているが、この工場は相対的に小規模（従業員は一五〇人以下）だったので、個々人の努力が工場のEVA業績にすぐ反映されたのだろう。従業員参加型の経営は当初からの信条であったし、新しく入ってきた従業員に対する効果的な訓練プログラムも確立されていた。

対照的な状況が小型エンジン部門で起きていた。そこでは、徹底した生産性の測定に基づいた時間給従業員に対するインセンティブ・システムという、たった一つのバリュー・ドライバーだけで優れたEVAを生み出してきた。この部門は非常に大きく、また製品は季節変動の影響を強く受けるので、大衆市場の顧客によって課された制約に従わざるを得ない。この部門の主な意思決定者は、ダイレクトEVAインセンティブが与えられているので、資本規則を犠牲にして生産性の改善を達成するというリスクが大幅に低下している。ほかの部門では二つ以上のアプローチを同時に実施しており、その成果はまちまちである。

もちろん、企業戦略と組織の原則の要点を論じることは、それらを実行することに比べるとはるかに容易である。企業で長期間働いてきた従業員が持つ保守的傾向のため、変化に対しては抵抗が起き、官僚的組織による過剰な擁護が起こる。これらを克服するには、多大な努力が必要とされる。しかし、危機的な状況下では往々にして、新しい戦略や、古い戦略に対する新たなコミットメントが企業をよみがえらせ、株主価値創造の機会を創出することのできる唯一の施策であることがある。言うまでもなく、これは企業に対して二次的な権利を保有している従業員、顧客、サプライヤー、コミュニティーといった株主以外の「ステークホルダー」に価値を創造する。次章では、すべての参加者に対する価値創造の重要性、つまり、価値創造のためのロードマップについて論じる。

第4章　価値創造へのハードルは何か

株主のためだけでなく、そのほかの企業の「ステークホルダー」、つまり従業員、顧客、サプライヤー、企業が属するコミュニティーのためにどのようにして価値を創造するか。このかまびすしい議論に話題を移そう。この論点では二つの主張が対立してきた。一つは、株主価値を創造することが唯一の企業の目標である（そのほかのステークホルダーは、企業が成功していれば、必然的に利益を得ることになる）という主張である。いま一つは、主要な意思決定を行う際、企業は常にすべてのステークホルダーの利害を慎重に考慮しなければならないという主張である。実際のところ、後者の意見を支持する人の中には、外部者は株式会社の持つ資源に対して、株主と同等の請求権を持っていると主張する人もいる。

しかし注目すべきは、ステークホルダーが株主より大きな請求権を持つと主張する人はいないということである。その理由は、企業にとっての必須条件である資本を株主が提供しているという点にある。

株主は十分なリターン（資本コストを上回らないまでも、同等のリターン）を期待できない企業に、資金を提供することはない。また、業績が回復する現実的な見通しが立たないかぎり、株主は業績の悪い企業に新たな投資をしない。したがって、新たな投資に対して期待されるリターンは、最低でも資本コストと等しい。

株主重視は正しいのか

もちろんわれわれも、株主が最も重要だと考えている。これは、資本主義社会において否定できない現実である（社会主義国では、資本提供者たる国家が最も重要だろう）。しかし、こうしたシンプルな主張は、多くの企業における広報活動で問題を引き起こす。なぜならこうした主張が、ステークホルダーの利害について、口先ばかりでわかりにくいレトリックを生む原因となるからだ。企業の当惑は、困難な労使交渉を行っていたり、事業の拠点を低コスト地域や海外に移転しようとするときに、最高潮に達する。

企業が赤字決算の場合には、そうした抗議の声はかき消されることになるが、事業拠点の移転という意思決定を行った理由が、十分なリターンを維持するためなら大騒ぎになるだろう。その理由は二つある。一つは、ビジネスにおける財務上のドライバーを理解している人が相対的に少ないからである。いま一つは、利害関係のある従業員やコミュニティーには、実際に損失が生じるからである。解雇通知を渡された従業員に、資本主義の本質を論じたシュンペーターの「創造的破壊」を読むように勧めてもまったく役に立たない（一方、解雇を宣告した従業員に対して、移転した工場への配置転換を提案する企業もある）。

このように、株主とそのほかのステークホルダーとのあいだに、短期的な利害対立が生じることは疑いようのない事実である。大規模工場が町から移転したために、従業員は解雇され、コミュニティーは税基盤が縮小し、メインストリートでの商売がうまくいかなくなるといったケースばかりではない。たとえば、航空会社の運賃値上げに対して、消費者が歓喜の声をあげることはないし、これらの巨大企業が最終的に株主価値を創造するだろうと考えて喜ぶこともない。

しかし長期的には、株主とほかのステークホルダーとの利害は一致する。もちろん、労使関係が悪化していたり、製品やサービスを信頼できなかったり、サプライヤーとの関係が緊密でなかったり、環境を汚染していたり、あるいは、そのほかにもコミュニティーの意向に背くような行為をしていたりする場合は、企業が長期的に繁栄することは不可能である。

株主、ステークホルダー、経営者の利害を一致させる

これまでは自明な点を強調するためにわざとネガティブに検討してみたが、よりポジティブに検討してみよう。次のようなときに、企業は株主価値を高めることができる。従業員満足を高めるような独創的な試みに取り組んでいたり、サプライヤーと緊密に仕事を進め、彼らのロイヤルティーを高めていたり、顧客について深く理解し、特定のニーズを満たすために苦心していたり、コミュニティーから善良な企業市民としての評判を獲得していたりする場合である。長期的には、株主とほかのステークホルダーのあいだには、利害の調和が存在するのである。マルクス主義者は、これを階級闘争に対する概念として、階級協調と呼んだ。明らかに、利害の調和は階級協調であり、アメリカ型資本主義の基本構造に深く根付いている。もしくは、ゲーム理論で考えるなら、われわれはゼロサム・ゲームを行っているの

ではなく、ウィン・ウィンの状態にいるのである。相互協力によって、取り分は大きくなりうる。

アメリカの主要な印刷会社の一つ、クワド/グラフィックスの創立者兼オーナーのハリー・V・クワドラッチは、従業員のために開催したホリデー・ディナー・ダンスの会場で、こうした関係の枠組みを最も上手に示した。ビジョンを持った、派手なリーダーであるクワドラッチは、突飛なテーマに沿ったお祭り騒ぎをすることで有名だった。一九八〇年代初め、サーカスというテーマのお祭りでは、ハリーはゾウにまたがり、ヴァイス・プレジデントはピエロの格好でパレードに参加し、秘書は大砲から飛び出した。この後、ハリーは全従業員に対してメッセージを発表することにした。「われわれのパートナー(つまり従業員)一人ひとりに対して、その大半が負債だが、七万四〇〇〇ドルの資本が拠出されている。この資本を提供してくれた人々は、一三%のリターンを要求している。したがって、われわれは自分たちの金を稼ぐ前に、彼らのために、各人が九六二〇ドルずつ稼がなくてはならない」。彼はこのスピーチの後半で、この課題に対して何をなすべきか、従業員にわかりやすく伝えた。

トップ・マネジャーの目標は、株主価値を増加させるだけではなく、株主の利害とほかのステークホルダーの利害とを一致させることである。言いかえると、すべてのステークホルダーの価値を創造する(つまり、富全体を最大化する)という目標を達成することである。これが、将来志向の企業が何十年もの無関心の末に到達した目標である。

かつては、一九三〇年代にバーリとミーンズが分析した所有と経営の分離によって、株主の利益は軽視されてきたが、当然のことながら、ほかのステークホルダーも、自らの利益に大きな関心を持つ経営者から軽視されてきた。こうした経営者は価値創造を試みるのではなく、ステークホルダー間の価値をめぐる要求を仲裁しただけだった。彼らは、競争力を低下させるような労使契約を結ぶことで、労使間の平和を「購入」する。彼らは、顧客からの値引き要求がないにもかかわらず値引きを行う。また、顧客の要求に対して鈍感になる。彼らは、従業員の生産性を管理せず、それに対して報いもしない。多くの企業は、利益の平準化あるいは利益の「マネジメント」という疑わしい目標達成のために、誤った多角化を行うことに懸命である。また、資本が株主に対する多くのリターンを生み出す可能性があるときは、過大投資を行うか、あるいは実施すべき経費削減を先延ばしにする企業も存在する。さらに、多くの企業は全面的に価値を増加させるのではなく、むしろ既存の価値を再分配する傾向がある。結果として、トータルの価値は減少するのである。

価値創造のホリスティック・モデル

どのようにしたら、すべてのステークホルダーのために価値を創造できるのだろうか。経営上の責務は組織ごとに異なるだろう。それは、企業の競争的ポジションや経営者の能力、社内での業務課題などに左右される。しかし、価値創造に成功した多くの企業が行っているこうした課題へのアプローチには共通した手法がある。価値創造のホリスティック・モデル（全体論的モデル）と呼ぶフレームワークに従って、この手法を理解していこう。

われわれは、過去数年間、さまざまな理由によりこのモデルを進化させ、改良してきた。多くのメディアがＥＶＡについて取り上げるようになると、どのようにして、組織にＥＶＡを導入すべきか数多くの質問を受けた。また、ＥＶＡに基づく経営が、優れた経営実務の基盤としては「戦略的」ではないと

図4.1　価値創造経営のホリスティック・モデル

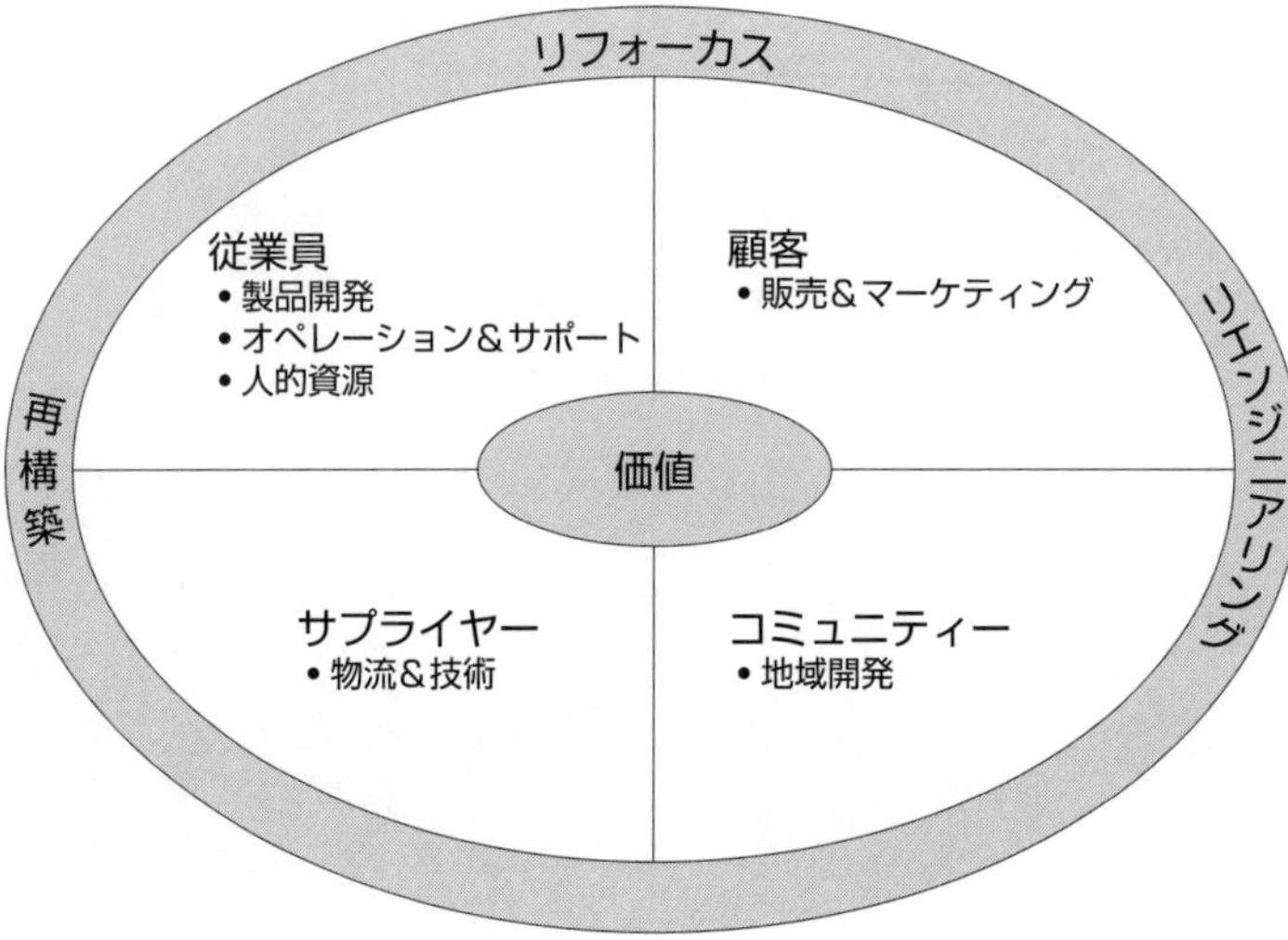

いう批判をしばしば聞くが、これについても答えよう。財務的測定および経営システムとしてのＥＶＡは、企業の抱える問題に対して特定の答えを導き出すわけではない。ＥＶＡは、戦略や組織の問題が重要であるという事実に反論するわけではないが、たとえば、在庫管理の唯一最善の方法を指示したり、全社戦略を策定したりはしない。むしろ、経営者にあらゆる有望な経営展開の可能性を考えさせるという意味で、ＥＶＡには無限の可能性がある。ＥＶＡ規則を用いることで、現場の従業員だけでなく、マネジャー層を動機付ける強力なインセンティブと、継続的で持続可能なＥＶＡの増加という単純明快な目標が立てられる。

価値創造のためにホリスティック・モデルを設定しようとする究極の理由は、こうしたモデルを作ることで、企業が価値創造のために何をすべきかについて、従業員や、ほかのステークホルダーと正確な意思疎通ができるからである。

Ｂ＆Ｓで考案されたものだが、われわれが見いだした一つの価値創造経営のホリスティック・モデルを示すと、図４・１のようになる。

従業員や顧客、サプライヤー、コミュニティーとのさまざまな利害関係の中で、企業が株主のために可能なかぎり最大の価値を創造するためには、トップ・マネジャーと、理想的には現場までの全従業員とが、価値創造に専念する必要がある。こうした四グループが、創造的活動の中核となる必要がある。

各グループに関連した機能がモデル内に組み込まれている。価値創造プロセスに従業員を組み込んでいくという最も重要な機能は、製品開発、オペレーションとサポート、および人的資源である。おそらく多くの組織では人的資源の開発が最も軽視されている機能だが、隠れた、もしくは未開発の価値が創造される可能性が非常に高い。その目的は、組織の最終目標を達成するために全従業員を励まし、動機付けることにほかならない。全従業員が価値を高めるエネルギーを持っているのだ。経営者の課題は、従業員が自らの価値創造のために、このエネルギーを開放する利益を見いだせるような環境を整えることである。

モデルに目を移してみると、顧客価値を導き出す機能が販売とマーケティングであることがわかる。サプライヤーとの関係で価値を生み出すのは、物流能力と技術力である。多くの場合、地域開発は、地域の政治団体と企業との協調関係がうまくいくと進展する。そうした関係は税務上の優遇策や資金面での支援、土地開発、そのほかの協力関係といった形がとられるが、これらは企業と地域の双方に価値をもたらし、お互いの利益となる。コミュニティーでは求人や税基盤が拡大し、地域の食堂やドラッグストアに利益をもたらすことになる。

このホリスティック・モデルを再検討する場合、これらの機能を企業の特定部門に関連付けないことが重要である。なぜなら、それは古いタイプの分配思考だからだ。つまり、現時点でのパイを大きくしようとするのではなく、単純に分けるという意味の分配である。EVAではこうした考え方をしない。たとえば、すべてのコーポレート・マネジャーは、現場の従業員が価値を創造するように動機付けるという目標を達成するように、努力しなくてはならない。そして、われわれはみな、顧客満足を確立するために販売とマーケティングに貢献すべきであり、それによって売り手と買い手の双方の価値を創造していくのである。

価値創造のロードマップを構築する

B&Sが戦略を再構築し、EVAプログラムを導入してから数年後に、同社の経営陣に対して従業員から次のような意見が出てきた。「大半の成功要因はわかりますし、経営陣はEVAの概念と何らかの形で結び付くビジョンを持っているのだろうと思います。しかし、そのビジョンが明確に伝わってきません」。こうした意見に対して経営陣は、価値創造のための重要な方法を認識できるように価値創造モデルを拡張することを決定した。方法は次の三つの基本カテゴリーに分類された。それは、①戦略、②組織とシステム、③デザインとプロセスである。この結果、「価値創造のロードマップ」という一ページ大の図ができあがった。図4・2は、個別企業の事情を勘案していない基本形である。

このロードマップは、企業のさまざまな価値創造の試みがどのように調和していくのかについて、重

図4.2　価値創造のロードマップ

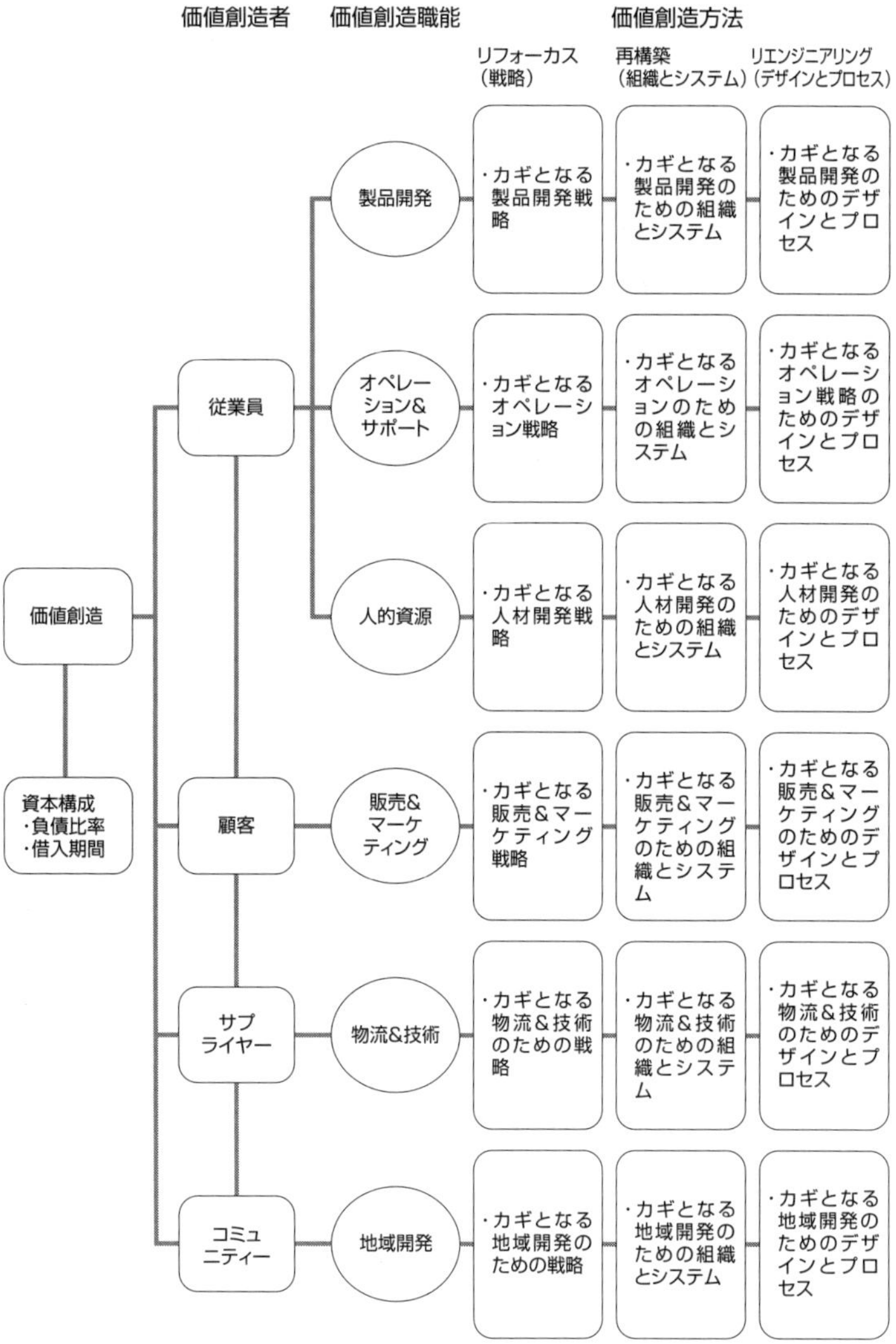
価値創造者
価値創造職能
価値創造方法
リフォーカス（戦略）
再構築（組織とシステム）
リエンジニアリング（デザインとプロセス）
価値創造
資本構成
・負債比率
・借入期間
従業員
顧客
サプライヤー
コミュニティー
製品開発
オペレーション&サポート
人的資源
販売&マーケティング
物流&技術
地域開発
・カギとなる製品開発戦略
・カギとなる製品開発のための組織とシステム
・カギとなる製品開発のためのデザインとプロセス
・カギとなるオペレーション戦略
・カギとなるオペレーションのための組織とシステム
・カギとなるオペレーション戦略のためのデザインとプロセス
・カギとなる人材開発戦略
・カギとなる人材開発のための組織とシステム
・カギとなる人材開発のためのデザインとプロセス
・カギとなる販売&マーケティング戦略
・カギとなる販売&マーケティングのための組織とシステム
・カギとなる販売&マーケティングのためのデザインとプロセス
・カギとなる物流&技術のための戦略
・カギとなる物流&技術のための組織とシステム
・カギとなる物流&技術のためのデザインとプロセス
・カギとなる地域開発のための戦略
・カギとなる地域開発のための組織とシステム
・カギとなる地域開発のためのデザインとプロセス

要な洞察を従業員に提供する。モデルを垂直に眺めると、従業員たちは、各々の所属する職能部門で自社がどのようにして価値を創造しようとしているかを理解できる。このマップは、それぞれの職能部門にとっての基本戦略、サポートとなる組織とシステム、カギとなるデザインとプロセスを記したものである。このモデルを水平に見ると、従業員は、デザインとプロセス、組織とシステム、戦略が職能に沿ってどのように統合されているかについて理解できる。

ロードマップ作成は、ＥＶＡの導入に向けて努力が必要な組織にとって意味のある活動である。これによって、特定の価値規則へのこだわりや、その規則と戦略との整合性だけでなく、それらを支援する主要なイニシアチブを認識することも求められる。ここで、第3章で議論した組織構造と、トレーシーとウィアセーマによる「価値規則」について考えてみよう。

実行可能な戦略の策定が、適切な価値規則の選択に不可欠だとすると、ロードマップの右の二列は、その戦略を構成する組織とシステム、デザインとプロセスを示しているはずである。これら補助的要素のおおまかな説明は次のとおりである。これらの補助的要素を関連性のある価値規則ごとに紹介しよう。

組織とシステムの再構築

コスト・リーダーシップ

・職能別組織であることが多い。巨大で複雑な組織では、職能別部門や生産部門に分権化が行われる。
・システムは、厳格に管理され、正確に再現可能で、コスト効率の優れた業務をサポートするように設計されている。

プロダクト・リーダーシップ

・一般的に、柔軟かつ分権化された組織で、製品ラインあるいは製品グループによって区分されている。
・システムは、製品のイノベーション、および新製品の商品化の成功をサポートし、促進するように設計されている。

ベスト・トータル・ソリューション

・組織はたいてい、地域別や顧客別、業界別に分割されている。これは、個々の顧客のニーズを特定し、それを満たすためである。顧客と直接に取引をしている個々人に権限を委譲するために、意思決定は分権化されている。
・システムは、顧客の特定の好みを狙うために必要な情報を提供し、このような顧客を開拓した従業員を奨励するように設計されている。

デザインとプロセスのリエンジニアリング

コスト・リーダーシップ

・製品は大量生産用に設計されており、効率的な大量生産のために「結び付けられた」工場群を持つ。
・プロセスは、低コスト・高付加価値製品を開発し、それらを価値意識の強い市場へ効率的に分配できるように設計されている。

プロダクト・リーダーシップ

・製品はユニークな特徴や、機能最大化に向けて設計されており、工場は柔軟性のある設備を特徴とする。

・プロセスは高級製品市場を開拓するために、差別化され、革新的で、特徴のある製品を開発できるように設計されている。

ベスト・トータル・ソリューション

・製品は幅広い顧客ニーズに適応できるように設計されている。工場はカスタマイズされた製品を生産するために設計されている。

・プロセスは、さまざまな独自のソリューションを開発し、リレーションシップ・マネジャーを支援できるように設計されている。

戦略とはビジョンであり、リレーションシップ・マネジメントである

ロードマップを作る場合には、これまで説明したことよりも多くのこと、つまり、価値規則の選択を支える、現実的に重要な要素を認識することが大切である。しかし、ここではいくつかの方向性を示すにとどめよう。

おそらく、現代の経営における大きな欠点の一つは「プラグイン」精神、つまり何でもよいアイデアを自社の組織に取り入れれば、素晴らしい結果を生み出すというコンセプトである。これは、経営者がトム・ピーターズなどの主催するセミナーに参加し、他社が素晴らしい顧客やサプライヤーを開拓し、

従業員の優れた対応を引き出すユニークな計画を採用したことを聞いて、感激しながら家へ帰り、その計画の一部を自社に導入しようとすることを指す。たとえば経営者は、ある小さな食料品会社が独創的な宅配サービスを柱として、顧客一人ひとりの果物や野菜の好みを知るシステムとプロセスを開発し、その事業を一〇億ドルのビジネスに展開している、ということを聞いて感動するかもしれない。彼は、その食料品会社のアイデアの要素を自動車部品の大量生産を行っている自社に組み込み、散々な結果を招く。

価値創造のロードマップ作成の原則を徹底することで、職能部門を横断する一貫した戦略やその戦略をサポートする基本要素を一ページ大の図で示すことができる。そして、コスト・リーダー戦略を採用している組織に対して、ベスト・トータル・ソリューション型のプロセスを組み込むという間違いをすることがなくなる。

現在、「ベスト・プラクティス」を企業にコンサルティングするという新興産業が発展しつつある。そうしたコンサルタントは、ある人にとってのベスト・プラクティスが、ほかの人にとっては悲惨な戦略になりうるということに（少なくともクライアントの前では）めったに気付かない。ただ、再度強調しておきたい。すべての組織の要素は、選択された価値規則と一貫性があるか、確認する必要がある。ベスト・プラクティスの活動も例外ではない。

われわれは、顧客やサプライヤー、従業員、コミュニティーに対して優れた価値を創造しているにもかかわらず、ＭＶＡの観点からは、Ｓ＆Ｐ５００やほかの指標の平均的企業をかなり下回る「エクセレント・カンパニー」の例を数多く見てきた。多くの場合、その原因は、価値規則に対して十分に関与していないか、価値規則と整合性のないサポート要素を選んだことにある。既に述べたように、戦略の真髄はリレーションシップ・マネジメントである。コスト・リーダーシップやプロダクト・リーダーシップ、ベスト・トータル・ソリューションの各提供者はそれぞれ異なる関係性を、顧客や従業員、サプライヤー、事業を展開しているコミュニティーと築いている。適切に設計されたEVAプログラムは、価値が創造、あるいは破壊されているリレーションシップ・マネジメントを特定できる。

もちろん、懐疑論者は、古いタイプの権威主義的な経営をよしとし、「ビジョン」を妄想だと決め付けるかもしれない。しかしわれわれは、共有できるビジョンを構築し、効率的に伝えることは、少なくとも企業の本質的な役割の一つだと断言できる。つまり、すべてのマネジャーと従業員に対して、彼らの行動が高価値のリレーションシップを生まないかぎり、企業は繁栄しないということを伝えるべきだ。

またロードマップでは、企業の資本構成（図4・2の一番左のボックス）の管理も価値を創造すると示されていることに留意していただきたい。ただ、資本構成の管理はCFOの特権であり、従業員は、通常（おそらく、何度もCFOに資本コストを低くするように訴えかけるような場合を除いて）資本構成にほとんど影響を与えることはない。したがって資本構成は、現場の従業員が影響を与えられる問題であるとは、とくに言えない。

B＆Sのケース

B＆S向けにカスタマイズされた価値創造のロードマップを見てみよう。このロードマップには、価値を創造する活動も個別に記載されている（図4・3）。

図4.3　価値創造のロードマップ（B&Sのカスタマイズ版）

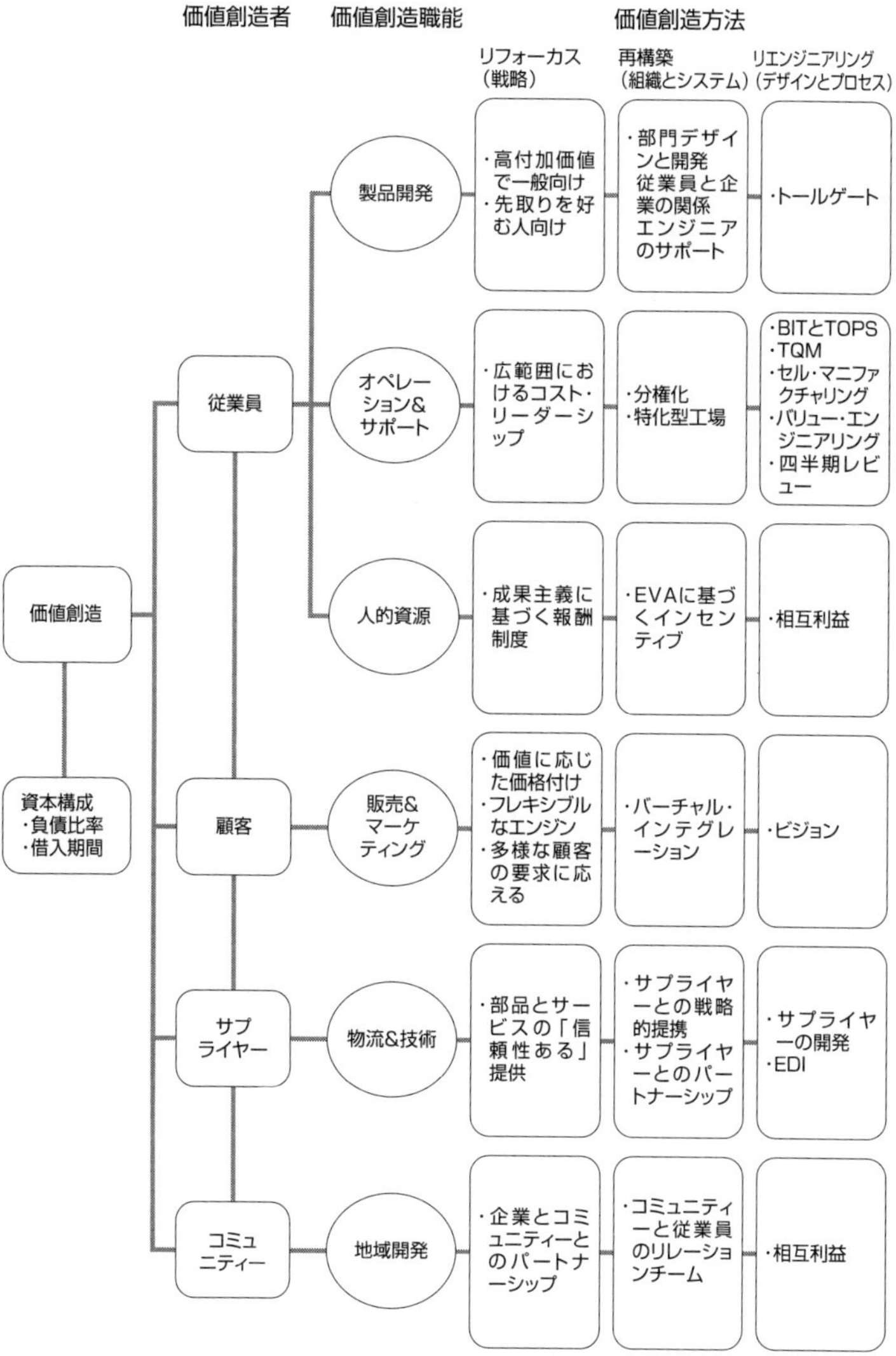
価値創造者
価値創造職能
価値創造方法
リフォーカス（戦略）
再構築（組織とシステム）
リエンジニアリング（デザインとプロセス）
価値創造
資本構成
・負債比率
・借入期間
従業員
顧客
サプライヤー
コミュニティー
製品開発
・高付加価値で一般向け
・先取りを好む人向け
・部門デザインと開発
従業員と企業の関係
エンジニアのサポート
・トールゲート
オペレーション&サポート
・広範囲におけるコスト・リーダーシップ
・分権化
・特化型工場
・BITとTOPS
・TQM
・セル・マニファクチャリング
・バリュー・エンジニアリング
・四半期レビュー
人的資源
・成果主義に基づく報酬制度
・EVAに基づくインセンティブ
・相互利益
販売&マーケティング
・価値に応じた価格付け
・フレキシブルなエンジン
・多様な顧客の要求に応える
・バーチャル・インテグレーション
・ビジョン
物流&技術
・部品とサービスの「信頼性ある」提供
・サプライヤーとの戦略的提携
・サプライヤーとのパートナーシップ
・サプライヤーの開発
・EDI
地域開発
・企業とコミュニティーとのパートナーシップ
・コミュニティーと従業員のリレーションチーム
・相互利益

過去数年間に、B&Sで創造された価値の大部分はオペレーション主導の活動に関連しているので、ロードマップのオペレーションとサポートに焦点を絞って、価値創造に適切な方法について詳しく述べよう。

第3章で述べたように、B&Sでリフォーカスされた戦略の基礎は、業界内で、幅広い顧客に低コストで製品を提供するコスト・リーダーとしての競争ポジションを取り戻すことであった。同社の設備や文化、また、人的および物的資本という資源を前提とすると、これは同社に実行可能で、かつ合理的な成功の見通しが立つ唯一の戦略だった。既に議論したように、コスト・リーダーシップは、大規模な設備装置の導入や製品の標準化、コストおよび品質の継続的な改善、優れたプロセスを支えるエンジニアリング面での熟練など、的確に定義された戦術から構成される戦略である。また、それには分権化された組織、つまり各事業部門に会計責任を負わせる必要がある。こうした戦術を効果的に実行すれば、実際のコストを業界内で最低、あるいはそれに近いレベルに下げることが可能となる。

価値規則とイノベーションを合致させる

図4・3は、「従業員」の右に位置する「オペレーション&サポート」のように、展開されるべき戦略を描き出している。コスト・リーダーシップの目標を追求すると、分権化と特化型工場にたどりつく。これらは、BITやTOPS、TQM、セル・マニュファクチャリング、バリュー・エンジニアリング、四半期ごとのEVAレビューなどによって支えられている。これらはすべて重要なイノベーションの名称である。言うまでもなく、TQMはトータル・クオリティー・マネジメントの略であり、TQMの権

威は「全社レベルの目標とシステマチックな品質改善プロセスとを統合すること」と定義している。セル・マニュファクチャリングとは、各チームに配置された従業員のグループが全工程を請け負い、エンジンや部品を製造する。アセンブリー・ラインによる製造は、すべての従業員が一つあるいは二つの反復的な仕事を一日に数百回繰り返すが、対照的にセル・マニュファクチャリングでは、従業員一人ひとりが多くの仕事の工程に責任を負っている。おそらく、アセンブリー・ラインの製造にはない仕事の満足感が、セル・マニュファクチャリングの生産性を高めている。

特化型工場では、五〇〇～八〇〇人の従業員で業務を行い、一つあるいは二つしか製品を生産しない。こうした集中により、効率性が高まり、コストが低下する。もう一つのコスト節約の方法は、バリュー・エンジニアリングと呼ばれるものである。これは、顧客が普通に要求する多様なスペックのそれぞれに対応するのではなく、広範囲な顧客のニーズを満たすようなスペックを標準化することで展開されていた。

ＢＩＴによるリエンジニアリング

ＢＩＴ（事業改善チーム）とＴＯＰＳ（チーム志向の問題解決）は、生産プロセスの改善を調査するために現場従業員からボランティアを募るという、きわめて重要な機能がある。これは間違いなく参加型経営の最も重要な側面であり、Ｂ＆Ｓが組織構造を見直して以来、おそらく同社におけるリエンジニアリングで最大の成果を獲得した分野でもある。こうした活動で最も注目すべきなのは、現在販売されている後押し型芝刈り機に搭載するエンジンの大部分を生産していたディック・フォッチ（小型エンジン事業部のゼネラル・マネジャー）が率いたＢＩＴチームである（ＴＯＰＳは大型エンジン事業部で遂行中だった）。

このＢＩＴの活動は、競争上および業務上の多くの不可避な事態によって推進された。市場が小規模ディーラーから大規模な小売りへと移行するにしたがい、小型エンジン事業部はインフレ的に価格を上昇させることができなくなったので、コスト削減が重要な課題となった。同社が伝統的に行ってきた職能別の問題解決アプローチの代わりに、製品属性と顧客の選好との関連を理解し、強化することを重視しつつ、継続的に品質改善を行うアプローチが進められるようになった。

現在、小型エンジン事業部は、実際に業務に携わっている従業員こそが、業務のプロセス改善に最適な人材であるという前提に基づいて業務を遂行している。経営陣の役割は、チームメンバーに対してどのような改善が要求されているか、また改善するための資源や権威、責任をチームメンバーが理解するために必要な情報を提供することである。チーム・リエンジニアリングの重要な成功要因は、情報技術、顧客主義、資源と目標へのアクセスである。どのようにして、改善後の業務工程を事業計画に適合させるのか理解することこそが重要である。

ＢＩＴプログラムは次のような方法で機能している。小型エンジン事業部は五つの部門から構成されており、これらの部門にはダイカスト、アルミニウム加工、鉄加工がある。ボランティアによって構成される八つのＢＩＴチームが、部門横断的に活動する。つまり、調査対象が接続ロッド（クランクシャフトとピストンのあいだにあるアルミニウムのロッド）に関する問題であれば、ＢＩＴチームにはアルミニウム加工、ダイカスト、部分組み立て、そして最終組み立ての各部門のメンバーを加えることになる。

職能別組織に対するＢＩＴ体制の適用は、従業員の考え方と行動様式に革新的な変化をもたらした。

伝統的なプロセス改善に対する障害は解消された。従業員は自分の担当範囲だけを改善するよりも、製品生産のプロセスを改善することで、生産全体を改善することに関心を持つようになった。たとえば、ダイカストのコストや加工コストを最低にすることは、もはや重要ではなくなった。重要なのは、最高の品質を最低の生産コストで実現することである。

効率性を改善するＢＩＴチームの進捗度を評価するため、プロセスや加工時間のようなカギとなる評価指標が設定され、四半期ごとにアカウンタビリティー・レビューで報告された。すぐに、この変化による明確な結果が出てきた。ＢＩＴを導入する前年は、七三のプロセス変革が小型エンジン事業部で実施された。ＢＩＴ導入の初年度には、五八七のプロセス変革があり、全体的な生産性は九％上昇した。

これらの進歩と同様に印象的なのが、Ｂ＆Ｓのプロセス・エンジニアリングの経験である。この経験から、次のような留保条件が導き出される。根本的なプロセス・リエンジニアリングは、ときに多大な利益を生み出し、非常に大きな転換をもたらす（少なくとも、リエンジニアリング提唱者はそう言っている）。ただし、多くの企業にとって実質的な利益は、適切にフォーカスされ、十分に動機付けられた従業員によって達成される何百もの小さなプロセス改善から生じる。

全社規模でＥＶＡ計画を見直す

企業の成功には、新たなＥＶＡの戦略的再検討のプロセスも不可欠である。価値創造に対するコミットメントを強化する目的で、企業は各事業部門から管理部門までの全マネジメント・グループを集めたＥＶＡの再検討の場を定期的に（少なくとも四半期ごとに）設ける。マネジャーは、前期のＥＶＡの結果と

ＥＶＡベースの戦略プランの中間軌道修正について説明を求められる。

またマネジャーは、一年に一度、今後五年間の予測ＥＶＡを含めて計画を練り直すことが要求される。すべての計画が定期的に再検討されるので、さまざまな部門が年間の再検討ローテーションに組み込まれる。再検討の際は、一つか二つの部門をとくに取り上げる。こうした定期的な検討会の効果は大きい。たとえば次のような効果がある。

1　価値規則とモチベーション：各部門のマネジャーは定期的にＥＶＡ活動の状況を再検討し、同僚にその結果を報告しなければならない。

2　価値ベースの戦略プランの更新：各部門のマネジャーは、前提条件の変更に伴う計画の更新や、成果の出ない戦略や戦術の修正を定期的に実施しなければならない。

3　価値についての検討会：ＥＶＡについて再検討を行うことで、部門間で関連するアイデアを交換する会になる。

4　経営陣のためのバリュー・インサイト：コーポレート・マネジャーは、組織のどの部門で、どのように価値が創造されたかについて有用な洞察を得られる。四半期ごとの取締役会の前に検討会を開催するのが、非常に有益である。ＣＥＯは新鮮な情報を持って、取締役会に臨むことができる。

以上が、Ｂ＆Ｓの価値創造のロードマップにおける、オペレーションとサポートについての簡単な説明である。顧客とサプライヤーに関連する部門は、まとめて扱うことが可能であり、内容もよりわかりやすい。これらのステークホルダーに対処するうえで重要なポイントは、販売あるいは購買の機能と、顧客および買い手のニーズとを統合することである。脅迫や詐欺でもないかぎり、どんな商取引も両者のために価値が創造されるのは当然である。しかし、当然であると思うのは、われわれが「分配思考」と呼ぶ、既存のパイを切り分ける考え方を反映しているからである。問題は、どのようにしてより大きいパイを生み出すか、つまり、どのようにすべての関係者にとっての価値を創造することができるかという点にある。

ステークホルダーに価値を提供する

顧客とサプライヤーの双方と親密になるには技術が必要である。成功しているセールスパーソンは、どのように顧客を開拓し、顧客のニーズに応えればよいかを知っている。しかし、これには顧客の一歩先を行き、特定の顧客の要求に製品を適応させていく意欲ばかりではなく、技術的な専門知識が不可欠となる。これは、必要に応じてスペックを修正し、即時配達を保証し、さらに顧客の生産ラインに直ちに組み込むことができるような製品を作ることを意味しているかもしれない。外科手術用器具のセールスパーソンは、医師に対する説明に多くの時間を割き、しばしば手術室を訪れては、その器具がどのように使われているのかを観察している。Ｂ＆Ｓは、大口顧客のところに従業員を常駐させ、本社と緊密に連絡が取れるようにしている。

同じような親密さが、サプライヤーと最良の関係を築く際にも必要である。顧客とサプライヤーから構成されるチームは通常、特定の側面で協調する。「ジャスト・イン・タイム生産」では、サプライヤーは、特定の注文を待つことなく必要に応じて製品を提供するために、しばしば顧客の在庫機能を引き受ける。各々のサイドの目標は、他方の組織の正式な一部とならずに、可能なかぎり親密になることである。こうした協調活動によってもたらされる価値は、少ない投下資本と低コストで、より大きな満足を顧客にもたらす製品である。

コミュニティーと企業との関係は、せいぜいパートナーシップとして現れる程度で、たいていは複雑な利害関係を生じさせる。何千とは言わないまでも、何百かのコミュニティーは免税措置の提供、経済優遇地域の適用、豊富な労働力の供給を確約することで企業を誘致する。大規模に従業員を雇っている雇用主が拠点を移動させるのを防ぐために、しばしば類似した特権がコミュニティーから企業へ与えられる。ニューヨーク州は、とくにこうした誘致に熱心である。しかし、最善の関係性はより小規模なコミュニティーで成立しているだろう。B&Sは、多くの場合、大学のある、南部の小規模な町に立地することで成功してきた。こうした町は一般的に、いくつかの税制面での優遇措置を設けており、B&Sは地域の正規従業員のための雇用を生み出すだけでなく、ピーク時には、補助要員として大学生も雇用していた。すなわち、すべてのステークホルダーが利益を獲得したのである。

しかし、企業の多様なステークホルダーに生じた価値を定量化することは、従業員と株主の場合を除くと困難だろう。ケンタッキー州マーレーの大学生は、バーガーキングよりもB&Sで働いた方が稼ぎがよいだろう。フルタイムの従業員は、地域の平均的な賃金に比べ、彼らがどれくらい多く稼いでいるかを計算することができる。EVAに基づくボーナスを受け取る従業員は、受け取った価値の増加額を計算できる。関係性の統合によって顧客やサプライヤーが享受する価値増加の合計値を測定するのは難しいが、多くの側面から明らかにすることができる。たとえば、より機能的で高品質の製品を開発したことによる売上高の改善、協調的なコスト削減の試みによる支出の減少、工程の一本化や在庫管理により生じた必要投下資本の減少などである。

ステークホルダーとのよい関係が株主価値を生む

もちろん、株主価値の増加を測定するには何の問題もない。しかし、ある時期、この概念が断続的な批判にさらされた。そのレトリックの多くは、価値が破壊されるような経営をしてきた企業の黒字転換、という文脈で語られる。しばしば、変革者は「ニュートロン・ジャック（GEのジャック・ウェルチ前会長は、中性子爆弾のように、建物だけは残したまま大胆な従業員削減を行ったことから、こう呼ばれた）」などと呼ばれ非難される。問題の一部は「株主価値」という用語自体にある。これが、ある人には、企業の唯一の目標が株主価値を高めることと映るのである。だが、まったく逆なのである。それどころか、企業の第一の目標は、すべてのステークホルダーの利益を獲得することでなければならない。ただし、株主価値を高められなかったら、企業に関係するすべての人が結局損をするのである。

長期的に株主価値を増加させるには、経営陣は、企業のすべてのステークホルダーが相互に利益を得るようにする必要がある。企業はすべてのステークホルダーに対して義務を負っている。従業員は、自分たちの給与を増加させるために、価値創造に貢献しなければならない。顧客は、企業が最も価値のある製品を供給できるように、実質的に統合された関係を支える必要がある。そしてサプライヤーは、彼らに付加された価値を得るために、サプライチェーンにおける総コストと資本削減に積極的に参加しなくてはならない。このように互いに支え合う関係性が構築されると、企業は株主のために資本コスト以上のリターンを生み出すようになる。つまり、われわれの言葉で言えば、プラスのEVAを生み出すのである。

これまでの議論に、一つ補足をしておきたい。ここ一〇年間で私的年金基金が拡大しているからといって、株主と従業員を相互排他的な集団とみなすのは明らかに間違っているということである。一九六五年の時点で、機関投資家が所有していたアメリカ企業の株式はわずか一六・二%であった。一九九九年までに、この数字は五七・六%近くになった。これは、年金信託や投資信託、また何百万人もの従業員のための退職金保障制度によるものである。目標を達成するために、これらのファンドは最低でも資本コストに見合うリターンをあげなくてはならない。金利生活者だけが株主価値の増加に注目しているわけではない。

松下幸之助は、二〇世紀で最も明敏な起業家であり、世界をリードするブランド（パナソニック）の創造者であり、何十万もの雇用を生み出した人物である。彼は数十年前に次のように語っていた。「利益をあげられなければ、それは反社会的な犯罪の片棒を担いでいることを意味する。われわれは社会の資本や人材、資源を使っている。それでも十分な利益をあげられないならば、他社でもっと有効に使用できた貴重な資源を無駄にしていることになる」

第5章　EVAによる企業変革

すべて、とは言わないが、多くの企業は、問題を抱えているからこそEVAに関心を向ける。その中には、とても深刻な状況に陥っている企業もある。もちろんうまくいっている企業もあるが、そうした企業も業績を改善したいと考えている。しかし、企業がEVAに関心を示しはじめたときには、たいてい危険信号が点滅している。以下は、そうした例である。

自社の基盤を忘れたマネジャーたち――ハーマン・ミラー

一九九四～九五年を振り返ると、ハーマン・ミラーは明らかに病んでいた。同社はミシガン州ジーランドに本社を置く著名なオフィス家具メーカーであったが、一九九二年に初の赤字に転落した。ハーマン・ミラーは徐々に黒字に転換していったが、六年間で三人のCEOが就任するほどトップ・マネジメントは目まぐるしく交代した。一九九五年に現職のマイク・ボルクマがCEOに就任したとき、彼は、管理しきれぬほど多数のマネジャーを抱え、資本管理に対する本社の統制がほとんど利かず、手に負えないほどの営業費用を支出するような、無秩序状態の会社を引き継ぐこととなった。

一九九五年に三三歳で突然CFOに就任したブライアン・ウォーカーは、次のように語った。「わが社の文化は、行動を起こさないアイデアマンに支配されていた。CEOに報告するマネジャーが全部で三〇人いるが、全員が単なるアイデアマンだった。彼らはみな『これが私の新しいアイデアです』と発表し、CEOは『素晴らしいアイデアだ！』と答える。マネジャーはうまくいくと思ってアイデアを実行に移す。これをフットボールチームにたとえてみよう。子供のころタッチフットボール（アメリカンフットボールに似たゲーム。一チーム六人でプレーする）をした経験があるだろうか。そのときに、こんなことを言った経験はないだろうか。『全員がパスを取りに来たら、だれが一番パスしやすいかわからないじゃないか』。そんな感じだった。全員が働きに出ていくが、だれも基本的なブロックや根本的に必要なことをしない。この結果、一九九四～九五年を見ると、売上高は拡大していたが、それ以上に営業費用がかかっており、投下資本も増加していた。経営のバランスを回復する秩序立った方法が見当たらないので、有名なコンサルタントはみんな物陰に引っ込んでいた」

一九九六年一月に契約を結び、EVAを導入してから、ハーマン・ミラーはバランスを回復した。一年後、同社の業績は改善しはじめた。一九九八年度の終わりに、同社は、記録的な売上高（一七億ドル）、記録的な利益（一億二八三〇万ドル）、記録的なEVA（わずか二年間で約七〇〇〇万ドルも改善し、七八四〇万ドルとなった）をアニュアル・リポートで誇れるまでになった。ミラーの株価も同様に上昇を始め、一九九六年度末に七・七二ドル（その後行われた株式分割を考慮した株価）だったのが、二年後には二七・六九ドルとなった。

停滞に危機を感じなくなった成熟企業――マニトウォック

フレッド・M・バトラーが一九九〇年にマニトウォックのCEOに就任したとき、同社には「成熟」企業に典型的で古典的な問題である沈滞ムードが漂っていた。利益は下落し、根本的に改善する兆しはみられなかった。成長は、はかない夢でしかなかった。バトラーは当時を思い出し、次のように語っていた。「私は主要部門のマネジャーから次のような内容の報告を受けていた。『わが社の製品市場は成長しないし、今後数年、わが社も成長しない』。もちろん、彼らは『わが社はすべての地域で効率的に業務を進めていると思う』とも言っていただろう。しかし、市場が成長しなければ、効率的な改善もありえない。つまり、何も改善される余地がなかったのである」

しばらくして、マニトウォックの現シニア・ヴァイス・プレジデント兼CFOであるロバート・R・フリードルは、ミルウォーキーでEVAと呼ばれる新しいファイナンシャル・マネジメント・システムについての講演を聴いた。彼はそれに関心を示し、必死になって新しいアプローチを試みようとしているバトラーに内容を伝えた。バトラーはEVAプログラムを立ち上げ、その後六年間、停滞する企業を改善し、新しい分野に進出した。マニトウォックのEVAは、一九九三年にマイナス一二〇〇万ドルだったが、一九九五年にはプラスになり、一九九八年にはプラス三〇〇〇万ドルになった。一九九八年夏にバトラーは退任し、一九九四年に入社以来、EVAを信奉しつづけているテリー・グローコックが後を継いだ。彼のリーダーシップの下、一九九九年にＥＶＡは四一〇〇万ドルとなった。

節操のない戦略転換で混乱する社内――インターナショナル・マルチフーズ

ミネソタ州のワイザタを拠点とする多角的食料品会社であるインターナショナル・マルチフーズも、一九九七年にグレイ・Ｅ・コストリーがＣＥＯに就任したときは、不振に陥っていた。ビジネススクールの学部長になる前にケロッグで長く働いており、食品業界の専門家であったコストリーは「わが社は混乱している」と辛辣に言い放った。「あるアナリストからは、食品業界で最も長期にわたり作業が進行中の会社だと言われていた。わが社は次々と戦略を変更していた」。同社は二〇世紀初めに設立されてから、小麦粉の製粉事業で成長し、次に消費財の本格生産を行った。さらにロシアへの鶏肉の輸出を副業としながら、他社の食料品を流通させる業者へと転換した。

戦略面だけでなく財務的にも悲惨な状態であった。「バランスシートは大変な状態だった。わが社は営業利益のみを重視して経営されており、資本は考慮されていなかった。その証拠に、運転資本は驚くべき比率で増加していた」とコストリーは言う。こうした状況を受けて、長年にわたって価値経営にかかわってきたコストリーは、ＣＥＯ就任の条件に、取締役会がＥＶＡプログラムの導入を承認することをあげた。取締役たちはこれに同意した。二カ月後の一九九七年三月に、ウィリアム・トゥルベックがＣＦＯとして経営にかかわることになった。二〇〇〇年三月まで同社に在職していたトゥルベックは、それまでＳＰＸでＣＦＯを務めており、ＥＶＡへの移行作業に携わっていた。二年間で、コストリーとトゥルベックのペアは会社を復活させた。しかし、株価の変動はそれより以前から顕著で、一九九六年には一五ドル前後だった株価は、コストリーが指名されたときには三ドル値上がりし、トゥルベックが外部から招聘されたときには二一ドルに上昇した。さらにEVAの導入を発表した春先には、二五ドル前後まで上昇し、ピーク時には三二ドルに達した。

経営回復に向けた努力

われわれが直面しているのは、どうしたらこのような経営回復ができるか、つまり、どうしたらEVAが効果を発揮するかという疑問である。EVAは仕掛けのないマジックである。基本的にEVAプログラムは、価値を測るための測定システム、株主と従業員をパートナーにするインセンティブ・システム、論理的な経済的フレームワークに基づいて資本を配分する財務管理システムという三点で構成されている。業績測定に重要となるEVAの要素は、資本コスト額、つまり企業や事業部門、支店、製品に投資されている資本コストである。もちろん、資本には負債だけでなく株主資本を含む。株主資本は、コストのかからない資金ではない。第2章で述べたように、EVAはNOPAT（税引後営業利益。経済的実態を反映するために会計数値の調整も考慮したもの）から資本コストを控除したものである。

営業費用の削減、あるいは営業費用の増加を上回る総売り上げの拡大に伴ってNOPATが増加すると、EVAも増加する。またEVAは投下資本の削減によっても増加する。ハーマン・ミラーでは、EVAのトレーニング・プログラムで「60／11ルール」※を強調している。これは、費用を一ドル節約するとEVAが六〇セント増加する（実効税率を四〇％と仮定）のに対して、資本を一ドル節約すればEVAが一一セント上昇する（同社は資本コストを一一％と見積もっているため）というものである。これらは、企業がＥＶＡプログラムに着手する際に必要な、無駄な投資の削減によって得られる利益である。しかし、長期的にＥＶＡを成長させるには、適切な資本規則に基づいて既存事業を拡大するか、あるいは新規事業を買収することで事業を多角化する必要がある。ＥＶＡ分析は、負債・資本比率とともに、資本的支出や買収、会社分割などの意思決定に必要不可欠なものである。

また、ＥＶＡへのフォーカスを推進し、動機付け、強化するのが、ＥＶＡの増加に連動する従業員ボーナスといったＥＶＡに基づくインセンティブ・システムである。こうして、経営者と株主との金銭的な利害関係は一致し、株主は真実の経済的利益の増大に伴う株価上昇を期待できる（ＭＶＡとＥＶＡの関連については第２章で述べている）。

営業利益と実態との乖離

一連の全社レベルの活動を通じて、ＥＶＡは効果を発揮する。そうした活動には、ありふれたものも劇的なものもあるが、どれも真の経済的利益に向けて企業を再構築するものである。インターナショナル・マルチフーズやマニトウォック、さらにＥＶＡプログラムを新たに導入した企業を苦しめていた原因である、運転資本の問題について考えてみよう。コストリーとトゥルベックがマルチフーズの経営を引き受けたとき、彼らは営業利益を最短期間で成長させるには、ロシアに鶏肉を輸出することが妥当だと考えた。なぜなら、ロシアには非常に大きな需要があったからである（ロシアには、自国で鶏を飼育するための飼料が不足していた）。ただし、鶏肉取引が儲かるというのは、一株当たり利益に基づいて考えた場合だった。「ＥＶＡの観点からは、ひどい採算であった。これは古典的なケースだった」とコストリーは言った。

この事業は運転資本を浪費しただけだった。船の最大積載量分の鶏肉がニューオーリンズから出荷されてから、配送され、販売されるまでの六週にわたり、バランスシートに在庫として計上されつづけていた。これらの鶏もも肉に要求される資本コストを、コストリーがリスクを考慮して一八％という高率で見積もって控除したところ、生み出すと見込まれていたわずかな利益は消滅した。彼はできるかぎり早く鶏肉事業から撤退し、同時に中国への鶏足の出荷、第三世界への中古電信柱の輸出を含めすべての国際取引をやめた。

多角経営による資本の浪費

マニトウォックのケースでは、ＥＶＡの資本規則にＣＥＯのバトラーがまず関心を持った。マニトウォックはウィスコンシン州の同名の都市に本社を持ち、さまざまな方面に多角化した企業だった。同社は角氷と冷蔵庫を製造しており、建設業界向けにクレーンを製造していた。ウィスコンシンのスタージョン・ベイには造船所を（ほかの二事業を買収する以前から）所有していた。各事業にはそれぞれ問題があったのだが、この変わった組み合わせが資金フローの監視をより難しくしていた。

バトラーは、余剰資産を切り捨て、さらに運転資本を削ることによって資本的支出を削減することができれば、マニトウィックはＥＶＡを改善できるだけでなく、再び成長段階に入ることができると考えていた。そうすれば、ＥＶＡの改善によって株価が上昇するだけでなく、資金の借入能力も高まる。これは痛みを伴うプロセスである。多くの人々は変化、とりわけ仕事を失うことを嫌う。メキシコのレイノサとテキサス州のマッカランにある二つのクレーン工場は、早い段階で閉鎖され、この事業はテキサス州のジョージタウンにある別の工場に移された。本社のあるマニトウォックでは、一九九五年にさらに大規模な統合が行われた。同社最大級の二つのクレーン工場を統合したのである。この二工場を統合するのに一七〇〇万ドルの投資が必要となったが、EVA分析は、統合による節約額が統合費用を二年以内に穴埋めすることを示した。同時に、従業員は一一〇〇人から六五〇人へ削減されたが、生産性の改善とアウトソーシングにより、生産量は倍増した。

在庫の削減と、売掛金と買掛金のずさんな管理を改めて、運転資本を減らすという全社レベルのキャンペーンも行われた。EVAを導入した最初の二年間は、在庫調整が功を奏した。在庫水準は八四三〇万ドルから三四二〇万ドルに減少し、五〇〇〇万ドルが削減された。スタージョン・ベイの造船所では、実に五〇万ドルもの過剰部品在庫が垂れ流し状態にあった。マニトウォック・アイスはテリー・グローコックが経営しており、比較的無駄の少ない事業であったが、仕掛品在庫が過剰であった。そこで、彼は可能なかぎり早期に仕掛品削減を実現しようとした。さらに彼は購買部門に対し、サプライヤーからの出荷を小さい単位で頻繁に行うように指示した。結果として、さらなる資本の節約ができた。

マニトウォックの巨大なクレーン会社では、さらに大規模な在庫削減が実施された。当初、この会社は改革を拒否していたが、「このクレーン会社に耳を傾けさせることができたのは、九三年であった」とバトラーは語る。「コンサルタントに依頼して、何百万ドルにもなる余剰在庫を売却したり、競売にかけたり、ゴミとしてスクラップ処理するようにクレーン会社を長いあいだ説得しつづけた」

グローコックの参加により、角氷事業の改善は素早く進んだ。「マニトウォックで私が最初に行った仕事は、角氷事業にEVAを導入することであった」と彼は言う。「当時は、わずか六人のマネジャーしかEVAプログラムにかかわっていなかったが、いまでは労使交渉に携わらない従業員のうち九〇%が参加している。この状況は、私がEVAプランにスーパーバイザーを導入したことによって急速に変化したのだ」。なぜスーパーバイザーなのだろうか。「スーパーバイザーは従業員たちに活を入れた。そのため、従業員は在庫に対してさらに目を光らせなければならなくなったのだ」。いままでは、在庫数に対して、従業員は個人的な利害関心がある。「長い時間をかけて、彼らは、原料流通量を必要なレベルに保つように考案された方法をすべて採用したので、在庫にかかわる余分なコストはなくなった」

そのほかの事業部門での出来事を、論理立てて説明するのは若干難しい。マニトウォックには中古クレーンの購入やメンテナンス、販売を行うマニトウォック・リマニュファクチュアリングという小規模な事業部門がある。この事業部門はクレーン一台を、たとえば三〇万ドルで購入し、店舗がそれを販売する余地ができるまでリースに出していた。リースによって、その中古クレーンの原価はリースのレンタル料分（たとえば一〇万ドル）引き下げられているので、「中古」クレーンが販売されたときに利益があがっているように見せることは容易であった。「ただ一つ困ったことは、それが偽りの利益であるということだ」とバトラーは言う。そのほかのメンテナンスで生じているコストと同様に、クレーンにかかる資本コストも、リース料やクレーンが再度売却されるときの名目利益によってカバーされていない。そこで本社は（EVAは、とも言えるが）より現実的な経理を義務付けた。

新しい統治制度に対して十分な注意を払っていなかったマネジャーは、個人的に経済的な打撃を受けた。彼らが適切な行動を促すことができなければ、EVAインセンティブの裏の作用が働く。ペンシルベニア州でクレーンの修理部品を生産しているフェムコという子会社は、一九九五年一月時点で、無駄な部品の在庫が八〇万ドルに達していた。本社はフェムコに対して可能なかぎり早く在庫を処分するように指示したが、フェムコの人々は緊急事態と考えず、一二月まで処分しなかった。一二カ月間、不必要な資本八〇万ドルを計上しつづけた結果、この子会社はＥＶＡに基づくボーナスを稼ぎ出せなかった。バトラーは、大目に見てボーナスを支給してほしいという子会社からのあらゆるアピールを拒絶した。「私はダメだと言った。きっぱりとね」と彼は当時を振り返って言った。

少ない運転資本の効率的な運用

全社的に、売掛金と買掛金の管理は芸術的なまでに高度化した。もちろん目標は、サプライヤーへの支払いをできるだけ遅らせながらも、顧客にはできるかぎり早く入金させることである。「いままでマニトウォックが現金に着目したことはなかった」とマニトウォック・クレーンの経理担当であったグレッグ・マジンスキーは言う。「いままでは、売り手の決めた期間に合わせてきた。いまは四五日間という基準がある」。こうした変革の効果は直ちに現れ、マニトウォックは十分な影響力を獲得した。ＥＶＡ分析によって、素早い支払いの代わりに割引を得られるときが明らかになった。マジンスキーによれば、新方針によって年八万ドルの節約になったという。

マニトウォックの海洋部門は、大規模な受注で巧みに分割払いの契約を結んだ。こうした受注の一つに、自動荷役システム付き貨物船があった。契約額は一四〇〇万ドルで、一九八五年以来初めてのスタージョン・ベイでの造船作業であった。そのほかの受注には、貨物船の改装作業があり、一〇〇〇万ドルほどになった。どちらの場合も、月賦払いについての交渉をすることで、必要な運転資本を大幅に削減できた。「最初の月に鉄鋼へ三〇〇万ドルを支出したとしても、すぐにそれを補うことができるだろう」と経理担当であったダグ・ハッフは説明する。マニトウォック・クレーンは、特注装置を受注した顧客から分割による支払いを受けることもできる。一〇％の手付金と、作業の進行に合わせた賃金と原料に対する定期払い込みを受けることができるようになった。これにより、資本コストの多くをマニトウォックから買い手へ移行させることができた。ではなぜ、買い手はこれに同意するのだろうか。それは買い手側の金額の総計がそれほど多くないからである。一方、マニトウォックにとって、多くのこのような取引による節約金額の合計は相当な額に達していたのである。

トヨタ生産方式で抑えた資本コスト

ハーマン・ミラーでも同様に、運転資本の削減に大きな関心が集まった。売掛金の回収を早める努力によって、子会社のＳＱＡの平均回収日数は、一九九二年の四五日から一九九七年の三〇日と、三三％減少できた。これは、顧客に支払いを要求するのではなく、信頼性の向上に専念することで達成された。というのも、商品の未発送が支払いの遅れる理由の多くを占めていたからである。一つ、二つの未着の商品があれば、顧客は注文の商品がすべて届くまで、当然、支払いを拒むだろう。何をすればよいのかは明らかだろう。

現金のもう一つの出口である購買部門は、アプローチを変更した。かつて、ジーランド・オペレーションのゼネラル・マネジャーであったデーブ・ガイは、「購買部門は支払い期間に関心がない。彼らは、原材料費の低下につながる現金割引に関心を示す」と言う。彼らの業績は支払価格によって評価され、素早い支払いによる資本コストの負担については考慮していなかった。しかし現在では、もはやそういうことはない。たとえば、ガイはアルミニウムのサプライヤー三社について、支払期間の延長に関する分析を行った。あるケースでは、支払期間を一五日から三〇日に変更することで、三一〇万ドルの購入に対して一万四一七四ドルものEVAが改善した。似たような三つのケースでは、六六五万八二三八ドルのアルミニウム購入に対して、EVAは二万七七二六ドル上昇していた。小さな積み重ねが重要なのである。

EVAによって、ハーマン・ミラーでは、原材料と完成品の在庫を少なくする、リーン生産方式が改めて重要視されつつある。注文が来たときの出荷に備えてオフィス家具を在庫として作り置くのではなく、注文に生産を合わせることが目標となっている。ジーランドの工場を数年前に訪問したとき、工場長であったジャクソン・スピーデルは、かつて床から天井まで原材料で山積みであった壁の周りを誇らしげに指差した。いまや、ガランとしている。在庫が減少したのである。一年間ほどで、棚卸資産に関連する資本は八〇〇万ドルから六二〇万ドルへと減少した。彼は、リーン生産方式の提唱者である新郷重夫の「棚卸資産は麻薬のようなものである。それを許容すればすぐに中毒の状態に陥り、安心感を得るためにより大量に求めるようになる」という引用が貼られている工場の周りを指差した。

全支出に対するＥＶＡの応用

企業は在庫管理を改善し、買掛金と売掛金の管理をうまく微調整することが肝要である。長期的により重要なのは、すべての資本的支出、たとえば機械の購入やフロア・スペースの拡張、新しい工場や事業の買収、古い工場の閉鎖などについての意思決定に対して、EVA分析が持つ調節能力である。

意思決定に対する新しいアプローチは、マネジャーの報酬とリンクさせることで、すぐに理解してもらえる。家具や電気器具、家電製品の小売りチェーンを五〇〇店以上も展開している南アフリカのJDグループの会長、デイビッド・サッスマンは、EVAが与える影響についてとても身近な例を紹介している。このグループはEVAを現場レベルにまで導入した。つまり、支店それぞれのEVAを測定し、その結果で支店マネジャーを処遇したのだ。サッスマンはその後、EVAに関するコンファレンスで次のように語った。「支店マネジャーのレベルで、驚くべき風土変革が起こった。かつて支店マネジャーは、トラックが使い古されているという理由だけで、新しいのに買い換えたがった。いまでは、彼らはそうした行動をとっていない。彼らはわれわれに『聞いてください。新しいトラックはいりません。むしろ、いまのトラックを修理したいのです。これで何とかなります』と言ったり、『店の改装をすることも意味がありません。ペンキを塗り直せば十分です』と言ったりした。明らかにこうした権限委譲にはリスクが伴う。〔しかし〕われわれは、各グループには必要なチェック&バランスが備わっていると考えている。また支店マネジャーは、われわれの同意がなければ店の規模を縮小することもできない」

ミシガン州マスキーゴンに本社を構え、躍進を続ける多角化メーカーのSPXは、もう一度紹介するに値するほど、EVAに基づく資本制約を適用することで素晴らしい成果をあげた。SPXの事業部の一つであるコンテックのエグゼクティブたちは、ロボットを二体購入するという提案を熟考していた。費用は二〇〇万ドルで、それはまったくくだらないロボットというわけではなく、むしろ緊急に必要なものだった。しかし、彼らは躊躇していた。「どれくらい報酬に影響を及ぼすのか、エグゼクティブたちは考えていたんだ」とCEOのジョン・ブライストンは笑いながら言う。製造先に問い合わせたところ、二体のデモンストレーション・モデルが入手可能という代替案が提示された。彼らがロボットに求めていた作業はペンキ塗りだけである。製造会社は通常通りの保証をすることをいとわなかった。価格は一〇〇万ドルだった。こうして取引は成立したのである。

従業員の意識変革

だが、シニカルになる必要はない。こうした意思決定には、個人的なインセンティブだけが関連しているのではない。一度でもEVA分析モデルが理解されれば、その後は大した努力をせずに思考や計画を再設定することができる。いままで多くの例外を述べてきたが、多くの人々にとっては簡単なことであろう。こうして新しいアプローチを急速に定着させることができる。一九九五年の秋、ハーマン・ミラーの金属家具パーツを作っているIMT（Integrated Metal Technology）部門は生産能力を増強するために新工場が必要であると、ブライアン・ウォーカーに提案した。この提案がなされたのはEVAを正式に導入する前で、トップ・マネジメントのあいだでEVAについて広く議論が行われているときだった。ウォーカーは四〇〇万ドルという費用を少額だとは考えなかったが、この提案に同意していた。しかしその後数週間にわたり、IMTはハーマン・ミラーの取締役会に正式な提案書を提出しなかった。その間にウォーカーが知ったのは、IMTがトヨタ生産方式という代替案採用の意思決定を行ったことだった。トヨタ生産方式では、業務スペースを小さくするために生産設備を再配置すると同時に、原材料の在庫を、一日の生産に必要な量と同程度までに削減することができた。いまでは、新工場が必要ないほど十分なフロア・スペースがある。

さらにハーマン・ミラーではＥＶＡの視点を導入することで、古い設備を修理するか、新しいものを購入するかという絶え間ない論争を変化させた。ジーランド工場のシニア・プロジェクト・エンジニアであるマット・キャンベルは、次のように言う。「かつては、多くの設備を修理してきた。これが最もコスト効率がよい方法だと思っていた。しかし振り返ってみると、中には買い換えた方がよかったものもあったかもしれない」

彼は二つの例を示してくれた。一つは、機械としては正確に作動していたが、コンピューター制御がうまくいかないボーリング機であった。プロジェクトの責任者であるエンジニアは、八万ドルかけて旧型の機械を直すよりも、三二万五〇〇〇ドルする新しい機械に取り替えることをまず決定した。新しい機械はほぼ一〇〇％の信頼性があるが、一方、修理した方は九〇％ほどの信頼性しかない。しかし、すべての要素を考慮すると、旧型の機械を直すことの方が安上がりだとわかった。ボーリング機はほかの機械と別個に機能するので、壊れたとしてもすべての生産ラインが停止することはない。したがって、休止時間のコストがかかったとしても、旧型の機械を使用しつづける方が安上がりだったのだ。これに対して、同じように修理が必要であった高速のルーターは、生産ラインのボトル・ネックであった。これが機能しなくなると、すべてのラインは停止してしまう。ＥＶＡの計算ではすぐに、一〇〇％の信頼性のある新しい機械の方が将来的により安上がりであると判明した。

資本コストを考慮した意思決定

ＥＶＡ分析が資本コストに対してどのような効果をもたらすかを、次の事例から垣間見ることができる。これは、ノースカロライナ州ロッキー・マウントにある、センチュラ・バンクスのケースである。同社は活動的で、非常に成功している銀行持株会社である。同社の問題は、新しくＰＢＸシステムを購入するのと、リースとでは、どちらが望ましいかというものである。購入価格は一三万四〇〇〇ドルであり、一方、五年契約のリース料は年間三万四〇〇〇ドルであった。ＰＢＸの耐用年数の見積もりは一〇年であった。計算してみると、一五％の株主資本コストと、八・七五％の負債コストがかかっており、限界税率は四四・〇四％であった。結果は、リース料の累積現在価値は一二万一〇〇〇ドルであり、これに対して、購入費の累積現在価値は一〇万九〇〇〇ドルであった。こうして、購入するという意思決定が行われた。

支店にドライブスルーの窓口を設置するという妙案も問題になった。建設費とリース料の合計は一一〇万ドルであった。年間の税引後営業利益（ＮＯＰＡＴ）は、五年間にわたって上昇し、三万二七〇五ドルから六万七三五三ドルになると予想された。しかし、資本コストを各年のＮＯＰＡＴから控除すると、事実上、最初の二年間はＥＶＡがマイナスであり、その後はプラスに向かうことがわかった。五年間の総計では、累積ＥＶＡの価値は七一七八ドルになった。ＥＶＡの割引正味現在価値（ＮＰＶ）はゼロを示した。ＥＶＡが差し引きゼロを示すなら、株主のリスクテイクとちょうど見合うだけの報酬を提供できる利益率ということなので、青信号が点灯する。

買収予定企業の再評価

一九九四年以来、ＥＶＡは買収提案を評価するキー・ファクターとなっている。センチュラ・バンクスにとって買収を止まらせる主な要因は株価の下落だが、株価は注意深く対処すれば維持できるものである。これらを考慮すると、多くの買収候補となっている銀行は魅力的な価格であるように思われた。しかしＥＶＡ分析によると、いくつかの候補には高すぎる値が付けられていた。もちろん、そのちがいを生んでいるのは、資本コストである。しかし、一九九五年には、センチュラ・バンクスはほかの入札者よりも低い提示価格で売り手に受け入れるよう説得し、この問題を克服するという例が二つあった。センチュラ・バンクスはノースカロライナ州シェルビーのクリーブランド・フェデラルＳ＆Ｌに一六四〇万ドル、同じくノースカロライナ州アシェンボローのファースト・サザンＳ＆Ｌに五九四〇万ドルを支払った。二つの銀行はセンチュラ・バンクスに将来性があることを信じていたので、買収取引は普通株式で行われ、かつ低い提示価格を受け入れた。

会社分割は買収と同じように作用する。センチュラ・バンクスが買収した二つのＳ＆Ｌが優良なＥＶＡ企業であったならば（実際はちがったが）、同じように、予測される将来ＥＶＡを現在価値に割り引いて、センチュラ・バンクスが提示する価格と比較したであろう。結局、ＥＶＡには魅力的な簡潔さがあるということである。

第6章　組織のすみずみにまでEVAを浸透させる

ここは、ウィスコンシン州ウォーワトサにあるブリッグス＆ストラットン（B&S）の工場の会議室。家具が無造作に置かれた部屋には、高付加価値製品部門の在庫ロス削減問題に取り組む七人の現場従業員と二人のスーパーバイザーによる「改善チームのプレゼンテーション」を聴こうと三〇人余りが集まっている。ＣＥＯであるフレッド・ストラットンを含めて、工場長から執行役員まで、数人のエグゼクティブも出席している。チームのまとめ役であるベテラン従業員のレオ・デューニングが司会をしていた。この類の会議はジョークで始まるのが通例だ。レオは「私は何も知らないのだが……」と切り出して笑いを誘った。

その後、彼は、所属部門の一九九七年の在庫ロスである二五万三〇〇〇ドルを、次年度までに二五％に削減するという、チームのミッションをざっと説明した。いい加減な在庫管理による作業休止時間や、紛失してしまった部品を早急に製造しなければならないために発生する残業など、ずさんなコスト管理が指摘された。チームは、問題の大半が数え間違いや、過大あるいは過小な見積もりによって生じていることを突き止めた。通常、部品の個数は、部品を天秤の皿に載せて量り、その重さから計算される。しかし困ったことに、だれも天秤の皿の重さを正確に知らなかったのだ！　解決策の一つは、製造機械に自動カウンターを取り付けることであった。また、ある作業工程では、「スタンダード・ロード」と呼ばれる、計量用の部品箱が使用されていた。これは、一定数の部品が入ると満杯になるものである。思えば、だれの目にも明らかな改革であるが、経営陣は見落としてきたのだ。

改革は目標だった二五％よりもよい結果を生み、結局、二五万三〇〇〇ドルの在庫ロスすべてを削減した。こうした試みが相合して、部門ＥＶＡの改善に貢献できた。ほかのグループも在庫ロスを削減しようと努力したので、すべてがチームの手柄とは言えないとレオは謙遜して述べた。とはいえ彼は大きな賞賛を受けた。

この運動が興味深いのは、チームのメンバー全員がボランティアであり、そのうち時間給の従業員が全員、労働組合のメンバーだということである。ウォーワトサ工場にいる従業員（現在一八〇〇人）には組合との交渉により、ＥＶＡに基づくボーナス・プランが導入されている。Ｂ＆Ｓは、ハーマン・ミラーやＳＰＸ、センチュラ・バンクスと同じくＥＶＡの適用を現場にまで広げた先駆けである。

現場従業員からの理解

実際、生産性改善チームがいるＢ＆Ｓのウォーワトサ工場のオペレーションは、労働組合と経営陣の協力モデルの一つとなっている。しかし、こうした良好な状況にたどりつくまでには実に多くの争いがあった。たとえば、ストライキや怠業による消耗戦、会社への「コーポレート・キャンペーン」、絶え間ない全国労働関係委員会（ＮＬＲＢ）の抗議行動などである。ミルウォーキー郊外のＢ＆Ｓの工場は、ほかの中西部の諸産業と同様に、景気低迷直後の一九三〇年代と四〇年代に大規模な労働組合結成運動に巻きこまれ、以後数十年にわたり労働組合が組織されていた。ミルウォーキーは、とりわけ労働組合には好意的な土地柄であった。ミルウォーキーでは、社会主義者の市長が一九一二年から四〇年まで長期間在任し、五〇年代に再選されるなど、大都市の中では異色であった。Ｂ＆Ｓの労働者は、後にアメリカ労働総同盟産別会議のユナイテッド・ペーパーワーカーズ・インターナショナル・ユニオンと統合された、アライド・インダストリアル・ワーカーズという独立労働組合の代表を長年務めていた。

同社の労使関係は、一九八三年までそれなりに調和していた。少なくとも不合理なほどに対立的ではなかった。しかし、一九八三年にこの地区は好戦的な幹部をリーダーに選出し、階級闘争の精神の染みついた組合主義の古き時代に後戻りさせてしまった。議論が熱を帯びてゆくにつれ、相互の信頼は消えてゆき、労働組合のリーダーは経営者のことを、利益をあげるためなら労働者の福利を犠牲にする強欲な資本主義者と明らさまにみなすようになった。

一九九三年七月に会社から地区の労働組合長へ送られた手紙を発端として、労使対立は一九九三年から一九九四年にかけて頂点に達した。その手紙は、年末までに新たな合意を得るべく、交渉を提案するものであった。おそらく、労働組合はこの交渉の後に何が起こるのかを予想して、早期の交渉には同意できないと回答した。労働組合は、会社が八月に業務のリストラクチャリング計画や、単一製品またはその関連製品群用に「特化型工場」をミルウォーキーに新設すると発表することを予想していた。この特化型工場計画では、生産性を改善し、B&Sのミルウォーキーの業務をより競争力のあるものにするために、二〇〇〇万ドルの投資が必要だった。会社は、一九八九年から続く不振から抜け出そうとしていた。しかし、新工場の立ち上げにあたっては、新しい職種分類による従業員の再配置や水増し雇用の廃止が検討されていた。この経営計画は、労働組合の抵抗を弱体化するものであり、毎度のことだが組合には脅威であった。

労働組合から沸き上がる激しい抵抗

当然ながら、労働組合のリーダーは声高に拒否した。ある幹部は「この会社をひざまずかせる」ことを誓った。彼らが選択した抵抗の道具は、ストライキではなく怠業であった。ストライキは契約違反になるが、怠業は明白な契約違反とは言えなかった。それが数週間続き、結果として同社は何百万ドルもの損失を被った。一九九三年一〇月の終わりに、経営側は特化型工場について、もう一度話し合いを持とうとした。そして合意が得られなければ、その工場での仕事をミルウォーキー以外のいくつかの拠点に振り替えるという意向を示した。労働組合は依然として話し合いを拒み、怠業は続いていた。一一月八日、連邦裁判所は「怠業中止」の命令を下し、数日後に会社は三人の首謀者を解雇した。さらに数カ月後、判事は経営陣が特化型工場のために部門区分を変更する権利を有するとの判決を下した。この措置は「明らかに正当な経営上の考慮に基づいている」と判事は宣言した。

しばらくして、労働組合はB&Sに反発する、激しい「コーポレート・キャンペーン」を開始した。

本来、こうした広報キャンペーンは、コミュニティーや株主、銀行、そして顧客の企業に対する信頼を失墜させることが目的である。労働組合のメンバーは、年次の株主総会でB&Sを窮地に立たせ、B&Sの取締役会に反対意見を表明する取締役を登用しようと活動したが、実現しなかった。彼らはまた、CEOのフレッド・ストラットンが取締役を務めるバンク・ワンと、ウィスコンシン・エナジー・コーポレーションの年次総会もめちゃくちゃにした。さらに規制当局にさえも、ファースター銀行によるファースト・サウス銀行の買収を承認しないようにと圧力をかけた。二人のB&Sの重役がファースター銀行の取締役に就任しているという理由だったが、結局無駄に終わった。

B&Sに反発するコーポレート・キャンペーンの成功例の一つは、一九九四年一二月二日発売の *National Catholic Reporter*（NCR）で「さよなら、アメリカン・ドリーム」というタイトルで巻頭特集が組まれたことであった。NCRはリベラル左派の独立誌だが、雑誌名のカトリックという言葉から、無知な読者は、教会の意見か、カトリック信者の主な意見について書かれているという印象を持ってしまう。そのため記事に続く論説で、経営陣は「現実に目を背けているのか、あるいはモラルを無視している」のだと言明されたことに対し、B&Sの経営陣は怒りを感じた。この記事は、ミルウォーキー工場でのレイオフが「新たな利益追求戦略（明らかにEVAのことである）と自由取引につき動かされたものである」と非難している。さらに会社は、この雑誌で取り上げられた出来事について説明しようとしたが、編集者は経営側には受け入れることのできないほど短い説明しか認めなかった。そして、とうとう会社側は名誉毀損で出版社を訴えた。

コーポレート・キャンペーンはこのようなもめ事を起こしたが、首謀者のイデオロギーや政策が明らかになるにつれて、結局多くの支持者が離れてゆき、この運動は消滅していった。そうこうしているあいだに、同社はミルウォーキーから離れ、ミズーリ州ローラ、アラバマ州オーバン、ジョージア州ステーツボロー、ミシガン州ラベンナに四つの新しい特化型工場を建設した。ミルウォーキーは混乱と失業によって行き詰まっていたため、一九九七年一月、ユナイテッド・ペーパーワーカーズ・インターナショナル・ユニオンはB&S支部に理事を送り込むことにした。支部役員はその役職を解かれ、理事が業務にあたるように任命された。労働契約は再度検討され、修正を施した後に承認を受けた。この契約には、従業員、そのチームおよびそのほかミルウォーキーでの業務の生産性を改善するための取り組みについての規定が含まれている。そして、理事の派遣が解かれ、支部役員の選挙が行われた際には、穏健なグループが選ばれた。

労働組合支部の新しいリーダーは熱心に現場の生産チームを支援した。NCRに対する名誉毀損訴訟は、一度も公判を開くことなく終わった。審理が開始された後、NCRは訴訟自体の棄却を申し立てたが、一九九七年一〇月にその申し立ては却下され、連邦判事はB&S側の告訴の正当性を認めた。会社側はこの決定をB&Sの地位回復とみなし、告訴を取り下げた。

小さな改善へのインセンティブ

いまやEVAは従業員の賃金を構成する重要な要素として、B&Sのウォーワトサ工場にもしっかりと根付いた。会社がEVA目標を達成すると、従業員は年収の三%をボーナスとして受け取ることができる。このボーナスには上限がないので、比率は会社が目標数値を上回った分だけ上がる。まだ現時点では実現していないが、ボーナスは六％あるいはそれ以上となることもありうる。ミズーリ州や南部諸州の特化型工場では、賃金が生産性の向上などのＥＶＡドライバーに基づいている。

ウォーワトサ工場では一風変わった歴史的理由から、高付加価値製品部門が改善チームの主導権を握り、先頭に立った。かつて同部門は、一二マイル離れたウィスコンシン州メノモニー・フォールズに設置されていた。この地理的な隔たりが、一九九三年から一九九四年にかけて起こった、労働組合と経営者の激しい衝突から従業員を守ったのである。一九九六年末に、ブリッグスは工場をハーレーダビッドソンに売却し、従業員をウォーワトサ工場へ移動させた。ウォーワトサ工場は特化型工場に業務を移管したため、従業員が減っていた。労使協調路線をとるウォーワトサ工場でも、新しく異動してきた従業員はほかの従業員よりさらに問題が少なかった。

改善チームは多くの問題に取り組んだ。そのすべてが劇的なものではなかったが、平凡というわけでもなかった。しかし、こうした些細なことへの取り組みが大きな利益を生むのである。タペット（エンジンに付いているスライドロッド）の生産コストを削減するために、七七〇番部署にチームが組織された。この部署は、タペットに多くの資金をかけすぎていた。このチームは、部品製造の際に使用されるワイヤーが必要以上に太く、これを熱することに余計な時間がかかることに気が付いた。あまり熱する必要のない細いワイヤーに変えることで、チームは年間二二万一八九六・九六ドルを節約した。

同工場のほかの組み立て作業では、いわゆる「定量生産マフラー」の組み立て効率があまりにも悪かった。二人の従業員が仕事を担当した場合、一九九六年度の八時間シフト当たりの平均は四五九七個であった。目標は一シフト当たり二人で、五八〇〇個から六四〇〇個を生産することに決まった。チームが広範な調査を行った後、多くの組み立てプロセスが変更された。たとえば、滞りを防ぐために部品洗浄機にローラーを取り付けたり、部品が滑って後ろへ落ちないように洗浄機のコンベヤー・ベルトの傾きをきつくしたりした。また、部品が落ちないように磁石がパレットに取り付けられた。積み重ねられた小さな改善が効率性に大きな影響を与えたのである。一九九八年度の初めの八カ月では、一シフト当たりの組み立て部品の平均は、五八四四個にまで増えた。チームは二四二五ドルの経費を使って、三万七八三七ドルの節約を生み出したのである。

ほかのグループでは、新しい仕事に取りかかる前に、金属プレスの切り換えのために必要な準備時間を減らそうとした。この改善には数多くの調整が必要であった。チームが問題を調査しはじめたとき、二人の従業員で切り替え完了までに二二時間かかった。プレス機械を使いやすい場所に置くことを含め、何度かプロセスを変更することで、必要な準備時間は一時間五二秒になり、年間六万四六五七ドルの節約となった。

ボーナスは受け取るものではなく、稼ぐものである

一九九九年に売却されるまで、ミシガン州ラベンナにあるブリッグスの鋳物工場は、四年間にわたり、独立型ＥＶＡオペレーションの興味深い実験場であった。現場従業員のボーナスは同工場のみの結果に基づいており、全社レベルの業績で決まる部分はなかった。これに対して、ウォーワトサ工場では、現場従業員のボーナスは全社レベルの業績に基づいていた。ラベンナ工場は一九九五年から稼動した新工場（ＳＰＸから買収し、改築したもの）だったので、実験的なプランが実行された。業務は他部門から独立

しており、従業員一人ひとりが、工場の成果と個人の業績とのリンクを理解できるくらい少人数だった（当初は一〇〇人だったが、後に一五〇人になった）。ラベンナで製造された鋳物の六〇％近くは、自動車産業に従事する外部の顧客に販売され、残り四〇％はB&Sの他部門で使用された。

従業員は地元で募集され、初めからEVAの研修があった。従業員には年収二万五〇〇〇ドルから三万ドルという優遇された給料と、さらに追加ボーナスという魅力があった。労働組合はまったく関与しておらず、そのため会社はウォーワトサ工場よりもプランを自由に策定できた。そのプランは、すべての目標がその年に達成されたら六％のボーナスを支給し、達成されなかった場合にはそれに応じて減額するというものである。目標を上回ることができた場合は、上限として一二％まで支給することとした。

さまざまな目標がプランの一部となっていた。工場はEVAの年間改善目標を持っているが、これは八〇％の従業員ボーナスしか左右しなかった。残りの二〇％は、鋳物生産の効率性、スクラップの削減、出勤回数という三つの目標を達成したかどうかに基づいている。鋳物生産の効率性やスクラップの削減は全体の生産性を明らかに改善するが、欠勤を減らすことも重要なのである。というのも一般的に、レギュラーの従業員は、ピンチヒッターよりも効率的だからである。現場の従業員がこれらのことを完全にコントロールしており、毎月、進捗状況の報告を行う。その一方で、鋳造部門のゼネラル・マネジャーであるエド・ベドナーが指摘するように、「従業員が一人でコントロールできないことの一つは、市場の変動である。したがって、工場のEVAだけを彼らの評価基準とすることは従業員に対してフェアとはいえない。なぜならば、売上高は彼らのコントロールを超えたところで大きく変動し、これが従業員のモチベーションとモラールに影響を与えるからである」。しかし、三つの目標を従業員の直接的コンロトールの下で達成することで、工場のＥＶＡと売り上げの不振を、ある程度相殺するかもしれない。

このプランはまた、ボーナス・バンクがないという点で一般的なエグゼクティブボーナス・プランと異なっていた。ベドナーはこの点について「ボーナス・バンクはシニアレベルのマネジャーには優れたコンセプトであるが、現場の従業員はこのコンセプトを理解せず、ただ彼らの稼いだボーナスを経営陣が出し惜しみしているのだと思うだろう」と指摘している。しかし、ドイツのシローナにおけるプランでわかったように、すべての現場の従業員がこのように考えるわけではない。

ボーナスは六％には届かなかったが、このプランには多くの従業員が参加した。たとえば、一九九七年度には、ボーナスが一・四三％に達したが、これは一人の従業員が二万五〇〇〇ドル稼ぎ出し、そのうち三五七・五〇ドルを受け取ったことになる。この額は大儲けでもないが、すずめの涙ということもないだろう。

従業員主導の改善チーム

では、どのような具体的な改善があったのだろうか。一九九七年の終わりから一九九八年まで工場長を務めたポール・デューベンダックは、一九九七年一〇月に彼が組織した「休止時間タスク・フォース」の成果をいくつか報告した。このタスク・フォースは、メンテナンス部門の従業員とともに、生産の要である溶融・鋳造部門の二つの操業シフトそれぞれからの代表者と、デューベンダックを加えて編成された。タスク・フォースには時折、一～二名の職長が同席したが、基本的に従業員主導で進められた。彼らは定期的に顔を合わせてアイデアを交換し、活発にブレイン・ストーミングを行っており、そこから経営陣が気付かなかった有用な提案が生まれてきた。

ラベンナの鋳造所の中核業務の一つは、三つの巨大な筒状の炉から鋳造ラインに鉄を送り出すことである。溶かした鉄は、炉から巨大な急須へ流し込まれる。これには、四五〇〇ポンドの鉄が入る。次に、巨大な急須は、天井近くに備え付けられたモノレール式巻き上げ機によって、鋳物を造るために鉄を鋳型へ流しこむ鋳造ラインまで動かされる。しかし問題は、鋳型を取り替えたり、あるいは怠業によって、作業を中断しなければならないときである。「前工程の溶融部門への連絡はあまりにもいい加減で、身振り手振りで伝えていた」とデューベンダックは言う。もし、溶融部門が連絡を受けていなかったら、重さ四五〇〇ポンドもの鉄は一五分で固まってしまい、捨てなくてはならなくなる。こうしたことがあまりにも頻繁に起きていた。そこで、タスク・フォースから提案された解決策は、ストップ‐ゴー、あるいは赤‐緑の信号を導入し、鉄を送るときに溶融部門へ信号を出すというものであった。これにより、一週間で三九六〇ドル、一年では二〇万ドルほど節約できた。

デューベンダックはほかにも例を示してくれた。「鋳造機械のオペレーターは、一時間に一度、フィード・ホッパーの中に積み上がった砂を掻き出さなくてはならない。この作業は時間の無駄であり、何も価値を生まない作業に労力が費やされていることになる。しかし、掻き出さないとホッパーがふさがれてしまい、週に三〇分から四〇分の休止時間が生じる」。タスク・フォースは、ホッパーの中にポリエチレンの裏地を付けた。砂はホッパーに付着せず、ホッパーから砂を掻き出す必要も休止時間もなくなった。これにより、一週間で六四〇ドル以上が節約された。

「急須の底には鉱滓や汚れがたまりやすかった。これを放置しておくと、鉄を注ぐときに問題が起きる。以前は、急須全体を掃除しなくてはならないことがあったが、そのために作業は二〇分間休止し、四人の従業員がかかりっきりになった。代わりに、われわれは酸素トーチで汚れを取ることにしたら六分で済んだ。これにより、一週間で一三七〇ドルの節約になった」

こうした例は枚挙にいとまがない。

ハーマン・ミラーの経営思想

次にハーマン・ミラーに目を向けてみよう。この会社はイームズのラウンジチェアや手触りのよいオフィス家具（ジョエル・スターンのオフィスはハーマン・ミラー製品だらけだ）だけでなく、数十年前から従業員参加型の経営に専念し、最近ではＥＶＡによる規律をうまく取り入れるなど、さまざまな点で有名である。

ミシガン州ジーランドの小さな町に本社があるハーマン・ミラーは、心を高潔に保ちつつ人生を楽しもう、という魅力的な考え方でもよく知られている。たとえば、ハーマン・ミラーの一九九六年度のアニュアル・リポートをめくっている読者は、三五ページの光景に目がテンになるだろう。そこには、何人かのシニア・マネジャーがフラフープではしゃいでいる写真が載っている。ＣＥＯのマイク・ボルクマが腰のまわりでフラフープをぐるぐる回し、その一方で、ＣＦＯのブライアン・ウォーカーが両腕を伸ばして上手に二つのフラフープを回している。見出しには、「責任の重い仕事だが、ときには気を緩めることもある。彼らはバランスシートと、五〇年代に流行ったフラフープの名人なのだ」とある。同じくらい驚きなのは、赤字で印刷された一文である。「素晴らしい一年間の後でも、たとえ素晴らしすぎるくらいの一年であっても、その素晴らしさの正体は時が証明してくれる」（実際は、次の年も素晴らしかった）。

このような軽さとひょうきんさがこの会社の特徴である。ハーマン・ミラーの社風は格式ばらず、のんきで、あくまでも平等主義である。毎日がカジュアル・フライデーで、スーツで訪れた人は、その場から浮いているような気分になる。服装規則についてもっと言えば、子会社から来たエグゼクティブは、コーデュロイのズボンとセーター、ウィンドブレーカーというないでたちで、まるでトラクターの運転台から降りてきたようであった。ハーマン・ミラーでは、ボスをファーストネーム以外で呼ぶことなどまったく考えられない。この会社では、現場に職長を置かず、かわりに「ワーク・チーム・リーダー」を置いている。そして、現場の従業員は「従業員オーナー」と呼ばれる（大半が自社株式を所有している）。これらはすべて、数十年に及ぶ従業員参加型経営の一部である。

従業員の参加が生産性を向上させる

ハーマン・ミラーは、初めから特別に恵まれていたわけではない。一九〇五年に創立されたとき、「ジーランドの市民グループが倒産した缶詰会社を持っていて、［そして］決めたのが、そのビル内で家具を作るのが現実的であろうということだった」と後のCEOであるヒュー・ディプリーは、社史*Business as Unusual*（変な会社）で記している。結局、家具製造がミシガン州西部の主要産品となった。ミシガン州で一番大きい都市、グランド・ラピッズは、だんだんと土地の名前というよりも、キッチュさの代名詞となってきた。一九二三年にスター・ファニチャーから、創業者D・J・ディプリーの義父で、大株主でもあった人物に対する尊敬を表して、ハーマン・ミラーへと社名変更された。会社は家庭用家具を作っていたが、一九三〇年代中頃にデザイナーのギルバート・ローデを雇い、彼の新たな方針に合わせて、伝統的な家具からモダンなデザインの家具に転換した。それまでは、家具デザインのモダンさで目立っていたわけではなかった。同社の趣向は、ヒュー・ディプリーが、当時のCEOで、彼の父親でもあった「D・J」について語ったコメントから推し量ることができる。「D・Jは古い家具を真似たり、古い時代のアンティークのような仕上げに見せかけることに不誠実さを感じていた」

モダンなデザインの家具はより誠実なだけでなく、売れ行きも良好で、かつ規模の経済性もあった。ディプリーは次のように書いている。「われわれは最近、モダンな家具なら、同じコストでより多くの家具を製造できるようになっている。優れたモダンなデザインは息が長いだろうということも確信していた。だから、モダンな家具は、同じパーツを作りつづけるという、あらゆる製造業者の夢に対する一つの答えとなると思った」。一九四一年に、ハーマン・ミラーはニューヨークにショールームを開き、わずか数年間で、そのデザインのエレガンスさと、質の高い職人的技術で賞賛されるようになった。第二次大戦後、新しいデザイン・ディレクターであったジョージ・ネルソンは、イームズ、アレキサンダー・ジラール、イサム・ノグチなど、何人かの新しいデザイナーを雇った。

いわゆるスキャンロン・プランを熱心に採用していた一九五〇年当時、ハーマン・ミラーは従業員一二〇人足らずのこぢんまりとした経営を行っていた。スキャンロン・プランとは、現場の従業員と経営者の協力を目的としたものであり、大規模生産時代の家具の「ごまかし」に倫理的な不快感を持っていたエグゼクティブたちは自然と惹き付けられた。D・J・ディプリーと彼の息子のヒューは、まだ少数であった従業員に対して家族主義的な思いやりを持っていた。ほとんどの従業員は永年勤続で、その大部分は前世紀にその地域に移住したオランダ系のカルバン派を祖先としていた。一九四九年、ディプリー親子は、ミシガン州立大学のカール・フロスト教授の「参加型企業」という講義を聴きに行った。すぐに、彼らはいままでの方針を転換することにした。フロストの説明したプランは、かつて労働組合のリーダーであったジョゼフ・スキャンロンが唱えたものだった。その最も重要な部分は、生産性向上という目的に向かって、日々の企業経営に対する全従業員の継続的な参加を求めるというものであり、生産性向上から生まれる利益は、従業員と経営者が共有することとなっていた。ディプリー親子は自社用にプランを立案するためにフロストを雇った。

ヒュー・ディプリーは次のように書いている。「われわれはジャック・フロストを通して、このプランのカギは次のようなことだと学んだ。つまり、組織に在籍する一人ひとりが、組織の目的を達成しうる資源であるとみなされなければならない。……中略……そしてすべての人に、参加したり、質問したり、実行したり、革新的になったりする機会がなければならない。……中略……人々は公正を求める。だからハーマン・ミラーには、経営参加を通して生み出された財務的利益の、わかりやすい分配方法が必要である」

ディプリーは次のように続けている。「だからこそ変化が始まる。怒らせるのではなく満足させる変化、失望させるのではなく努力に報いるような変化が。それはお互いをより親密にしてくれるような変化でもある……」

全員参加のEVAプログラム

生産の改善に取り組み、現場従業員の提案を採り上げるための委員会が設立された。結果として、提案の多くが採用された。初めの一〇年間のボーナスが、平均して賃金の一〇％になったという事実も下支えとなって、計画はハーマン・ミラーの企業文化の一部となった。こうした計画のあり方は、一九七九年に、ヨーロッパを含むジーランド以外の多くの地域へ事業を拡大するために改定されるまで、本質的には変わらなかった。さらに、従業員の構成が変化していた。一九五〇年は、ジーランドの従業員の九〇％が工場で働いていたが、今では二五〇〇人の従業員を抱えるまでに成長し、その多くがホワイトカラーとなった。従業員代表を務める代表者委員会でのさまざまな調査・検討の後、スキャンロン・プランは練り直された。目標は会社のセグメントごとに設定され、ボーナスの計算方法はより複雑になった。四半期ボーナスは継続された。

その後一九九六年に、ハーマン・ミラーはトップ・エグゼクティブに対して伝統的なインセンティブ・ボーナス・プランとともに、本格的なEVAプログラムを導入した。伝統的なボーナス・プランは、現場やオフィス従業員にふさわしいとは考えられていなかった。四半期ボーナスが導入されてから数十年が経っていたので、一年は非常に長く感じられた。また四半期ごとの支給は、努力と報酬とのより直接的な関連を表していた。したがって、四半期ボーナスは継続されることになったが、エグゼクティブのボーナス・プランと同じように、EVAの目標値を基準とするという重要な変更が加えられた。これによって、会社がEVAの期待改善目標値を達成すると、参加者は報酬の七％に相当するボーナスを獲得し、目標値を超えると、従業員はさらに多くのボーナスを得る。

もはやスキャンロン・プランとは呼べないが、その中心にある考え方は参加型経営のままである。このプログラムの奇妙な点は、伝統的なＥＶＡインセンティブ・プランを採用していたエグゼクティブに対しても四半期ごとの現金ボーナスが支給されていて、さらにその金額が四万二九〇〇ドルに制限されていたことである。なぜ、従来からのインセンティブ・プランとＥＶＡインセンティブ・プランの両方を残しているのだろうか。「気分の問題なのです。ボーナスの小切手を渡すときに集会をしていて、ある地域ではセレモニーも開いています」とデーブ・ガイは言う。さらに、かつてのスキャンロン・プランには全従業員が含まれていたのである。

新しいＥＶＡ四半期ボーナス・プランは華々しくスタートした。一九九七年度の第３四半期には三〇％以上の大金が支払われ、その後も二桁台を継続した。その後で最も高かったのが、一九九八年度の第４四半期の三一・三％であった。次章で詳細に述べるように、ＥＶＡの進捗状況や定期的なワークショップ・ミーティングに関する月次報告にも高い関心が寄せられた。

ＥＶＡはノースカロライナ州の銀行の現場にも導入されている。この銀行は、世界中で最も革新的にＥＶＡを利用してきた。センチュラ・バンクスは一九九四年にＥＶＡを導入し、その当初から全従業員を対象にしており、現在では約三五〇〇人に達している。三〇数名のエグゼクティブには、ストック・オプション・プランと標準的ボーナス・プランが導入されている。従業員は、銀行のＥＶＡパフォーマンスに基づいて、報酬の一〇％に相当するボーナスが支給されるというプランが適用されている。五〇〇人の営業担当の行員には同行の中でも最も独創的な、ＥＶＡに基づくコミッション・システムが採用されている。営業担当の行員は報酬を受け取り、さらに個々人が創造した「付加価値」によって決定されるボーナス受給資格を獲得することができる。このプランは次のように機能している。銀行は五六種類ほどの商品を提供しているが、それぞれの付加価値的な要素は、資本コストを含む全コストを控除することによって明らかにされている。毎月、銀行は各商品の売り上げと、それぞれの正味付加価値の報告リストを作成する。営業担当の行員は、その報告リストのコピーと、それと同じフォーマットで個人の正味付加価値の合計額と、月次パフォーマンスを詳細に記載したものをもらう。合計額から控除されるのは、給与、諸手当、そのほかの費用、そして諸経費(間接費)の分担額である。さらに調整を加えられて、ボトム・ラインに付加価値が示される。付加価値の大きさにもよるが、行員はインセンティブ報酬としてその合計額の一〇%もしくは一二%を得る。それは四半期ごとに支払われ、報酬の重大な追加となる。

経営者と従業員の利益は一致する

現場の従業員に対するEVAの活用は現実的で効果的だが、依然として主流にはなっていない。多くの企業は、まずエグゼクティブ・レベルでEVAに基づくボーナス・プログラムを開始し、それから徐々にマネジャー・レベルにまで落とし、最後に現場の従業員に適用する。時間給の従業員は除外される傾向にある。というのも、ある場合は労働組合が反対し、またほかの場合は、経営陣がEVAインセンティブと業務パフォーマンスとの関連性を理解できないためである。従業員はEVAインセンティブに効果的に対応するための意思決定の権限を欠いているという考え方は、従業員がEVAに参加することによってのみ、生産プロセスに関する豊富な知識の蓄積を引き出せるということを見過ごしている。

しばしば、「労働組合に加入している従業員との契約に、ＥＶＡに基づく報酬プログラムを取り入れるにはどのように交渉すればよいか」と質問される。労働組合のリーダーにとって、伝統的に「公平」は「平等」を意味し、パフォーマンスに基づく報酬はすべて懐疑的にとらえなくてはならないという信念を持っている。そもそも本質的に、労働組合は敵対的である。個々人との交渉でさえも、ストライキに至るまでは敵対的である。しかし、労働組合との交渉では、ひどい対立に至らず合意に達することもたまにはある。ではいかに労働組合に対して、洗練されたミクロ経済学の原理によって支持されたインセンティブ・システムを売り込めばよいのだろうか。

答えは二つある。そもそも衝突は、交渉と結び付いているものだが、アメリカやそのほかの民主主義国には労使協調という伝統がある。多くの労働組合は、経営者の成功が従業員に分配可能なパイを拡大し、従業員の利益は増えることがわかっているので、生産性を高める活動について経営者と協力していくことになるだろう。二つ目の答えは、経営者が従業員と直接コミュニケーションを行うことである。現場従業員の信頼を得ることが、現場でＥＶＡを成功裏に推進するカギとなる。多くの企業は、労働組合に加入している従業員とうまくコミュニケーションすることに失敗している。というのも、多くの企業はそのようなコミュニケーションが法律に触れるかもしれないと、顧問弁護士から警告されてきたからである。賃金や手当、そのほか雇用契約に関することについての一方的な議論が、アメリカ労働法によって禁止されているのは事実だが、経営者に与えられているさまざまな特権については、従業員と直接議論できるだろう。

したがって、現場従業員とパフォーマンス測定基準としてのEVAについては議論することができる。また、EVAの基礎と企業戦略を労働現場へと適用する方法について研修を行うことも可能である。そして各部門や工場、もしくはある部署のEVAパフォーマンスを定期的に伝えることが可能となり、さらに結果の善し悪しに関する理由を説明できる。

信頼関係が事業を改善する

労働組合に加入している従業員の最大の関心は、雇用維持である。ある工場、もしくは部署のEVAが長期的に見てプラスでなければ、事業を継続できないという明白な事実を全従業員に伝えるべきである。利益を出しつつ、価値を破壊している事業も継続できると考えられていた古きよき時代は終わりを告げた。同時に、あなたは従業員に対して、さまざまな事業のEVAをプラスにするためには、どのような痛みを伴うステップが要求されるのかを伝える義務がある。

多くの労働組合員にとって、価値創造プロセスは「ブラック・ボックス」である。たいていの場合、彼らは企業の価値規則や実践モデル、あるいは彼らがかかわる特定の業務についての基本的な経済性を理解していない。事業計画が理解できないので、従業員は経営者を信用できないという「疑心暗鬼」症候群に陥っている。EVAによって、時間給従業員には理解不能であった意思決定を説明することができる。そして情報が信頼をもたらし、信頼が行動を促すとき、従業員がEVAプロセスに参加しはじめる。従業員に、何が企業の価値規則で、なぜそれを導入したのかを説明する時間を作るべきである。事業モデルを説明し、検討プログラムや事業改善チームを通じて、この事業モデルに磨きをかけるような機会を従業員に与えよう。そうすれば、双方の利益は二倍になる。これらの洞察と改善は「ブラック・ボックス」文化に付きまとう不安と困惑を減らし、従業員が業務の発展に参加できるという仕事の満足感を高めるだろう。

多くの時間給従業員は、ＥＶＡ経営を理解するほどの財務的知識を持ち合わせていないと言われてきた。こうした考え方は、傲慢で品位のないものである。ＭＢＡ取得者と比較しても優秀なほど、業務のレベルで価値創造の本質を理解している現場従業員がいる。先に見た例が示すように、最も優秀な従業員は、サイクル・タイムを削減し、在庫を減らし、そして廃品率を改善するためにどうすればよいのかを知っている。彼らに必要なのはＥＶＡ概念に慣れることであり、もちろんトレーニングが必要となる。このトレーニングについては、次章で扱う。

努力がうまく実を結び、現場に届いたなら、従業員のインセンティブ報酬の基礎としてＥＶＡを導入することを労働組合のリーダーに納得させることは容易になっているだろう。労働組合の観点からすると、ＥＶＡプランには二つの魅力的な要素がある。それは、①ＮＯＰＡＴと投下資本の計算で現金を調整するという特徴は、従業員に与えられるボーナスを削減するために、経営者が会計数値を操作するかもしれないという懸念を払拭する。②ボーナスの基準となる基本的なＥＶＡの計算は、従業員グループから経営陣に至るまで、同じ方法によって計算されていることである。これは公平性を具体化したものである。

ヨーロッパの取り組み

現場レベルがEVAに関与することについての説得力のある事例が、ロンドンに本部を置くスターン・スチュワート・ヨーロッパのエリック・スターンとヨハネス・ショーンバーグが発表した'The Capitalist Manifesto: The Transformation of the Corporation —— Employee Capitalism（資本主義宣言：株式会社の変革——従業員主権主義）'という論文で示されている。この論文は、近年、EUの各国政府が推進してきた従業員参加型経営について述べている。西ヨーロッパにおいて力を持つ中道左派政党は、社会主義の実現を諦めており、もはや「経済の要所」を国有化することを望んでいない。そして、現在では、株式保有によるリターンかプロフィット・シェアリングのどちらか、もしくは双方の代わりとして、従業員参加型の意思決定について論じている。確かにドイツでは、企業の監査役会に従業員（労働組合、と読みかえてもよい）の代表が参加しているが、彼らは現場の従業員とはかけ離れているのが一般的であった。新しい試みは、いままで見てきたアメリカ企業の例のように、現場レベルからの参加を促すものである。

欧州委員会は一九九二年に'The Promotion of Employee Participation in Profits and Enterprise Results（利益と企業の成果に対する従業員参加の提唱）'という独創的な論文を発表した。その論文は、各加盟国のプログラムを研究調査し、典型的なブリュッセルの官僚用語を使って次のような提言を行った。「審議会は、プロフィット・シェアリングもしくは従業員の株式所有、あるいは双方を合わせたものにより、利益と企業の成果を従業員と幅広く共有することの潜在的な利益を認識することを加盟国に求める」

イギリスの変容

イギリスでは、かつての戦闘的なレトリックと比較すると、労働党政権と労働組合員の態度と言動に目立った変化があった。一九九八年一一月、ゴードン・ブラウン財務大臣は下院の予算報告で次のように言った。「企業の生産性についての議論によって明らかになったように、イギリスは、好機と野心を阻むものを取り除くためにできることがもっとある。……中略……税制改革によって従業員の長期的なコミットメントに報い、イギリス産業界の『上流階級と庶民』という古い文化を完全に排除したい。私は、全員が貢献し成功から利益を得るという、チームワークという新しい企業文化を広めたい。したがって、国家予算を通じて、一部の人だけでなく、全従業員が容易に企業のステークホルダーになれるようにする」

一九九九年五月、労働組合会議（TUC）は産業界との連帯に関するコンファレンスをロンドンで開催し、労働組合と経営陣の代表者が出席した。トニー・ブレア首相は集まった人々に演説し、労働組合に対して次のような挑戦的な言葉を発した。「あなたがたの役割は何ですか。なぜ彼らはあなたがたを必要としているのですか。あなたがたが研修、年金、そして安全といった問題に適性と能力を示せるなら、職場との連携に役割が見いだせるでしょう。もし示せないなら、あなたがたがパーティーに招かれなくても当然なのです」

TUCはコンファレンスに'Partners for Progress: New Unionism in the Workplace（発展のための

パートナー――職場での新しい組合主義)、という報告書を提出し、その中で労働組合の社会的評価がどれほど低下しているかを率直に認めた。「職種別労働組合はそれ自体が問題ではなく、イギリスの諸問題に対する解決策の一つとして見られるべきである。……中略……闘争、ストライキ、衝突のレトリックは、今日の労働者には賛同されない。もちろん、傲慢あるいは差別的な上司、基本的な法的権利を遵守しない上司など、好ましくない雇用者を摘発しつづけることは、労働組合の役割の基本的部分である。しかし多くの労働者は、自分たちの雇用者がひどい雇用者だとは思っていない。労働者は雇用者のことを優れたマネジャーだと考え、意思決定のプロセスに対するより大きな発言権を望んでいる。しかし、もっと簡潔に言えば、労働者は彼らを雇っている組織を誇りに思いたいし、また多くの場合、誇りに思っている。……中略……軽視された労働者は、今日の雇用者が求める高いパフォーマンスをもたらさないだろう」

報告書には、クーパレイティブ・バンク、インランド・ラベンナ、テスコ（巨大な小売りチェーン）、ブリティッシュ・ガス、ユニシスなど、さまざまな組織のパートナーシップの試みについて短いケース・スタディーが記載されていた。企業戦略、従業員研修、生産プロセスのベスト・プラクティスの普及などに関する意思決定に対して、従業員の代表者をかかわらせることがパートナーシップとしてあげられていた。労働組合は、以前なら決して知ることのなかった機密情報に精通するようになった。たとえば、ナショナル・パワーではパートナーシップ協定によって、「フルタイムのシニア・マネジャーと、労働組合の代表である平の労働者を集めた」ナショナル・ビジネス・レビュー・コミッティーが設立された。コミッティーは半年ごとに開催されており、事業計画と戦略上のオプションについて広範囲に概要の説明を受けているので、「結果を左右できるくらい時間的余裕があり、また、本当に有意義な提言をするほど事情に通じているという点で誠実な会議」ができる。

金銭的インセンティブを与える

前述したスターン・スチュワート社の論文は、欧州職能別労働者組合のウェブ・サイトから、最近、ヨーロッパ大陸の従業員に提供されている、複数の金銭的インセンティブの例を集めている。「アウディは、一九九八年から全従業員に対して勤続年数に基づく固定給部分と、それとは別個の変動部分とで構成されるプロフィット・シェアリングを導入した。テレコム・イリーアン（アイルランド）の民営化は一万一〇〇〇人の従業員に一五％の株式を持たせることになった。ユーロコプターとユジノール（フランスの鉄鋼会社）の民営化は、これと同様の機会を従業員に与えた。さらに、企業ベースの合意は、BPアモコ、シェル、モービル、デグサ、そしてローゼンタールでも存在する。最後に、ドイツの化学業界は富の創造と株式保有プログラムに同意した。このほかにも多くの例がある」

現場レベルの従業員に対するプロフィット・シェアリングと株式保有プランは、金銭的インセンティブがまったくないのと比べれば大きな前進だが、スターン・スチュワート社の論文は、どちらの契約にも欠点があると主張している。まず、利益がなければ分配もない。これに対して、EVAのボーナス・プランでは、たとえEVAがマイナスでも（これは通常、利益があることを意味するが）、EVA改善に参加したことに報いる。またプロフィット・シェアリング・プランは企業の成果に依存するが、多くの場合、企業は大規模であり、個々の従業員が所属部門へ貢献したことと企業の業績には明確な関連がない。対照的に、ＥＶＡプランは企業の成果と各部門の成果の両方に基づいている。

株式と株式オプションの分配は、企業の富に従業員が個人的な利害を持つようになるという利点がある。しかし、株価はしばしば外部要因、つまり、経済状況や利子率、インフレーション、そして／もしくは関連産業の状況に依存し、必ずしも企業の成功には依存しないという問題がある。またプロフィット・シェアリングは、各部門のパフォーマンスとは関係がない。こうした点を考えると、プロフィット・シェアリングと株式分配は一方通行である。すなわち、事業部門が利益を生み、株価が上昇すれば報酬を獲得できるが、下方リスクはないのである。典型的なＥＶＡに基づくインセンティブ・プランでは、少なくともエグゼクティブ・レベルの場合、ボーナス・バンクという条項により、参加者は業績が著しく低下すれば過去に獲得したものを失うことになる。

従業員にオーナーの視点を持たせる

われわれが知るかぎり、アメリカでは現場レベルの従業員のＥＶＡボーナスをリスクにさらすプランはない。しかしスターンとショーンバーグは、ドイツにおけるハイリスク・ハイリターンの注目に値する報酬プランを記述している。このプランは、シーメンスが一九九七年に個人投資家に売却した、ハイテク歯科治療設備の製造業者であるシローナ・デンタル・システムに導入されていた。翌年同社は、スターン・スチュワート社の助けを借りて、ＣＥＯからメンテナンス・スタッフに至る一二〇〇人の全従業員に対して、完全連動型ＥＶＡプランを導入した。

従業員の九〇％が集団交渉契約に含まれており、従業員の大半は労働組合に入っていた。このグループにとって、ＥＶＡプランは自主的であり、大きなリスク要因があった。各従業員は毎年一一月に（一九九八年から開始）、翌年の月給を、四〇％から八〇％のあいだでどの程度リスクにさらすかを決定する。次に企業は、従業員が提示した金額の五〇％を計算し、それらの合計金額が従業員の目標ボーナスとなる。したがって、従業員が月給の八〇％を提示すると、目標ボーナスは合計で一二〇％となる。月給が五〇〇〇マルクの従業員の場合、それは六〇〇〇マルクの目標ボーナスを意味する。ＥＶＡパフォーマンスは、従業員が所属する事業単位で測定される（これはエグゼクティブ・プランと同じシステムである）。また、従業員を対象としたボーナス・バンクもある。結果が目標を超えた場合、超過分の三分の二は預けられ、三分の一が現金で支払われる。典型的なエグゼクティブ・プランと同じように、翌年度以降、残高がなくならないかぎり、残高の三分の一が分配される。

繰り返すと、労働組合員に参加する義務はなく、すべて自主的に行われた。従業員がプランに参加を決めたとしても、後からその決定を変更して、離脱することもできる。ただしその時点で、プランに再加入することは認められなくなる。その理由は、企業の予想業績によって従業員がプランに出たり入ったりすることを防ぐためである。全従業員のために大規模な研修が行われた。労働組合員の最終的な意思決定の期限である一九九八年時点で、参加することを選択した人は八七％に上った。リスクの大きさを考慮すると、この数値は特筆に値する。そのうちの八一％が最大限、つまり、月給の八〇％を投資すると決めた。

プラン開始後、ＥＶＡパフォーマンスを改善するためにいくつかの試みが実施された。ある試みは棚卸資産を削減するという野心的な全社的計画であった。初年度が終わるまでに、シローナのＥＶＡは一二五％増加し、企業内の各ＥＶＡセンターでは一〇四～一九二％増加した。

　もちろん、いかなる状況にも適した唯一のプランなど存在しない。すべてのＥＶＡプランはそれぞれの事業に適合するようにカスタムメイドされたものである。しかし現場には、信頼性を獲得するのに十分なＥＶＡプログラムが存在する。Ｂ＆Ｓと同じく、シローナの経験は労働組合がＥＶＡプログラムを受け入れることを示している。自動車労働者組合のようなアメリカの進歩的な労働組合は、折にふれてプロフィット・シェアリングに同意していた。労働組合がプロフィット・シェアリングを認めるのであれば、ＥＶＡの導入も近い。もちろん、ヨーロッパでは労働組合がはるかに強く、ＥＶＡを現場まで拡大すると、組合間の団結も断固たるものになるだろう。スターンとショーンバーグの論文で調査されたイギリスとヨーロッパ大陸におけるパートナーシップの試みから、労働組合にプランを積極的に提案するときが来ていると思われる。

　スターンとショーンバーグの論文は、結論で次のように述べている。「従業員を価値創造プロセスに組み込むことで、彼ら自身、同僚、上司、そして企業全体に対する視点が変わる。彼らは、あたかもオーナーのように考え行動するだろう。……中略……ＥＶＡは従業員に、彼らが利益の分配を受けるパイの拡大を促す」

第7章　メッセージを浸透させる——従業員トレーニングとコミュニケーション

ＥＶＡプログラムの導入にあたり、従業員のトレーニングほど重要なことはない。ＥＶＡは、企業が業績を測定したり、従業員に報酬を払う方法だけでなく、事業のあらゆる面を管理する方法にも決定的な変化をもたらす。新しいボトムラインとしてＥＶＡの改善に焦点を合わせると、インセンティブ・システムから現場の生産プロセスに対する資本の配分まで、伝統的なすべての手法を改革することができる。あまり一般的ではないが、変化、往々にして徹底的な変化こそがゲームの本質なのである。

変化によって、組織は活力を取り戻すことができる。しかし、守りに入っている人たち、つまり変化を唱える人ではなく、変化しろと言われる人にとって、新しくてなじみのないものは恐怖として受け取られるようである。恐怖は抵抗を誘発する。もちろん、抵抗は命令によって抑えられるであろうが、変化を起こす際の協力が目標ならば、権威主義的な経営スタイルはまったくお勧めできない。説明や説得をする方がはるかによい。予想される変化と変化を起こそうとする理由について、明確で詳細な説明を従業員にすれば、多くの不安は解消されるだろう。

多くの従業員にとってなじみのない方法であるが、「外部」から企業を見るという経験をさせることは有益である。彼らは競争環境の激しさや株価の低迷によって、変化が誘発されるということに納得するだろう。そして、こうした変化が起きないならば、長期的に見て組織の存続が危ぶまれるということにも納得するだろう。これらすべてはEVAの複雑性というテーマに必要な、公式トレーニング・プログラムの一部である。

全従業員を対象にしたトレーニング

ここで、二つのトレーニング方法を提案しよう。一つは第3章で述べたもので、企業全体を戦略的に点検するためにEVAを採用したB&Sのアプローチである。いま一つは、年度ごとに通常行われる市場投入製品の変更以外は戦略や製品を変えずに、一九九六年にEVAによる規律を導入したハーマン・ミラーのアプローチである。EVAは多くの変化をもたらすが、ハーマン・ミラーではB&Sほどの戦略の再検討は実施されなかった。その点でハーマン・ミラーの経験は、EVAを導入した多くの企業のものと同じものであった。

B&Sは、ミルウォーキー地区のホワイトカラーと現場従業員を対象としたトレーニングを一九九四年から三年間続けた。三〇〇〇人が、コーポレート・トレーニングのマネジャーであるジュディ・ウィップルのクラスを受講した。従業員は社内報に詳しく書かれたQ&Aの記事の中で、EVAの情報を既に得ていた（図７・１）。また、ホワイトカラーの従業員は四半期ごとの会議で簡単な解説を耳にしていたが、この程度の説明では不十分だった。ウィップルの「価値創造経営ワークショップ」のトレーニングでは、一六人から二〇人のグループを作り、ホワイトカラーはそのトレーニングを四時間受け、生産ラインの従業員はそれを二時間受けた。このセッションは評判がよかった。なぜなら、それらは好奇心を満たすだけでなく、仕事を休めるということも意味したからである。

ウィップルは、各参加者のＥＶＡへの理解度を知るために、各セッションの最初に五分間の筆記テストを実施した（彼女は授業の終わりにもう一度テストを実施し、授業の成功度を検証した）。それから彼女は、Ｂ＆Ｓの戦略的リストラクチャリングの説明に入った。その戦略的リストラクチャリングは、ここ数十年で初めて利益をあげられなかった一九八九年から開始したものである。彼女はフリップチャートとスライド映像を使って、同社が、多目的エンジンの低コスト・大量生産というかつての戦略に回帰し、高コスト・少量生産の高性能エンジンを製造する不採算部門から撤退することを強調した。同社は、少量生産用の設備が整っているパートナーとジョイント・ベンチャーを組んで、後者の事業を継続することにした。

そのプレゼンテーションに続いて、ウィップルはＢ＆Ｓの「価値創造のロードマップ」（第４章）と、ロードマップのさまざまなボックスが、どのように相互に補完しているのかということについて詳しく説明した。その後、ＥＶＡの合理性をめぐる議論、その構成要素の説明、ＮＯＰＡＴの計算方法の例示（月額一〇万ドルの売り上げを計上する企業を例として仮定する）、どのように資本コストが適用されるのか、また最終的にＥＶＡがどのように導出されるのか、などについて説明した。このプレゼンテーションが入

図7.1　B&Sの社内報

B&Sにおける価値創造経営

ここ数年、B&Sが成功を収めてきた重要な要因は、EVAによる業績測定や戦略の再検討、組織変革、カスタマイズされたインセンティブなどを組み合わせることによる価値の開放に行き着くだろう。新たにB&Sの社長兼COOに就任したジョン・シーリーは、企業が価値を創造しているか、あるいは資源を浪費しているかを明らかにする新しい事業管理の方法を提案している。

Q　あなたは、わが社の基本的な経営哲学は「価値創造経営」であるとおっしゃいました。それはどういう意味でしょうか。また、どのようにEVAと関係するのでしょうか。

A　どのような経営であれ、経営努力の究極的な目標は、企業の六つの主要な構成主体、つまり株主、債権者、従業員、顧客、サプライヤー、コミュニティーを効果的にマネジメントすることでしょう。価値創造経営では、最初の二つの構成主体（株主と債権者）は、事業に提供した資本に見合う公正なリターンを請求する権利を有しています。これは「資本コスト」と呼ばれています。われわれは、株主に対して、資本コストを上回る価値を創造する責務があります。この責務はより高い価値を創造することを通じてのみ果たされます。実際の価値創造は、価値創造という目標に向けて、四つの資本関係のない構成主体（従業員、顧客、供給業者、コミュニティー）の統合的なプロセスが要求されます。われわれはこの概念を「価値創造モデル」の中でとらえようとしてきました。EVAは価値を創造しているかどうかを判断する際の、バイアスのない尺度なのです。

Q　価値創造のための基本となる方法は何でしょうか。また、B&Sではこれらの方法をどのようにして追求するのでしょうか。

A　価値創造の主要な方法は、戦略の再検討、組織構成とシステムの再構築、デザインとプロセスのリエンジニアリングです。

したがって、高い価値をもたらすマス向けの応用製品に焦点を合わせる戦略、分権化や特化型工場のような組織構造変革、そしてBITチームやセル・マニュファクチャリングのようなリエンジニアリングを耳にするとき、これらすべての目標が価値創造であると考えるべきです。B&Sだけが採用する方法について、詳細なチャートが練り上げられました。より高い価値創造を究極的に達成するためには、実践している内容や、実践している方法を変化させなければならないということを理解する必要があります。

Q 価値創造経営プログラムを展開するうえで、どのような要因が経営上の意思決定に影響を与えたのでしょうか。

A われわれが資本を効率的に管理していなかったということは、一九九〇年までに明らかとなりました。一九七〇年代と同じ利益を生み出すためには、事業資産への投下資本が三倍必要となっていました。業界のリーダーとしての確固たる競争ポジションを獲得するうえで、B&Sの「かつての」アプローチは競争上の欠点となっていました。そのアプローチには過剰な生産能力や高度な垂直統合、バッチ・プロセス、限定製品の提供などが含まれます。これらはかつて競争優位の源泉であったものです。数年前に、これらのアプローチから導き出された、業務の連結、内部コントロールや協調活動による経済性は、魅力的でないインセンティブや過大な資本に対して求められる収益率、独自技術症候群、人的資源にフォーカスした業績評価の欠如などに取って代わっていったのでした。言いかえると、われわれの事業は一九九〇年代には「適切」でなかったのです。

今日の競争はグローバル、かつ熾烈であり、過去数十年間われわれが行ってきたのと同じ方法で企業を経営し、顧客に価格負担を強いても生き残ることができないことは明らかとなりました。このことは受け入れがたいものですが、大手小売りの影響力がますます強まる市場においては、明白となりました。そうした環境の中で、コストを管理し、事業効率を改善し、資本を慎重に配分することを通じて、企業は価値を創造しなければなりません。これを実施しない企業は競争優位を維持できずに、結局失敗することでしょう。

Q　ＥＶＡとは何でしょうか。

A　ＥＶＡとは業績を測定する一つの手法で、単に企業のキャッシュ利益から、この利益を生み出すのに必要であった資本コストを引いたものです。企業が資本コストを上回るキャッシュ利益を生み出した場合、経済的価値を創造したことになります。この場合ＥＶＡはプラスということになります。一方、ＥＶＡがマイナスの場合、資源を浪費しているということを示します。

Q　資本コストとはどのような意味か説明してください。

A　資本（機械、コンピュータ、在庫、設備）にはお金がかかるという前提から始めましょう。このコストは、株主や債権者が負担するリスクの程度に関連してきます。「無リスク」である三〇年物のアメリカ国債の利回りが現在約八％です。歴史的に見て、リスクを伴う株式の平均的なリターンは、安全利子率を六％ほど上回っています。Ｂ＆Ｓは平均的なリスクの企業ですので、当社の株式の資本コストはおよそ一四％となります。債券のリスクは株式に比べて低いので、当社の負債の資本コストはかなり低いと言えます。今年度の株式と負債の資本コストの平均は一一・七％です。これが当社の資本コストです。

Q　ＥＶＡプログラムはどのような目的に有用なのですか。

A　ＥＶＡの価値経営プログラムの目的は、Ｂ＆Ｓの業績測定およびインセンティブを、資本提供者あるいは企業オーナーの目標に連動させることです。われわれは、株主や債権者のために価値を創造するという基本的な責務があるということを認識しており、従業員、顧客、供給業者、そしてコミュニティに価値を分配することでこれを実現するのです。

Q　これらについての報告義務をだれに対しても負っていない従業員の場合、どのようにして価値創造を「管理する」のでしょうか。

A　第一にそのプロセスにとって最も重要な人、すなわち自分自身を管理するのです。そして、自分のすべての活動が、価値を生み出すということを確認する必要があります。第二に、多くの従業員は人を管理するのではなく、工場にある機械やオフィスにあるコンピュータという形態の、非常に費用のかさむ資本を管理するのです。また従業員は自分たちの働き方によって、在庫と連動した資本の金額に影響を与えることができます。

Q　価値を創造するために従業員は何ができるのでしょうか。

A　価値創造のための日々の作業は大小さまざまであり、それらが実施されることでEVAに大きな影響を与えます。エンジニアであれば、質を向上させ、五セントのコストを削減し、さらに現在の生産工程では必要な高価な機械の購入を回避するような、新しいマフラーのデザインを提案するということが考えられるでしょう。

オフィスで働く従業員であれば、新しい仕事を効果的に行うために、新しいコンピュータを購入することなく、既存のコンピュータを利用した創造的な方法を見つけるといったことがあるでしょう。組立工は在庫を削減し、効率性を向上させるために、組み立て工程の構成に関する優れた方法を提案するといったことが考えられます。われわれが実施するすべてのことは、スモール・ビジネスととらえるべきです。そこでは、生産性の改善がキャッシュのリターンを高め、資本を管理下に置くことで、資本コストを最小にすることになるでしょう。その結果、その事業の価値が増加するのです。みなさんはEVAの導入を、一〇億ドル規模の企業を、セブン-イレブンのコンビニエンスストアの一店舗規模にまで分割することとしてとらえているかもしれません。葉巻入れの中のキャッシュ規模から始まるのです。棚の商品を購入するためにキャッシュを使います。商品を販売し、資本コストを含む費用を支払い、残りのキャッシュが葉巻入れに戻されるのです。年末に葉巻入れの中にキャッシュが年初よりも多くあるなら、価値を創造したことになるのです（つまり、その年度のEVAがプラスということです)。

Q リストラクチャリングを推進して生まれた価値は、企業にどれぐらいの利益をもたらしたのでしょうか。

A このリストラクチャリングによる利益は、大変大きなものでした。たとえば、優れた製品ラインに特化したり、財務上の責任をより明確にしたり、労働と資本のトレードオフを適切に評価したり、経験豊かな業務のゼネラル・マネジャーを内部育成したりなどといったことが挙げられます。

Q B&Sでの価値創造の成果を要約してください。

A 価値創造経営によって、B&Sの株価は上昇しました。これはそれほど驚くべきことではありません。なぜなら、株価とは、ある企業が投資家の資本をどのように運用しているかということに対する、市場の評価であるからです。わが社の株価は、一九九二年には二二ドルでしたが、一九九三年末になると八〇ドル以上にまで上昇しました。わが社は資本を惹き付けるに十分優れた投資対象でありますし、資本は企業存続の燃料であるということを証明したのです。また、多くの人が知っているように、株価を高くすることが、敵対的買収に対抗する最高の防御策なのです。

Q 価値創造経営は、どのようにして企業と従業員を明るい未来へ導くのでしょうか。

A 企業は、価値の高い仕事の機会を従業員に与えたり、価値の高い製品を顧客に提供したり、供給業者と価値の高い提携関係を構築したり、事業を展開しているコミュニティーと価値の高い関係を築いたりすることなど、すべての構成主体と約束を結ばなければなりません。そうでなければ、株主に高い価値をもたらすことはないでしょう。価値創造経営をうまくすればするほど、すべての関係者の未来はますます明るいものとなるのです。

門的な性格を持つことから、ウィップルは会計数値を調整してＮＯＰＡＴを算出するところまでは触れなかった。それは会計士が扱うことであるとだけ述べた。また、彼女は資本コストがどのように計算されるのかについても説明しなかった。それはボブ・エルドリッジ（当時のＣＦＯ）の仕事の範疇であると彼女は語った。

その後、どのようにしてＥＶＡを増加させるのかについて、長時間にわたるクラス討論を行った。身近な例をグループに答えさせながら、ウィップルはＥＶＡを増加させるための、三つの基本的な方法を説明した。①「高付加価値投資」（資本コストを上回るリターンを見込める計画に、新規の投資をすること）、②「収益改善」（新たな投資をせずに、キャッシュ利益率を増加させること）、③「整理回収」（適切なリターンを生み出さないと予想される事業から、資本を撤収すること）。平凡で親しみのある例を示すために、ウィップルはこの戦略を家計に応用してみせた。つまり、暖房費を節約するために、家を断熱材で覆うという「高付加価値投資」戦略だとか、欠陥車を取り除くという「整理回収」戦略といった具合である。

簡単な例こそ最も強力な教材になる

コーヒー・ブレークの後で、クラスはコンビニエンスストアの経営に関する、ＥＶＡのシミュレーションに取り組んだ。

「ジフィー・ストアは、郡の幹線道路沿いで、キャッシュビルの町といくつかの大きな住宅分譲地とのあいだという好立地にある。あなたはその店のオーナーであり、二人の正社員と二人のパートタイマーを雇っている。

ジフィー・ストアは午前六時から深夜まで営業しており、店は次の八品目しか販売していない。ミルク、卵、バター、白パン、小麦パン、シリアル、缶詰、ソーダ水である。平均すると一日に約一〇〇人の顧客が来店し、一日約五〇〇ドルの売り上げがある。早朝と午後（午前六時半から九時までと午後三時半から八時まで）が最も忙しい時間である。

店では現在、冷蔵庫を三つ備えている。メインの冷蔵庫は状態がよく、維持費もほとんど必要としない。小さな二つの冷蔵庫のうち一つは、あまったミルクや卵、バターを保存するために利用している。三番目の冷蔵庫は、予期せぬ故障に際しての予備として利用している。昨年、小さな冷蔵庫が故障したときに、数時間だけそれを使わなければならなかった。従業員はソーダやお菓子、お弁当などを保存するために予備の冷蔵庫を利用している。電源を切ると、そのほかの商品を保存するのに十分な冷たさになるまでに約六時間かかるので、常につけっぱなしである。

メインの冷蔵庫にはミルク用の八つのラックがある。それぞれ三六ガロン（約一三六リットル）ずつ保存しており、総容量は二八八ガロン（約一〇九〇リットル）である。メインの冷蔵庫には、一〇〇ダースの卵と二〇〇ポンド（約九〇キロ）のバターも保存している。小さな冷蔵庫には、九〇ガロン（約三四〇リットル）のミルク、五〇ダースの卵、三五〇ポンド（約一五九キロ）のバターを保存している。信頼性の低い三番目の冷蔵庫の容量は、二番目の冷蔵庫と同じくらいである。二種類のパンは、それぞれに二五〇斤ほどのせることができるパン用の棚に置かれている」

クラスでは、その店の一カ月の売上高、売上原価、一般管理費、税金、キャッシュへの調整、投下資本、資本コストについての数値も与えられた。全員が、その店のNOPATとEVAを計算することを求められた。その後、ウィップルは、どうしたらその店のEVAを改善できるかについての提案を募った。多くの提案があり、商品ライン（タバコなど）の追加、三番目の冷蔵庫の除去、営業時間の短縮、さらには冗談めかして、キャッシュビルがネバダ州にあるならスロットマシーンを導入すべきだという意見もあった。

その後、EVAアプローチが参加者自身の仕事のパフォーマンスをどれほど改善できるかについての議論に移った。再度、グループが組み直され、各テーブルには同じ、または類似した分野の人が集まった。そして、改善への特別なアイデアを考え出すために、一定時間ブレイン・ストーミングを行った。中には、とても想像力が豊かな人もいたが、もっと多くの時間が必要であるとか、コストや実行可能性に関する情報がもっと必要であるなどのコメントもあった。

一九九九年八月、現在の形の従業員向けトレーニング・コースが、B&Sのイントラネットに導入された。これは、パソコンにアクセスできる従業員なら、だれでも利用できる。このコースには、同社の価値創造のロードマップと、EVAの意義と計算方法を示したEVAのガイドが含まれている。そこでは、さまざまな難易度のEVAの設例が与えられる。従業員は基本データが与えられ、適切な計算をするように指示され、答えを導く。その後、正解が表示される。トレーニング・コースは社内でなかなか普及しなかったが、最初の九カ月間のアクセス数は、一カ月当たり平均八五ヒットであった。それは、基礎トレーニングを効果的に補完するものと言えた。

ファシリテーターを教育し、トレーニングへの負担を減らす

B&Sシステムの利点は、トレーニングが一貫していることである。すなわち、リーダーもアシスタントも一緒になって、すべての責任を負うのである。しかし、時間が長くかかる。一方、ハーマン・ミラーのシステムは、そのほかの多くの企業（たとえばSPX）と同様に、トレーナーをトレーニングするというものであった。トレーニングの専門家の中でも、ベテランのレイ・ベネットの指示のもと、八〜一〇人から成るチームが一丸となって「ファシリテーター」（ハーマン・ミラーは「職長」という言葉の使用を控えている）をトレーニングしようとした。その後、ファシリテーターは自分たちの部下を指導することになる。あるテーマを身につけるためには、だれかに説明することが最もよい方法であるとベネットは指摘している。エッセイは自分で書かなければならないということと同じ、というわけである。さらに、ハーマン・ミラーは緊急に実施する必要性を感じていた。トレーニングは一九九六年一〇月に、EVA101と呼ばれるコースから始まった。これは、現場従業員のボーナス・プランがEVAベースに移行する一二月一日までに終了しなければならなかった。当時、アメリカ国内の基幹部門であったハーマン・ミラー・北アメリカに勤務する約五〇〇〇人が、そのトレーニングを受けたのである。

入門コースのEVA101が終了すると、さらに上級のトレーニングへと進む。ファシリテーターは、念入りに作られたガイドブックを与えられた。それには、受講するクラスの時間割が書いてあった。きびきびとしたペースが、二時間ごとのクラスを構成していた。「導入部、目標設定、内容の概説」に五分、最初の知識テストに五分、「なぜEVAか」という議論に一五分、EVAの計算、用語、定義にお

およそ四〇分、60／11ルールと練習に一五分、ジョエル・スターンのビデオに八分、「われわれが獲得した株式」（ボーナス・プラン）に二〇分、別の知識テストに五分、そして最後の質問とそのほかの教材のおさらいに一〇分といった具合である。

次の「共通した質問に対する答え」を例にあげることで、そのプレゼンテーションの様子がわかるだろう。

「EVAとは何か。EVAは経済付加価値のことである。EVAは、われわれの企業の価値、あるいは資産を実際に測定または計算するものである。それは税引後営業利益（NOPAT）から資本コストを控除したものである。EVAの概念をわが社の事業に当てはめることによって、年間の改善目標の達成が予測できる。改善目標の達成は、ハーマン・ミラーの経済的価値が成長していることを意味する。

なぜEVAを使っているのだろうか。株主、顧客、従業員に対するハーマン・ミラーの価値を成長させるのに役立つツールとして、EVAは使われているのである。過去一〇年間、すなわち一九八五年から一九九五年までの価値創造はひどいものであった。事実、株主がわが社に投資した一ドルにつき、二ドルの価値を破壊したのである。それは一〇〇〇ドルの預金が、一年後には時価五〇〇ドルになるということである。そうなったら、その投資にどれぐらい満足するだろうか。あなたはその口座にお金を預けるだろうか。あるいは、そのお金を引き出して、ほかのところに預けるだろうか。この預金口座に起きたことと同じことを、ハーマン・ミラーの株式が株主に対してするなら、株主は資金をハーマン・ミラーから回収し、ほかへ投資するだろう。これは、われわれにとって非常に都合が悪い。事実それによって、わが社はかなりの損害を被った。

ＥＶＡに焦点を合わせ事業経営をすることは、将来のために重要である。ＥＶＡが改善すれば、わが社の市場価値も改善するだろう。そして、市場価値が改善すれば、ハーマン・ミラーはより健全な企業となるだろう。ハーマン・ミラーがより健全な企業になるということは、より多くの報酬と、より保障された将来を、従業員や株主に提供するということである」

ＥＶＡの専門用語やＥＶＡの計算、また「60／11」ルールについての議論になると、プレゼンテーションはいくらか高度になった。ＮＯＰＡＴの計算に使う数値、つまり売上原価、営業費用、間接費などはかなり詳細に説明された。Ｂ＆Ｓの場合と同様に、オペレーティング・リースを資産計上する場合を除いて、経済的価値を反映するための会計数値の調整については取り扱わなかった。また、資本コストがどのように決定されるのかについての説明も、まったくしなかった。

ただし、資本の維持についての議論に備えるために、資本の構成要素については詳細に説明された。棚卸資産と売掛金の定義を引き合いに出すことによって、投下資本と運転資本の区別がつけられた。「どのような方法で、われわれは投資を行っているのだろうか。答えは、顧客が代金を支払うまで、われわれが製品の代金分を『流動化』しているということである。顧客が製品の導入を完了していなければ、代金の支払いまでに数カ月かかることもある。ＥＶＡの観点から見ると、顧客がわれわれに対価を支払いやすくする必要がある」。買掛金の場合は「売掛金の逆である。それはわれわれが供給業者に支払う金であり、負の資本と同じである（われわれは彼らの現金を利用しているのであり、これはクレジットカードを使って支払いを三〇日間延ばすことと同じである）」。慎重を期して、ファシリテーターのガイドには、支払いをできるかぎり遅らせるべきであるとは書かなかった。

これらは「60／11」ルールを適用することを通じてＥＶＡを改善しようという議論のための前段である。「60／11」ルールとは、費用が一ドル削減されれば、ＥＶＡが六〇セント増加する（税率は四〇％）というものである。また、資本が一ドル節約されれば、節約額は一年間で一一セントとなる（資本コストが一一％であるとして計算する）ということである。もちろんほかの条件がすべて変化しないことを仮定している。つまり、一ドルのコスト削減を相殺するような費用の増加も、投下資本の増加もないとしている。ファシリテーターは、一つ、または二つの例を用いてクラスを進める。そして、ＥＶＡの改善は、ボーナス・プランにどのように影響を与えるかという議論でクラスは幕を閉じる。

トレーニングは現場からの価値創造を促す

一九九七年二月にハーマン・ミラー・北アメリカで始まったＥＶＡ２０１は、生産業務、在庫、投資における変化が、ＥＶＡにどのような影響を与えるかということに焦点を合わせた。従業員の仕事と最終結果との関連を説明することが目標であった。インストラクターは「ＥＶＡに影響を与えるシチュエーション」に関する典型的な例を説明し、異なるシチュエーションを参加者に分析させて、ＥＶＡが増加するか、減少するかを判断させるのである。

一例をあげよう。「新製品を生産するために、われわれは一〇〇万ドルの機械を購入し、さらに、直接労働力および間接労働力として、二五人を追加雇用する必要があった。売上原価、営業費用、税金を差し引いた後でも、その製品を生産しなかった場合より、NOPATが五〇〇万ドル多くなると判断した。この製品への投資は正しかったのだろうか。答えは次のようになる。売上高の拡大によってNOPATが増大し、その増加分は、機械や増加するであろう売掛金に対する追加的な資本コスト額を上回るだろう」。したがって、EVAは増加したのだ。

別の例をあげてみよう。「台所用調理台の半加工品五〇個が間違った寸法で裁断された。これらはスクラップになるだろう。答えは次のようになる。五〇個の台所用調理台をスクラップしなければならなかったので、間接費が増加した。生産計画次第では直接労務費が増加するだろう。あるいは、台所用調理台を取り替えるのに超過勤務時間が必要とされる場合も同様である。元の台所用調理台は間接費として処理され、取り替えた台所用調理台は在庫と考えられるので、資本は維持されたままである」。したがって、EVAは減少する。

次の練習問題は、生産上の手違いが発生した場合にEVAが悪化するという、「望ましくない」シナリオの例である。設例は次のようなものであった。ハーマン・ミラーは一〇〇個のイスを注文し、すべてがうまくいった場合、五万ドルの売上高を計上する。そこから売上原価三万四五〇〇ドルと営業費九〇〇〇ドルを差し引くと、税引前営業利益が六五〇〇ドルとなる。さらに、税金二六〇〇ドルを差し引くと、NOPATは三九〇〇ドルとなる。そして、二二五五ドルの資本コストを控除すると、ボトムラインは一六四五ドルと算出される。

しかし、すべてがうまくいくわけではなかった。注文と異なる生地をイスに縫い付けてしまったので、それらは返品されてしまった。五万ドルの注文となるはずが、そのイスはハーマン・ミラーの店頭でディスカウントされなければならず、返品運賃一〇〇〇ドルを引いた、二万八二二四ドルで販売された。売上原価と営業費は同額であったが、資本コストが五〇〇ドル増加したので（追加的な三週間分の売掛金と在庫が増加したため）、結果は一万二五八一ドルのマイナスのEVAであった。代償は大きかったが、それは反省すべき教訓となった。

これらはすべて、ハーマン・ミラーでEVAのドライバー・ツリーと呼ばれているもの、つまり、正味売上高からEVAを導くまでの過程を紹介する目的で使われている。次の練習問題では、売上高、売上原価、営業費など仮想企業のデータが与えられ、実際にEVAを計算するように求められる。その次に、最初の例と同じ売上高に対する費用の比率を使い、三〇％の売上高成長率がEVAに与える影響を算出することが求められた。続いて、売上原価を約二％削減した生産性の改善が、EVAにどれぐらい影響を与えるかを算出するという課題が出された。この際のEVAの改善幅はかなり大きかった。

さらにクラスでは、一九九七年度の第2四半期における、ハーマン・ミラーのEVAのドライバー・ツリーが紹介された。それは、正味売上高からNOPATやEVAに至る一連の結び付きにおけるすべての構成要素を分類し、広範囲に関連付けられたボックスで示されている。縦に並んだ項目の大半には、それと関係のある要素を示すボックスへの横線が示されている。正味売上高は企業間売上高と正味取引売上高から構成されており、後者はほかの九つの要素を導き、売上割引や輸送コストを含んでいる。この構成要素である売上原価には材料費、直接労務費、間接費がある。その配列のポイントは、ツリーのさまざまな枝における変化が、どのようにして正味売上高からEVAへと続く幹の流れに影響を与えるかを示すことである。

B&Sの場合と同じように、自分の職場でEVAを改善するためにはどうすればよいのかということについて、参加者にブレイン・ストーミングさせて、そのクラスは終了した。参加者には次のような指示があった。「EVAを最も改善することができる可能性のあるアイデアを選択し、EVAの改善が不明確なセルを丸で囲むためにドライバー・ツリーを再考してみよう。たとえば、直送を増やすことは在庫を減らすだけでなく、建物や倉庫のスペース、土地の必要性を削減することにつながるだろう」。その講義では60／11ルールの有用性についても再認識させた。たとえば、だれかが、一年間で一〇〇〇ドルを節約することにつながる安価な接着剤を採用するという提案を行ったとしたら、その聡明な人間は「一人の力でEVAを六〇〇ドル増加させる」ことになる。熱心なトレーニングの背後には、作業場やデスクワークの従業員たちに、経営者がうかつにも見落としてしまう幅広い知識と創造性があるという信念があったのである。

コミュニケーションは情報開示から始まる

EVAプログラムの開始時においては、公式トレーニングと同じくらい、全従業員との継続的なコミュニケーションが重要である。EVAを採用している企業では、事業単位ごとのEVAの月次報告が当然のごとく行われているが、その情報は往々にして開示されていない。B&Sでは、五つの営業部門ごとに、一五～二〇人のトップ・スタッフによる月次会議がある。彼らはEVAのデータを議論し、それから従業員にそれらを伝える。四半期ごとの会議が本社のホワイトカラーのために開かれ、わかりやすく作られたスライドを使ってＥＶＡの数値が詳細に示される。その後、その会議のビデオテープはアメリカ全土のＢ＆Ｓの施設に送られる。

一九九九年八月五日の四半期会議は詳細なプレゼンテーションの典型例であったが、六月三〇日に終了した一九九九年度が好調であったこともあり、いつもより浮かれていた。売上高は前年比一三％増の一五億ドルで、純利益は五〇％増の一億六〇〇〇万ドルであった。ＥＶＡは二〇七〇万ドルという目標値と三三四〇万ドルという予想値を上回り、三九七〇万ドルにまで上昇した。全社レベルのＥＶＡ業績ファクターは一・七〇であった。これは本社コンポーネントに関するボーナスが七〇％超であることを意味する。この内訳は、部門のホワイトカラーに対するボーナスが五〇％、残りの五〇％は部門の業績に連動する部分である。スペクトル、鋳造、ダイカストの三部門は、ＥＶＡ業績ファクターが二以上であった。小さな部門の中にはＥＶＡがマイナスのものもあったが、全社レベルではこれまでで最高のＥＶＡ業績であった。その理由として、好業績部門と、驚くほど安いアルミニウム価格をあげることができる（アルミニウム・エンジン部門はＢ＆Ｓの主要な事業である）。従業員は八月一七日に年次のボーナスを受け取る予定であった。ちょっと計算すれば、だれでもそのボーナスがどれぐらいであるかわかった。そして、次年度の業績も今年以上によいだろうと、予測も明るかった。

無知な従業員の存在は、情報の漏洩より恐ろしい

ハーマン・ミラーでは、従業員との定期的なコミュニケーションをより頻繁に行った。毎月、ハーマン・ミラーは、通常一五分から三〇分の長さのビジネス・エクスチェンジと呼ばれる販売用に作られた

ビデオを発表した。この業務は、当時ハーマン・ミラー・北アメリカの財務担当ヴァイス・プレジデントであったデーブ・ガイにより統括されていた。ガイによる統括は、彼が一九九九年四月に、ハーマン・ミラーのシニア・ヴァイス・プレジデント、およびジーランド事業のゼネラル・マネジャーに昇進するまで続いた。CFOのブライアン・ウォーカー（現在、ハーマン・ミラー・北アメリカの社長）をはじめとするミラーのそのほかの経営陣とのインタビューの中で、ガイはその月のEVAドライバー・ツリー、つまり正味売上高からその月のEVAまでの完全な報告を提示し、業績がなぜよかったのか、あるいは悪かったのかを説明した。

ビデオの残りでは、同社のほかのニュースやハーマン・ミラーが受賞した見本市の視察や、従業員によるコソボでの救援活動の様子といったテーマも紹介された。一九九九年七月のビデオは四半期ボーナスが九・一％になるだろうといった明るいニュースであり、これはまったくボーナスがないという見通しの後だけに驚きを与えた。その理由としては、六月の売上高が予想外に好調で、国際部門も業績をあげ、またコスト管理が予想よりもうまくいったからである。そして、予測が外れたのはカレンダーのトリックだった。つまり、一九九八年よりも一九九九年の六月の方が一週間長かったのである。最後にそのビデオは、組織において根も葉もないうわさがどのように広がるのかについて、うまく編集されたおもしろい説明をした。従業員は、イントラネットのような信頼できる情報ソースを、早急に構築することを求められたのである。

そのビデオはアメリカ全土の全部門に配布され、従業員は彼らのスーパーバイザーと会議室で一時間程度を過ごし、スクリーンを見て、内容について議論する。さらに多くの情報が、イントラネット上で

図7.2　EVAのドライバー・ツリー一覧：ハーマン・ミラーのEVAの改善幅

業績（千ドル）

		1999年6月		1998年6月	
	正味売上高	$ 145,487	100%	$ 128,048	100%
−	売上原価	$ 90,428	62,2%	$ 79,632	62,2%
−	営業費	$ 37,739	25.9%	$ 29,445	23.0%
+	調整項目	$ 1,398	1.0%	$ 941	0.7%
−	税金	$ 6,324	4.3%	$ 8,003	6.3%
=	NOPAT	$ 12,394	8.5%	$ 11,909	9.3%
−	資本コスト額	$ 4,191	2.9%	$ 3,849	3.0%
=	EVA	$ 8,203	5.6%	$ 8,060	6.3%

EVAの改善幅=143ドル

図7.3　EVAのドライバー・ツリー一覧：ハーマン・ミラーの正味売上高の改善幅

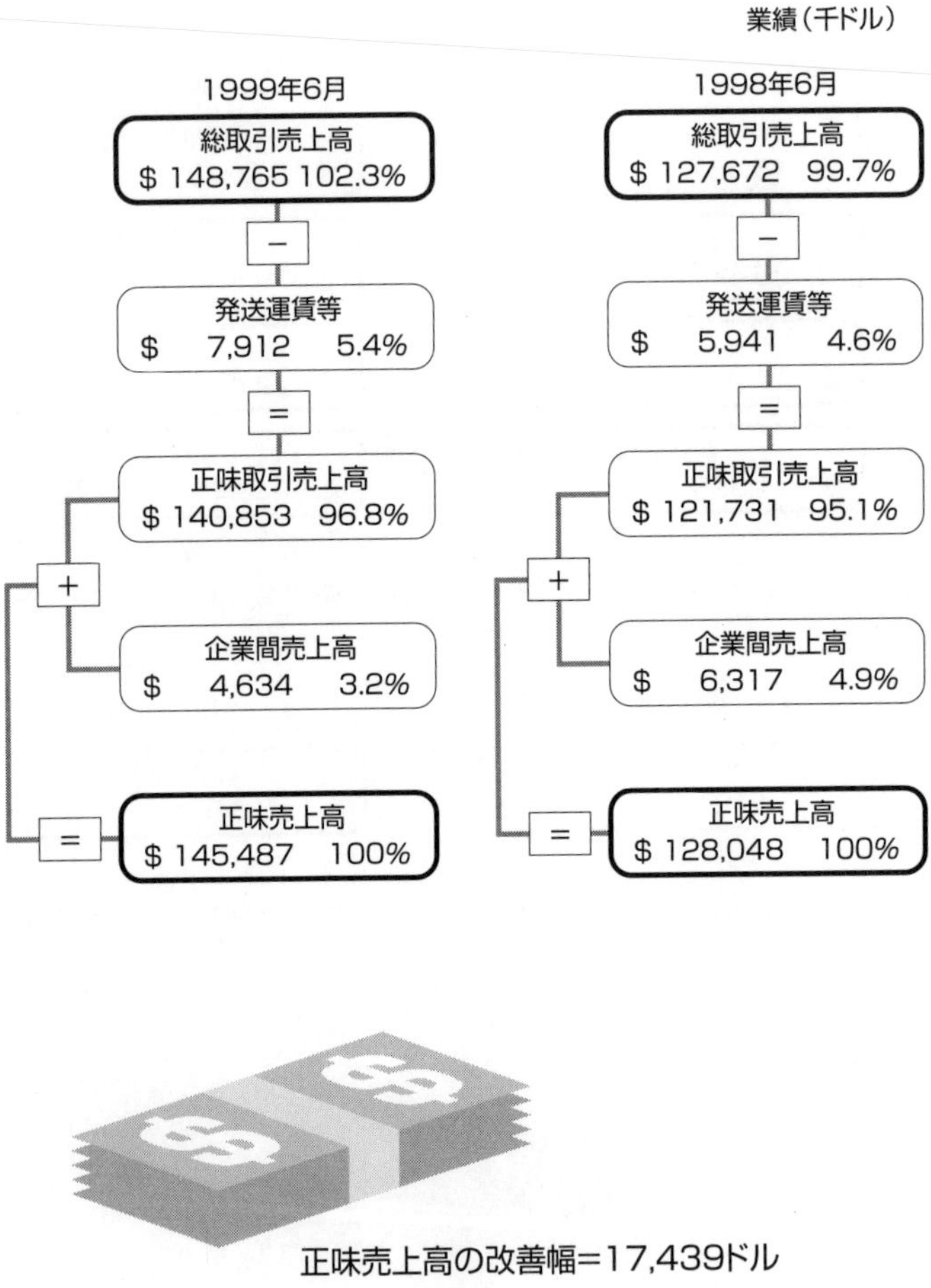

毎月閲覧できた。情報は、パソコン上、または一九九九年七月のビデオで紹介されたように、店舗に設置されたスタンド・アップ式のパソコンである「電子キオスク」でも見ることができた。プリントアウトすれば一〇ページにのぼる、月次のドライバー・ツリーも閲覧できた（一九九九年六月の最初の二ページは図７・２と図７・３に示されている）。

ドライバー・ツリーはこの形式で垂直に示される。たとえば、一九九九年六月の最初のページには二つのコラムがあり、その月と一九九八年六月の、正味売上高、売上原価、営業費、調整項目、税金、NOPAT、資本コスト額、EVAを比較している。正味売上高をクリックすると、二カ月分の構成要素を示すページにジャンプする。売上原価をクリックすると、三ページにジャンプし、材料の数、直接労働力、間接労働力、二カ月間の間接費に占める総マージンとボーナスの金額がわかる。その月のR＆D費も掲載されている営業費をクリックすれば、さらに詳細な情報がわかる。

ハーマン・ミラーは、これらのデータのいくつかが漏れることで競争上劣勢になることを心配しないのだろうか。彼らはまったく心配していないという。むしろ、情報を入手していない従業員がいるということの方を憂慮しているのだが、そうした危険はほとんどないようである。

第8章　EVAと企業買収

アメリカ資本主義の歴史は、合併・買収（M&A）の歴史抜きには語れない。新産業は決まって数多くのプレーヤーとともに出現する。その後、事業の失敗による統合や、攻撃的で財務状態の良好な企業による弱小企業の容赦なき吸収により、企業は選別されていく。一九世紀に始まった鉄道、石油産業、電話、鉄鋼などの歴史や、二〇世紀に始まった自動車、航空会社、航空機メーカーなどの歴史はこのようなものだった。そして二〇世紀末には、同様のプロセスが、コンピュータ産業や電気通信業界のさまざまな分野で進行している。これらの分野はきわめてダイナミックで、あるセグメントでの統合が、ほかのセグメントへの新規参入者の拡大を伴っている。

民間伝承になっているマシュー・ジョセフソンの一九三〇年頃の有名なフレーズ、「悪徳資本家」の時代には、統合の目的はしばしば独占的な力を創造することであった。その目的が達成可能であるかぎり、株主価値（この用語はまだ流行していなかった）に生じるベネフィットは明白で、正確な尺度を必要としなかった。

もちろん現代では、ほとんどの企業にとって独占的な力は野望以上のものである。なぜなら大企業であっても、寡占的パワーを維持するのは困難だからである。たとえば、自動車産業でのグローバルな競争、鉄鋼や電気通信、コンピュータ産業における急速な技術革新などがその理由である。買収の目的は、必然的に買収企業にとっての付加価値の創造であり、もちろんそれは株価上昇に反映されなければならない（被買収企業が倒産の危機に直面していないかぎり、その付加価値は被買収企業の株主にもプレミアムによってもたらされる）。もちろん、新たな価値の創造は常に達成されるわけではなく、しばしば、それは口先だけの目的であり、企業買収の根本的理由は、リーダーが自分の名声を高めるということに鼓舞されているにすぎないことがある。大規模な事業を統括するということは、より多額の報酬やより大きな特権、名声の高まりを意味するのだ。

ＥＶＡ分析は、買収案件の影響（買収は価値を創造するか。創造するとすれば、それはどれくらいか）を見積もるうえで、優れた手法である。しかし、ＥＶＡ分析は、買収の是非を評価する非財務的基準を提供するものではないので、ターゲット企業リストを作成する指針にはならない。そのため、さまざまな戦略的な検討を前提としている。

何がコングロマリットを解体に向かわせたのか

多くの企業にとって明らかに失敗だった戦略の一例は、一九五〇年代から一九七〇年代中頃に広まったコングロマリット化である。一九八〇年代初期から、会社分割（ヨーロッパではアンバンドリングと呼ばれている）によって、われわれはコングロマリットから解放された。コングロマリットという組織形態は投資家の目に忌々しく映るようになり、CEOは企業に貼られたコングロマリットというレッテルをはがすために大きな痛みを味わった。大成功を収めている企業のいくつかはコングロマリットであり、そのCEOは高く評価されているにもかかわらずである。GEのジャック・ウェルチやバークシャー・ハザウェイのウォーレン・バフェット、アライド・シグナルのラリー・ボシディなどは皆、過去二〇年間に多大な株主価値を創造したCEOである。成功したコングロマリットのリストには、3M、リットンインダストリーも含まれるだろう。

こうした例外的企業の継続的な繁栄は、何がコングロマリット化という潮流を生み出し、また、なぜ多くの企業が一九八〇年以降、事業を分割しているのかという問いを提起するだろう。一九五〇年代から一九七〇年代にかけてコングロマリットは熱狂的に支持され、投資家はシナジーによる利益、多角化事業の経営によるコスト節約、クロスマーケティングの展開、事業の多角化による資本コスト削減などを期待してコングロマリットに群がった。景気循環による各事業の変動は相殺され、利益やキャッシュ・フローを平準化し、事業が成功すれば両者が恐ろしいほどに増加するだろうと思われていた。初期のコングロマリットはこれをうまく実践した。そうした代表的な企業として、リットンインダストリーやリットン・アルミニが創立したテレダインやウォルター・キッドなどのグループをあげることができる。

では、コングロマリットはどこから道を踏み外したのだろうか。一九六〇年代における主要な問題は、非現実的な水準にまで買収価格をせり上げ、なにがなんでも大企業になろうとした新規参入企業の急増が原因である。しかし買収額をバランスシートに計上すると、総資産利益率が大幅に下落することになる。そのため多くの買収企業は「持分プーリング法」という会計処理で、買収プレミアムを隠そうとした。持分プーリング法では、被買収企業が昔から一体であったかのように処理するため、買収に際して支払われたプレミアムが財務諸表に計上されない。こうした手品のような手法は、買収が投資であり、買収企業の株主が資金を投資しているという事実をあいまいにしてしまう。一九七〇年代初頭に、投資家はこの会計処理の問題に気が付きはじめ、その結果、一九六九年には二〇～二五倍あった株価収益率が、一九七〇年代中頃までには三倍あるいは四倍へと急降下した。投資家は現在の市場価格で株式を購入し、自分でポートフォリオを組むことで、容易に多角化ができることを次第に認識しはじめた。

本業を外れた買収は失敗しやすい

このように多くのコングロマリットの問題は、基本的にコングロマリットがシナジーを生み出さず、もしくは事業統合によるコスト上昇を相殺する以上の財務上、または業務上の効率をもたらさなかったことにある。これは、ターゲット企業を得ようと互いに競い合って、期待される以上の金額を支払うためである。繰り返しになるが、例外はもちろんあった。例外とは一般に、被買収事業に相応のプレミアムを支払い、実際に統合による効率性向上（買収後のシナジーなど）を達成したコングロマリットである。ここから教訓を得ることができる。多くの企業が多角化を避けつつ、シナジーを追求している。しかし、シナジーは非常に理解しにくく、むやみやたらにシナジーを追求して生贄となったＣＥＯも少なくない。

その理由は、買収によって、どの程度の経済的効率や業績改善が見られるかを予測することは、科学というよりもアートだからである。ノースウェスタン大学ケロッグ経営大学院のＨ・クルト・クリステンセンは、"Note on the Concept of Synergy（シナジー概念に関する覚書）"という未発表の論文で、シナジーを評価する際に生じる、三つの一般的な誤りを解き明かした。

「①往々にして、潜在的なプラスのシナジーを評価することに多くの注意が払われ、潜在的なマイナスのシナジーに対しては注意がほとんど払われない……中略……②買収後の事業改善については非現実的な期待が醸成されやすく、その要因の一部は、経験を重要なサブカテゴリーに分解できないことにある。③統合プロセスは多くの場合、合理的な分析プロセスとして取り扱われ、統合の実行可能性はほとんど考慮されない」

三つ目の項目について、アンドリュー・パーソンズは、"The Hidden Value Key to Successful Acquistion（買収を成功させる隠れた重要なカギ）"（*Business Horizons* 一九八四年三／四月号）という論文で、いわゆる買収プロセスの科学的モデル、すなわち伝統的な企業主導アプローチを提示した。とくに一九七〇年代および一九八〇年代に普及し、今日まだ多くの企業で使用されている科学的アプローチは、買収基準を設定することから開始する。これらの基準は、企業価値創造の機会を具体的に分析したものではなく、しばしば管理可能性やリスク・プロフィールなどを基に作った、事業開発担当エグゼクティブの「希望リスト」と関連している。ある基準には次のように書いてある。①収益は一億〜

五億ドル。②向こう五年間の複利による年間利益成長率は、少なくとも一五％。③消費者向けの耐久財の企業。④労働組合に属していないこと。⑤ほかで製造された部品を組み立てる、アセンブリータイプの事業（「ねじ回し工場」）。⑥業界のリーダーシップの地位、つまり市場シェアが三〇％以上である。⑦株主資本利益率が二〇％を超える。

続いて、これらのパラメーターは、コンピュスタットあるいはマージェックスなどのデータベースに入力され、出力されたものを産業の魅力によって選別する（おそらくマイケル・ポーターの分析を用いる）。明らかに関係のない企業は、さらに潜在的なターゲット企業のリストから外される。最終的に、残ったターゲットに対してデュー・デリジェンスによる精査が実施され、最終的なターゲットが決定され、取引が開始される。買収が完了すると、買収企業は数カ月をかけて被買収企業の事業を学び、より大きな勝利を収めるべく優れた経営スキルを被買収企業に適用する。

数多くの規則と定量的分析に支持された過程を批判することは困難である、という意見は正しいだろうか。これは間違いである。このアプローチは、統合による効率性向上の可能性がきわめて低く、買収企業とはまったく関連していない業界の企業を、魅力的な候補として識別するという結果も導きかねない。パーソンズが述べたように、「科学的選択では何かを間違える」のである。**何か**とは、とくに買収企業自身の事業上の能力に関連した、潜在的なターゲット企業のコンピテンシーや資源に関する詳細な知識であると考えられる。

企業買収の目標は戦略の達成である

パーソンズによると、買収プログラムを成功に導く最も確実な方法は、自社のコーポレート・スキルや競争上の強み、戦略的目標などを分析することにまず焦点を合わせ、そうした分析によって得られた知見を財務的な選別によって候補者群を明確にするための、一連の基準の設定に利用することである。

価値創造経営という概念を採用している企業は、この段階で有利なスタートを切ることができる。第4章で述べた価値創造のロードマップを構築する過程で、こうした企業は、活用可能な能力を定義しているだけではなく、勝利へつながる戦略や組織構造、カギとなるデザインや過程の要件を特定している。そのうえで、ロードマップを拡張するのに役立つターゲット事業を選択するのである。財務上の選別やデュー・デリジェンスは、このときだけ実施される。ターゲット企業を買収したときに、買収企業は学習プロセスに直面することなく、その事業に対する戦略を手中にしている。

どのような出来事においても、優れた取引スキルが買収プログラムを成功裏に進めるために必要である。潜在的で、致命的になる可能性のある簿外の危険を特定できなければ、素晴らしい戦略的ターゲットをうまく識別できない。それらの危険とは、法的問題、環境問題、品質あるいは技術上の問題、資産に関連した契約から生じる隠れ債務などであり、優れたデュー・デリジェンスによって発見することができるであろう。また、ＥＶＡの計算がとりわけ重要となる交渉過程で、過度の買収プレミアムを支払うことを避けるためには、鋭敏な交渉スキルが必要となる。

このようにして、買収の過程に必要な明確な目標と統合モデルが得られる。どのようにして、シナジ

図8.1　統合に伴う効率性によってEVA創造を達成する予測分析

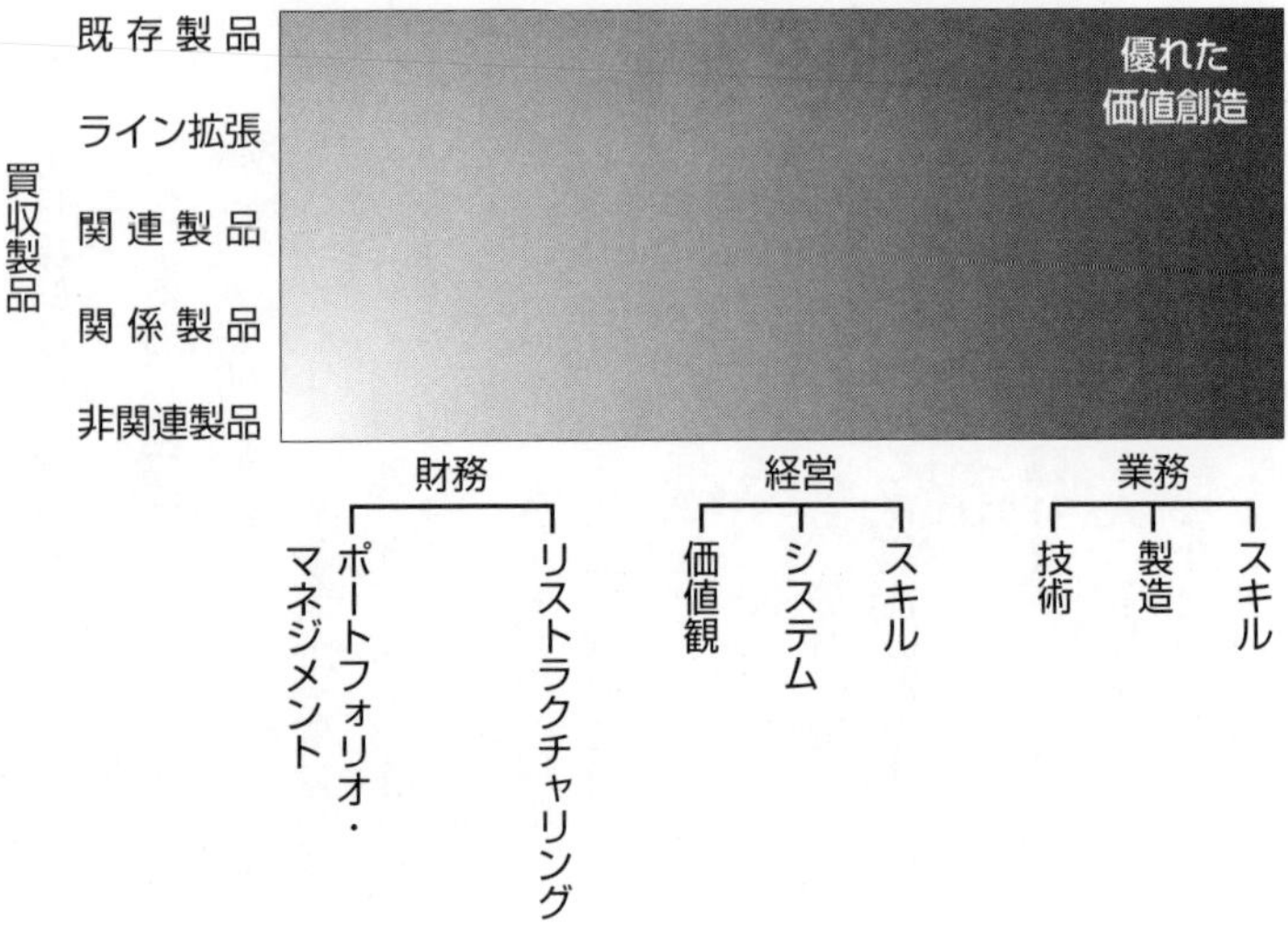

ーが生まれやすくなるような取り組みの予測分析をするのだろうか。その答えは、成功の可能性に大きな影響を与える二つのパラメーターにある。一つは、被買収事業が生み出す製品あるいはサービスの種類であり、いま一つは、統合による効率性向上の可能性の性質である。これらの二つのパラメーターの相互作用は、図8・1に示されている。

シナジー効果の正確な予測

買収の潜在的可能性が最大になるのは、業務上のシナジーを明確に予測できる買収、つまり、買収企業の既存製品に関連した買収であることに留意すべきである。これは製品について連続性はあるものの、シナジーが相殺される場合があるので、価値創造の実際の機会を低下させることもある。

まず横軸には、価値創造が非常にかぎられると予測される財務上のシナジーを選定した（クリステンセン、前掲書）。ポートフォリオ・マネジメントは、過小評価あるいは資本が過少な企業を特定するような試みに関連しており、それにつづいて、成長と利益プロフィール（つまり、「負け犬」「金のなる木」「花形」「問題児」）の観点に基づいて分類した企業ポートフォリオの結果から、資本を投下あるいは回収する。たとえあなたが、市場の効率性に対して懐疑的な見解を持っているとしても、正味の資本上のシナジーは限定されているという見解をきっと受け入れてくれるだろう。自社の成長機会がポートフォリオ・マネジメントを通じてのみ存在すると考えているのなら、バークシャー・ハザウェイのように企業を再構築するか、株主に余剰資本を払い戻せばよいだろう。

リストラクチャリングの推進者はさらに一歩進展させ、業績悪化または非戦略的部門からの撤退や組織構造の改善、そして残った部門に焦点を合わせるなどの実践上の取り組みを積極的に進める。企業自体の市場とほとんど変わらないほど効率的な「撤退と破壊」を実践できる人材の市場は存在するので、これはポートフォリオ・マネジメントよりも若干見込みがある、統合による効率性向上の源泉となる。

経営上のシナジーのサブカテゴリーへと進むと、買収によって価値を獲得する機会は相当現実的になってくる。強力な品質管理や顧客フォーカスを被買収企業に導入する能力は、情報システムや支払いシステムなどの、より効果的な事業システムを導入することができ、経済的価値の大幅な上昇に貢献することができるだろう。さらに、調達や出荷のロジスティックス、マーケティング、事業のアーキテクチャーなどの分野における優れたスキルを移転することで、平均以上の経済的価値が創造される。もちろん、事業の全側面に資本コストに非常な重点を置く、ＥＶＡベースの経営システムの優位性については言うまでもない。

買収において最も価値を創造する要因は、業務上のシナジーの分野である。なぜならば、それらによって実質的にコストが削減されるだけでなく、被買収企業の固定費や資本基盤を広く活用することを通じて、収益の成長性が加速されるからである。製造設備の統合によって、規模の経済性がもたらされることが当然であるように、一方の企業の技術的優位が、もう一方の企業によって効果的に活用されれば価値が創造される。販売分野での効率性は、被買収企業の大規模な配送チャネル、双方の事業におけるブランド認知の広範囲な活用、あるいはサービス・ネットワークの拡大などから生じるだろう。

縦軸に目を向けると、買収企業の製品ラインと共通点のある製品ラインを持つ企業を買収することで、統合の効率性の潜在的可能性は最大になる。買収企業は、事業をめぐる競争上・業務上の課題を明確に理解している可能性が高く、規模の経済性、流通、製品開発などをより早く達成できるだろう。そうした買収は、価格引き上げ能力の獲得につながる。言うまでもなく、これが競争力のある企業の買収のいくつかが独占禁止法によって排除される理由である。

潜在的な価値創造の次のレベルに示されているのが、買収企業にとって製品ラインの拡張をもたらす製品を提供している企業の買収である。この種の買収によって、買収企業は本業から離れて危険を冒さなくても、コア・ビジネスを伸ばすことができる。買収企業は、せいぜい戦略ロードマップを少し修正しなければならないぐらいだろう。

次のレベルは関連製品の買収である。たとえば、フェアウエーやグリーンの草刈り機の製造企業による、ゴルフコースの灌漑システムの製造企業の買収である。買収企業は、自社の芝管理事業に関する知識やグリーンの保守担当者との既存の関係が、価値創造のためのテコとなることを期待するだろう。

完全に非関連事業だが、技術や製造プロセス、流通などの点において何らかの関係性を有しているものを関係製品という。一例をあげれば、商業用航空電子設備の製造企業による、GPS製造企業の買収である。GPSとは、自動車が市街地の地図上のどこに位置しているかを表示し、目的地へはどのように進むべきかをドライバーに伝える、ダッシュボード上の電子装置である。シナジーの潜在的可能性は、類似技術の利用にある。これは明らかに非常に限定された価値創造機会であり、移転を実施するには、特命組織が必要となる。最後に、非関連製品の買収を通じてシナジーを達成する見込みは非常にかぎられていることを記しておく。

この分析の応用例を示すために、いくつかの有名な買収を検討してみよう。数年前、シアーズは自社の競争力のある小売りの物流ネットワーク（業務上のシナジー）が、ディーン・ウィッターのリテール仲介業（非関連事業）の成長に貢献するだろうという期待に基づき、ディーン・ウィッターを買収した。われわれのモデルでは、経済的に期待外れであることが予測される。一方、シアーズがディスカバー・カード（関連製品）とともにクレジットカード事業へ参入したことは、物流に関する（業務上の）シナジーをうまく活用した例であった。技術的には買収ではないが、この新規事業の例は、シナジーモデルで二段階上にある関連製品とのシナジーがもたらすベネフィットを描きだしている。

最高のシナジー（既存製品／業務上の統合による効率性向上）の優れた例は、銀行やほかの金融機関にデータ加工のサービスを提供しているフィサーブである。フィサーブは同様のビジネスを展開している小規模企業を積極的に買収し、株主に最大の利益をもたらすように、規模の経済性と販売網を効果的に活用した。

シナジー分析が、パズルのほんの一ピースにすぎないことに注意すべきである。実現したシナジーは、過大な買収プレミアム、ターゲット企業の競争・業務問題の分析の不備、成長目標を償うには不十分かもしれない。数年前のクエーカー・オーツの経験は、ここで参考とすべき例である。どのような指標をとっても、クエーカーによるゲータレード（関連製品）の買収と、ゲータレードの販売促進のために小売り物流を活用するという（業務上の）シナジーは、主要な価値創造の源泉となっていた。同じ公式がスナップルにも適用されたが、ＥＶＡのボトムラインは惨澹たるものであった。スナップルのようなプレミアム飲料にとっては、クエーカーの流通力はゲータレードほど有用ではかった。しかし、そうしたシナジーが実現しなかったこと以上に、買収プレミアムとスナップルの成長に対する非現実的な予測により、クエーカーは価値創造ゲームに敗北することとなった。

合理的な買収プレミアムとは

では、どのようにすれば過度なプレミアムの支払いを避けられるのか。ここで、一九九八年のＳＰＸによるゼネラル・シグナルの買収を考えてみよう。ミシガン州マスキーガンを拠点とするＳＰＸは、フランチャイズの自動車ディーラーと独立系の修理店に特注品と検査製品を販売するほかに、長年にわたり自動車メーカー向けの部品を製造してきた。

これとは対照的に、ゼネラル・シグナルは一五の個別な事業から成り立っており、そのうちの一事業だけが自動車と関連していた。ほかの事業は、電子制御、さまざまな種類のポンプ、電力システム、無線機などの分野であった。したがって、ゼネラル・シグナルは一つの事業を除いてＳＰＸの製品とは関連しておらず、これは図8・1で、縦軸の一番下に位置する買収である。しかし、ゼネラル・シグナルの本社スタッフとほかの余分な活動を削減するほか、基本的にEVAによって財務上、経営上の大きな効率性が約束されていたので、横軸では中ほどに位置している。合併後の企業は当初二五〇億ドルの売り上げがあり、総売上高の半分をわずかに上回る売り上げが、ゼネラル・シグナルの事業によってもたらされた。

合併後の企業でもCEOを務めたSPXのCEO、ジョン・B・ブライストンは、「SPXのリーダーシップ・チームは、SPXで実践したように、価値創造のために実績のあるEVAを基にしたマネジメントをゼネラル・シグナルの事業にも導入する計画である」と発表した。これが、グランド・デザインの重要な点であった。このように、買収において重要なシナジーは存在しなかったとはいえ、一九九五年にブライストンが活力をなくしたSPXを買収し、再建した際と同じように、EVAによる業績評価、インセンティブ、経営システムが新組織でも厳密に適用されることになった。同じことが「ストレッチ」についても当てはまる。ストレッチはブライストンを有名人にしたもう一つの要因である。「ストレッチ」は、EVAのインセンティブ・システムに組み込まれた期待以上の目標を設定するので、一見したところ達成するのが困難に思われるような野心的な目標を含んでいる。マネジャーが自発的に目標の責任を引き受けるとしても、その目標が事実上達成されるのはまれであり、しかし懸命な努力によって、現実的と思われる目標を超えたパフォーマンスが達成される。EVAとストレッチを組み合わせることによって、ブライストンが買収した直後の一九九六年一月には一五・三七五ドルであったSPXの株価が、一八カ月後には七〇・八一二五ドルへと上昇した。こうした業績が、合併の発表に現実味を持たせるのだろう。

事実、ブライストンはＳＰＸで非常にうまくいったので、間もなくして買収候補を探しはじめた。一九九八年春、彼はコネチカットの部品製造の大手エクリンに対して敵対的買収を仕掛けた。しかし、ダナがより高額なオファーを提示し、買収に成功した。これは皮肉と言えよう。ブライストンはＳＰＸで実践したのと同様のＥＶＡプログラムを設けることで、エクリンの業績を高めようと計画していた。しかし、彼はエクリンが既にＥＶＡを実践していることを知らなかったのだ。

エクリンをめぐる敗北の後、ブライストンは視野を広げた。彼は、選択の対象となる企業を自動車部品産業に限定しないと本書の著者の一人に言った。彼は、ＳＰＸで作ったチームによって業績を好転させることが可能な、業績不振の製造業を買収したがっていた。もちろん、価格が適正であることは言うまでもない前提であった。

ゼネラル・シグナルの買収価格は一株当たり四五ドルであり、合計二〇億ドルに達した。そのほかにＳＰＸは三億三五〇〇万ドルの負債を引き受けた。ＳＰＸの株式と現金で支払われた一株当たり四五ドルという価格は、前日の取引における二社の株価を基に計算すると、ゼネラル・シグナルの株主にとって一九・六パーセントのプレミアムを意味した。ゼネラル・シグナルの株主は保有している株式を現金、あるいはＳＰＸの株式と交換するか、もしくは株式六〇％と現金四〇％に交換するオプションを保有していた。

なぜ、一九・六パーセントのプレミアムが合理的なのだろうか。スターン・スチュワート社（ＳＰＸに対して所定の「フェアネス・レター」を書いた）による長期間の詳細な分析が、財務的合理性を示している。

ゼネラル・シグナルの過去の業績を、厳密には比較可能とは言えないが、最も類似した比較対象である「類似企業」六社と比較した。ここしばらくのあいだのゼネラル・シグナルは、株主へのトータル・リターンだけではなく、複数の指標で類似企業より劣っていた。また、S&P500と比較しても劣っていた。複数のアナリストによると、類似企業よりも将来の見通しもよくなかった。これらのことは、プレミアムが不十分ではないことを示唆している。

最も注目すべきは、向こう数年間における被買収企業の予測分析である。予測期間におけるEVAの期待改善額とフリー・キャッシュ・フロー※予測値が、現在価値に割り引かれた。双方の評価手法は同じ結果になるが、EVA分析は、いつ価値が創造されるかを一年ごとに示すという点で優れている。それに対してフリー・キャッシュ・フローは、投資が実施される時期によって、いかなる年にでもプラスにもマイナスにもなる。割引キャッシュ・フロー※は伝統的手法であるが、EVAはさらに洞察あふれる手法である。

分析の結果、合併企業の現在価値は一株当たり五一・〇四ドルであった。シナジーを考慮した一九九九年の税引後利益一八〇〇万ドルと、翌年の三一〇〇万ドルを計算に含めると、一株当たり価値は五八・七七ドルに上昇した。一方、シナジー効果を除き、長期的なインフレ率が年一％であると想定すると、一株当たり価値は五五・一一ドルになった。また、年三％のインフレ率でシナジーがないと想定すると、一株当たり価値は六七・三七ドルになった。

このような状況下で一株当たり四五ドルという価格は、SPXの株主にとって非常にフェアのように思われる。四五ドルという価格と、それより高額な範囲に分布している一株当たり価値とのマージンから、SPXが法外なプレミアムを支払っていないことが示された。ゼネラル・シグナルの非常に悪化した業績を考慮に入れると、ゼネラル・シグナルにとっても同様にフェアだと考えられた。向こう一〇年にわたって同社が予測される改善を行うことはほとんど望めないので、SPXの権利行使に対する見返りがない可能性が高いからである。

不幸にも、市場は買収に対して否定的な反応を示した。公表直前の取引日には、SPXの終値は六四・五〇ドルであった（最も高いときは七九・〇六ドルであった）。公表後に株価は徐々に下落し、一九九八年一〇月一九日には三六・〇六ドルという安値を記録した。考えられる唯一の解釈は、市場は買収の論理を受け入れなかったということであろう。ブライストンの楽観論にもかかわらず、多くの論者は二社が成功の見込みを示すほどには関連性がないと感じた。またほかの要因もあった。市場全体が衰退しつつあり、SPXと同様に、フェデラルモーグルやダナを含む自動車部品サプライヤーは通常どおり、市場全体より急速に衰退していた。自動車部品サプライヤーはレバレッジがかなり高く、自動車産業の景気循環に依存していたので、自動車部品産業はボラティリティが高い傾向にあった。

しかし、結局はハッピーエンドになった。一〇月の株価低迷以降、SPXの株価は見事に回復を始めた。買収の公表から一年と一日目である、一九九九年七月二一日には九四ドルに達した。そして、夏の終わりから秋にかけて、八〇ドル半ばまでわずかに下落した。明らかに、その時点で市場は買収が成功であると考えていた。一二月に、SPXは同社の一部門であるインレンジ・テクノロジーが、ストレージ・エリア・ネットワーク用に「ファイバー・チャネル・ディレクター」を売り出すと発表した。これは、コンピュータ業界の動きを追っていた投資家の関心を呼び起こした。この結果、SPXの株価は反落せずに一二二ドルになり、二〇〇〇年八月の終値は約一八〇ドル、一一月中旬には終値が一一八・九四ドルになった。

戦略的提携でコア・ビジネスを育てよ

ここで買収の代わりとして、戦略的提携に目を転じてみよう。買収は価値創造の顕著な機会をもたらすが、支払わなければならない不可避的なプレミアムのために、買収は本質的にコストがかかる。さらに、パッケージの一部として魅力的でない事業の買収も伴う場合がままある。新しい事業は、文化、財務システム、支払い計画などの相違のために、買収企業の組織へ統合することが非常に困難であるかもしれない。

巨額の費用をかけた買収で達成できることは、戦略的提携を通じてより安価なコストで達成可能である。戦略的提携の可能性分析は、製品を市場に投入するまでには三つのことが起こるという前提から始まる。その三つとは、製品をデザインし、製造し、販売することである。多くの企業は、これら三つの職能をすべて自社が実施していると無意識に想定している。これは、とくに垂直統合を行っている古いタイプの企業に当てはまる。

対照的に、分析の主眼は次の点に置かれるべきである。これらすべての職能を、一企業としてコントロールすることがどの程度重要であるかということである。こうした職能は、ほかの企業の方がよりうまく、早く、あるいは少ない資本で行うことができるのではないか。

図8・2は、高い価値の事業戦略を維持するために、提携を活用するための基本モデルを示している。

図8.2　企業の事業戦略

中央の円はコア・ビジネスである。戦略的提携と要素製品は、コアの周辺を構成するために用いられる。提携と要素製品は、企業の戦略的計画を実践するために提供している製品のギャップを解消し、コア・ビジネスを拡大するために利用される。

図8・2は、コントロールの連続性を表している。コア・ビジネスについては、先ほど論じた三つの職能である、デザイン、製造、販売のすべてをコントロールする必要がある。内側の円で示される戦略的提携では、これらの職能を部分的にコントロールする。要素製品を構成する外部の円では、コントロールは設計仕様書と製品の品質に対してのみ実施される。

あるプロジェクトがコア・ビジネスから遠ざかるほど、イニシアチブを求める外部の円に含まれるようになる。外部の円に含まれる製品が成功を収めると、パートナーを買収するか、それらをコアに含めるために必要な技術や資源を買収し、それらをコアに引き入れようとするであろう。

ジョイント・ベンチャーはリスキーであると言われる。これは事実だが、単独で行うことも、ときにリスキーである。内部開発だけに依存することは、本質的にリスキーである。複雑な技術的要件、長期的な開発サイクル、そして巨額のコストがかかる。また、ダメージをもたらす独自技術症候群（ＮＩＨ症候群）によって、企業は外部の影響を拒絶してしまうかもしれない。対照的に、ジョイント・ベンチャーの主な利点の一つは、とくに海外との取引の場合では、新規事業のリスクを分散することに優れた企業と資本コストを分担できることである。ＥＶＡ分析は、この利点を定量化するうえで多大なベネフィットがある。

たとえ失敗したとしても、戦略的提携は、しばしば提携企業を新市場や、それらに対する創造的で効果的なアプローチに触れさせるという驚くべき副次的効果がある。ほとんどのジョイント・ベンチャーが失敗していると言われてきた。この定説を受け入れるのではなく、どのような意味でそれらが失敗したのかを問う必要がある。多くの場合、失敗したジョイント・ベンチャーとは、全面的な買収であったり、あるいは内部でイニシアチブを発揮しなかったりした例である。したがって、自社の資本だけで何かを実施することは可能だが、提携を通じて実行し、最終的に失敗したのであれば、資本に対する大きな影響を避けられるのである。言いかえると、戦略的提携によって、開発機会に対して多くの機会を得ることができる。

身の丈に合った方法を選ぶ

価値創造のためにコア・ビジネスをテコとして利用するのに、さまざまな形態の戦略的提携を用いることができる。それぞれには、固有の長所、短所がある。

・ライセンシング
・開発契約
・製造契約
・商業契約（資本参加を伴わないベンチャー）
・部分資本参加による提携
・ジョイント・ベンチャー

ライセンシングは、デザインや開発など、製品導入のための最初の職能要件を取得するためには安上がりで効果的な方法である。開発契約はプロジェクト・ベースあるいは継続的活動ベースで、自社の開発を請け負う人を雇うことを伴う。技術交換は、相互的関係であり、関連技術のライセンシングに加えてわずかな技術支援を伴うという点を除けば、ライセンシングの一形態である。

しばしば、製造契約にしたがって、他社が自社のためにより安価で優れた製品を作ってくれる。資本参加を伴わないジョイント・ベンチャーである商業契約は、非常に柔軟性のある手段である。それらは販売や製品の配送など、第三の職能要件に関連しており、時折、デザインや製造に関する職能の要素を含むこともある。

部分資本参加による提携では、自社の意見を行動で示そうとする。あなたの会社は提携企業の少数株主の地位を獲得し、あなたの会社が製品を販売する地域について、提携企業とマーケティング契約の一種を締結することがしばしばあるだろう。一〇〇％株式所有のジョイント・ベンチャーは、完全である。これらのさまざまな種類の提携の主要な長所と短所を簡潔に再検討しよう。

ライセンシング

ライセンシングを通じて、確かな技術を入手できたり、財務的なリスクを削減したり、また市場の変化に合わせて開発努力を容易に再転換することが可能である。また、製品ラインを拡大するのに有用である。その短所は明白である。技術が独占的ではなくなり、コントロールを失うこともある。自社がライセンスしたパートナーは、まったく異なる方向へ進む可能性があり、また応用知識が問題となる。ときとして、ライセンシング契約はノウハウの移転に関連する契約を伴っており、それによって純粋なライセンシングの短所である応用知識に対処するための有効な手段となりうる。

開発契約

社内で才能ある人材を見つけることができなかったり、現在のR＆D部門に負担がかかりすぎているのであれば、開発契約を通じてR＆D機能を買うことができる。時折、技術的危機に直面する事業にとって、優れた解決手法である。優れたR＆D企業のネットワークを構築することは、価値創造のための優れた方法である。開発契約の主な短所は、実際にはコントロールをしないため、応用的な経験を直接入手することが非常に困難で、管理が非常に難しいことである。また、機密保持の問題を生じさせ、自社の内部の人材開発には貢献しない。

製造契約

製造契約は一般に、運動靴メーカーやおもちゃメーカーによって利用されている。それらの企業が独占的な製造設備を保有していると、マイケル・ジョーダンのスニーカーやキャベッジパッチ人形などのように、予測が困難であることや一時的な商品不足に起因する資本コストによって、企業自体を葬ることになりかねない。長所は顕著である。過剰な生産能力にかかわるコストの回避、必要資本の最小化、業務面でさまざまな能力を持つ工場へのアクセス、低い労働コストである。アメリカの衣類産業が長期にわたって契約工場を活用しているが、これらの種類の仕事は、メキシコやアジアの新興市場の発展途上国で行われる。パートナーは、自社に不足している能力を保有しており、自社とは繁忙期や景気循環が異なる事業を引き受けることも可能である。あるいは、固定費や資本コストをより効果的に利用できるかもしれない。短所は、競争力になりうる独占的な製造能力を失うことであり、また製造過程に対するコントロールが弱まることである。第三世界の契約先が労働搾取工場を運営しているともっともらしく告発されると、広報上の危険も生じる。

商業契約

プロジェクトが、商業的企業における製品の共同開発やマーケティングに関係している場合、関係者たちは、大した資本参加をしないで、デザイン、開発、製造に関する責任の分担を申し合わせる。一例が、ＶｉｓａとＡＴ＆Ｔ、航空会社によるクレジットカードの提携である。事実上、資本や人材への相当な投資を行うことなく、パートナーに固有の統合による効率性向上という長所を利用しようと試みるのである。またこれは、全体的なコントロールを失わずに、利益のあがっていない製品ラインからキャッシュを生み出すための効果的な手法である。繰り返しになるが、短所はコントロールと排他性の問題である。

資本参加を伴わない商業契約の効果を示すために、アレン・ブラドリー／ロックウェル・オートメーションの例を用いよう。それはアレン・ブラドリーとＩＢＭが、工場向けに強化されたパソコンを生産する商業契約を締結したことに関係している。知っているとは思うが、アレン・ブラドリー／ロックウェル・オートメーションはファクトリー・フロア・オートメーションの世界的リーダー企業である。ＩＢＭはオフィス・パソコンの標準になっている。

一九八〇年代初めまでに、工場の作業現場におけるパソコン利用は広く普及していた。その当時、使用されていた世代のパソコンは、工場の作業環境に十分耐えられなかった。ＩＢＭはパソコンで信頼性があり、アレン・ブラドリーは工場の作業現場について信頼性があった。アレン・ブラドリーが独自のパソコンを開発するには、多額の資本コストが必要だと予測された。そこで、ＩＢＭのパソコンを工場利用向けに強化し、ＩＢＭとアレン・ブラドリーのロゴを付けて販売するという案が浮かんだ。

アレン・ブラドリーはほとんど資本を投下しないで販売可能な製品を開発できたが、長期的には工場向けに強化されたパソコン市場は期待を下回った。それにはさまざまな理由があった。強化されたパソコンは非常に高価だったので、ユーザーの中には、一～二年後にそれを買い換える代わりに、安価なパソコンを購入した。また、標準的なパソコンの耐久性が改善した。さらに、ネットワークの開始に伴って、人々はパソコンを安全な環境に設置することが可能になった。しかし、アレン・ブラドリー／ロックウェルは、ＩＢＭと提携することで多額の資本コストの投資を避け、総合的オートメーション・システムの一部として工場にパソコンを販売することについて、多くのことを学んだ。

部分資本参加による提携

この種の提携は、製品販売契約のような契約を結ぶほか、パートナーに対して部分的に資本参加する。主要な産業プレーヤーから資本を受け入れ、その対価として提携企業の製品を販売する独占的権利を獲得するといったような形で小さな商店がかかわる。これらの企業は起業家的であり、慢性的に金銭的余裕がないので、資本投下が一般に必要とされる。

長所は、買収よりも明らかに低いコストで、技術を迅速に入手できることである。これにより、展開中の戦略をヘッジすることが可能となる。すなわち、買収にかかる資本コストで、さまざまな投資を行うことができる。また、技術が認知されるようになれば、追加的に株式を取得したり、パートナーを完全に買収することで、それをコア・ビジネスに近づけることができる。優れた販売能力と大規模で潤沢な資金を持つ企業が、新興の技術系企業と手を組む際に、部分的に投資する提携が活用されるケースが多い。短所は、またしてもコントロールの点である。また、関係者たちの利害はばらばらかもしれない。

部分的に資本参加する提携について、アレン・ブラドリー／ロックウェルのもう一つの例で示すことにしよう。一九八〇年代中頃まで、工場の作業現場でカラー・グラフィック・パネルと呼ばれるものを利用することに対する関心が高まっていた。これらは、工場の作業現場で実際に起きていることを表示する、スクリーン・モニターを兼ね備えた双方向パネルである。アレン・ブラドリー／ロックウェルのライバル企業であるグールド・モディコンは、新型のカラー・グラフィック・パネルの予約を開始すると発表した。アレン・ブラドリー／ロックウェルが類似製品を内部で開発するためには、少なくとも二五〇万ドルの資本が必要だった。

アレン・ブラドリー／ロックウェルが競争上の脅威に対処し、事業機会を追求するために考案した戦略は、既に事業を行っている企業と手を組み、独占的な販売権を獲得し、カラー・グラフィック・パネルの第二世代を共同で開発するというものであった。この戦略は、業界で既に確立されたプレーヤーであった、バンクーバーのディヤンプロ・システムズの二五％の株式を取得することで実行された。アレン・ブラドリー／ロックウェルは、最終的に一九九九年三月までに全事業を買収することができた。これは、ロックウェル・オートメーションとして知られる、大成功を収めた事業ベンチャーのスタートとなった。同社はこの事業についてのセグメント・データを発表していないが、ロックウェル・オートメーションによるディスプレイ・パネルの売上高は、現在、年間五〇〇〇万ドルを超えると推定されており、この製品はロックウェルの利益率の高いシステム・ビジネスに対して、多くのリターンをもたらしている。

ジョイント・ベンチャー

一〇〇%の完全出資によるジョイント・ベンチャーに関する契約を結ぶことの長所には、技術の完全共有、市場参入と応用知識、資産の有効活用、パートナーとの統合による効率性向上などがある。主な短所は、経営面でかなりの正規の手続きを必要とすることである。全面的なジョイント・ベンチャーを考えているのであれば、大きく異なる文化を統合する能力が必要となる場合もあり、またそれは実に難しい。

ジョイント・ベンチャーの短所は、利益を共有する必要があることが含まれる。また、パートナーの戦略的関心に相違が生まれるかもしれないし、パートナーが意図した目標を達成しなくても、ベンチャーの解散は難しい。これらの欠点を克服するためのよい方法は、最初に実効性のある解散規定を設けることである。

中国でのB&Sのジョイント・ベンチャーは、価値創造を実現するジョイント・ベンチャーの要素について洞察を提供してくれる。一九八〇年代中頃、アメリカでは、耐久性はあるが、技術的には陳腐化した鋳鉄エンジンに対する需要が減少していた。しかし、発展途上国では継続的な需要があった。中国の屋外電力設備はディーゼル・エンジンが市場を支配しており、B&Sは中国市場をガス・エンジン技術の方向へと転換させたかった。同社は、鋳鉄エンジン生産に関係する既存の全資産をミルウォーキーに置いており、中国の重慶の市長と共産党幹部は量産目的のエンジンに関するベンチャーに強い関心を持っていた。したがって、鋳鉄エンジン事業に関する資産を重慶に移転するという戦略がとられた。ジョイント・ベンチャーは一〇馬力と一六馬力のエンジンを製造し、そのエンジンはB＆Sによって中国のほか世界中で販売される予定だった。

このジョイント・ベンチャーは、巨大な防衛関連企業であるイーミンと重慶のプリング・マシナリー・ワークスとともに五二％、二四％、二四％のジョイント・ベンチャーとして株式会社化された。何かを実施しようとするとき、中国ではコントロールが問題となる。そのため、B＆Sはこの企業の株式を追加的に取得した。

EVAの結果は、一九九七年から一九九八年のアジア危機までは顕著であった。B＆Sは約四〇〇万ドルの投資に対して、年間約一六〇万ドルの現金配当を受け取った。そして、ベンチャーがなければ合理化の対象にされていた資産の移転によって、約四〇〇万ドルという投下資本の大部分はまかなわれた。

基本的なポイントは、戦略的提携の設計と実践についてどのように交渉するかである。戦略的提携の多くは成功しないと言われる。それは正しい。多くの場合、あなたは予測不可能なところで冒険をしており、多額の利益にはつながらない。しかし、最小限の投資で、利益が十分に得られる潜在的可能性があるのならば、継続的に冒険することで、獲得するEVAは相当なものになるであろう。

フィルズベリーでジョイント・ベンチャーを行っている知人は、緊張を緩和するための営みがないという点を除くと、ジョイント・ベンチャーは結婚に似ていると教えてくれた。あなたがせっかちな性分だったり、もしくはコントロール欲が強いのであれば、実行に移さないほうがよい。統合による効率性向上に対して現実的な期待を抱き、自社と類似した一連の価値や信念を持つパートナーを選択しなければばならない。パートナーに対して威圧的になることはできない。しばしば、大規模で扱いにくいフォーチュン500企業に対処している、小規模なパートナーのダイナミックスもうまく使わなければならない。それらを経験しながら仕事をしなければならない。それでもなお、戦略的提携によるEVAベースの報酬は大きく、難しい交渉をそつなく進める価値はある。

第9章　すべての従業員にインセンティブを与えよ

本章では、第2章で簡単に述べたテーマに目を向けてみよう。ほぼ断言できるのは、ＥＶＡの導入を成功させるうえで、慎重に設計されたＥＶＡインセンティブ・プログラムほど重要なものはないということである。相当のインセンティブ・プランを伴わないＥＶＡ測定システムは、長期的には失敗するだろう。なぜなら、従業員は、ＥＶＡとは矛盾する目標を達成しても報いられるからである。ＥＶＡで業績を測定しているにもかかわらず、一株当たり利益（ＥＰＳ）の増加に応じてエグゼクティブに報酬を支払っているならば、間違いなく軋轢が生じる。第1章で指摘したように、ＥＰＳは会計上の歪みが反映されているお粗末な測定ツールであるばかりでなく、ＥＶＡではまったく好ましくない結果であっても、好ましい結果になるように操作されてしまう。それにもかかわらず、アメリカ中西部のある大企業は、エグゼクティブの報酬の半分をＥＶＡ、もう半分をＥＰＳに基づいて決定している。

エグゼクティブのボーナスの基準としてよく利用される投下資本利益率（ＲＯＩ）や、純資産利益率（ＲＯＮＡ）には欠点があるということについても話そう。ＥＶＡを導入するにもかかわらず、ただ伝統的というだけの枠組みに動機付けられたエグゼクティブを残しておくのでは意味がない。多くのボーナス・プランは営業利益の改善に基づいている。これはとくに致命的な制度である。というのも、営業利益は資本コストを考慮していないからである。営業利益を増やす確実な方法は、ＥＶＡへの影響を考慮せずに、売上高や市場シェアを拡大するために多額の投資を行うことである。こうした計画を実行中のエグゼクティブは、個人的報酬とＥＶＡが示す株主価値の推進のどちらを選ぶべきか迷うだろう。

トップ・マネジメントは時として、ＥＶＡ報酬プランを導入するのに最適な時期の前に、先走ってＥＶＡを採用しようとする。一九九一年にフレッド・バトラーがマニトウォックにＥＶＡを導入したときもそうであった。第5章で詳しく述べたように、彼の目的は、資本の使用に制限を設けることであった。彼は自分の権限でそれを実施することができたが、新しいボーナス・プランが少し前に採用されていたので、同時にＥＶＡに基づいたインセンティブ・プランを取締役会に提出することはできないと思っていた。

バトラー直属で実行したので、この新しい資本投資に対する制限はうまく機能した。取締役会は感銘を受け、比較的短時間でＥＶＡボーナス・プランが可決された。しかし、この二段階に分けたプロセスはお勧めできない。新しいＥＶＡプランが、エグゼクティブの報酬をすぐに減少させるのではないかという心配があり、これが、モラールに悪い影響を与える懸念があるためだ。したがって、初年度のＥＶＡボーナスを算定するときに、従来のボーナス算定式を利用してボーナス下限額を設けることになるだろう。これが一年間だけであれば、それほど大きな問題は生じない。

インセンティブ・プランの誤謬

伝統的なインセンティブ・プランは誤った基準に基づいているだけでなく、ほかにも欠点がある。それは、通常そうしたプランが、長い交渉プロセスを経て決定された次年度の予算目標の達成度をベースとして決定されるという点である。マネジャーは「現実的」範囲内に目標を維持する。「現実的」とは、つまり意欲的すぎず、事業部の能力で実行可能であるということを意味する。上役はマネジャーに、より高い目標値で合意するように圧力をかけるが、そこでは幾多の駆け引きが行われる。予算が決まると、マネジャーは予算上の目標を実績値が大きく超えないように注意を払う。目標値を大きく超えた場合、目標がそもそも非現実的であったということをほのめかしてしまう。また、ボーナスはしばしば「上限あり」なので、目標以上の業績を達成しようとするインセンティブはそがれる。

ＥＶＡインセンティブ・プランは本質的に異なっている。それらは長い交渉を通じて毎年設定されるのではなく、一般的には外部の専門家と技術的な相談をしながら、企業の最高機関が調査した後、三年から五年の期間にわたって前もって設定される。さらにＥＶＡボーナスは「上限なし」なので、企業の業績がよくなると、従来のボーナス・プランのときよりも総報酬に占めるＥＶＡボーナスの割合は高くなる。従来のプランでは、報酬は一〇％あるいは一五％ほどしか増えなかったものが、五〇％あるいは六〇％にまで増やすことができるなら、インセンティブにかなりのちがいがあることは明らかである。アメリカの産業界の問題として、全報酬に占める固定給の割合が高すぎるということがあげられる（海外ではもっと顕著である)。このシステムでは、イノベーションやリスクを取ることに対してプレミアムが付かないのだ。

EVAインセンティブ・プランの本質は、株主価値創造という目標達成を奨励することであり、この目標を達成するために、測定プログラムやEVAマネジメント・システムなどもあるのだ。目標となるのは毎年の「EVAの期待改善幅」であり、それを達成すれば「目標ボーナス」の一〇〇%が支給されるだろう。目標ボーナスが従業員の年俸に占める割合には幅がある。たとえば、CEOの場合は一〇〇%であり、ボトムの従業員の場合は一〇%である。上限のないプランの長所は、EVAの改善幅が目標値を規定より上回った場合を「インターバル」と呼び、このときに目標ボーナス以上の金額が支給されるという点である。したがって、EVAの改善目標が一〇〇、インターバルが五〇、達成値が一五〇ならば、インターバルをクリアしているため総ボーナスは目標ボーナスの二倍となる。さらに、総達成値が二〇〇であるならボーナスは三倍となる。

しかし、下方リスクもある。EVAの達成度がその年の目標に届かない場合、目標ボーナスは削減される。一般に、未達成額が五〇%ある場合は、目標ボーナスの五〇%しかもらえない。また、それより未達成額が大きくなると、ボーナスはまったく支給されない。そして当該年度にEVAが減少した場合、従業員の受け取ったボーナスは戻入される。

短期的な成果より長期的な成長に報いる

では、どのようにして、いったん支給されたボーナスが戻入されるのだろうか。その答えは、ボーナス・バンクと呼ばれるエスクロー勘定（ボーナスの支払い・受け取りを媒介する勘定。第三者預託証書勘定）である。それには主に二つのタイプがある。一つは、目標ボーナスが現金で支払われるが、「目標ボーナス超過額」の三分の一はバンクに預け入れられるというものである。また翌年以降、業績がマイナスになった場合には、以前預け入れた金額がボーナス・バンクから引き落とされる。しかし、これまで積み立ててきた金額から、引き落とし分を控除した残りの金額の三分の一ずつが、毎年分配されるのである。つまりマネジャーは、既に獲得した報酬の一部を常にリスクにさらしている。そのため、費用を将来に先送りして、ある期の業績を必要以上に大きく見せようとする衝動が抑えられている。すべてが、長期的な思考をするように設計されている。

いま一つは、「全額預け入れ」ボーナス・バンクである。すべてのボーナスがバンクに預け入れられ、毎年三分の一ずつ引き出される。この場合でも、マイナスの業績の場合はバンクからの引き落としが行われる。このシステムの長所は、参加者が最初からより多くのリスク、すなわち「目標ボーナス超過額」だけでなく、すべてのボーナスについてリスクを負っていることである。したがって、目標ボーナスが一年目に達成されても、支払いは一〇〇％ではなく、三分の一だけである（このプランでは、事前に、いくらかの資金をバンクに入金しておく）。二年目に目標ボーナスが達成された場合も支払いは三分の一である。しかし、バンク預け入れ合計金額の三分の一であり、成功すれば翌年以降も同様に金額が大きくなっていく。「全額預け入れ」バンクの下方リスクが高い理由は、ほかにもある。つまり、一年目がマイナスの業績であったら、そのバンクには赤字が記入される。ボーナス・バンクのほかのタイプでは、単に支払いゼロにするものもある。

ボーナスと業績を明確に連動させる

ＥＶＡに基づくインセンティブ報酬システムがどのように機能するのかを説明するために、一九九三年から開始したＢ＆Ｓのプランを例として見てみよう。また、そのプログラムがどのようなタイプの行動を促そうとしているのかについて考えてみよう。そのプランでは、その年の支払いを決めるＥＶＡの期待改善幅と目標インセンティブ・ボーナスという、毎年の業績目標を設定する。主要なエグゼクティブの目標ボーナスは基本給の二〇〜八〇％であり、この割合はエグゼクティブの地位による。あるエグゼクティブの実際のボーナスは、目標ボーナスよりも多いかもしれないし、少ないかもしれないが、最終的な額は、ＥＶＡの業績目標が企業全体によって達成されたのかどうか、またエグゼクティブが統括する特定の事業部門によって達成されたのかどうかということに大きく依存している（本社レベルのエグゼクティブのボーナスは、総じて全社の業績によって決まる）。

Ｂ＆Ｓの典型的な事業部長の場合、インセンティブ・ボーナスの五〇％は全社のＥＶＡ業績要因、四〇％は事業部の業績要因、そして残りの一〇％は個人的な業績要因に基づいている。個人的な業績要因はゼロから一・五までの数字で表され、その事業部長の責任範囲における目標達成度によって決定される。品質管理担当のエグゼクティブにとって、これは特定の工場あるいは事業部の認定を得ることを意味するかもしれない。また購買担当のエグゼクティブにとって、それは部品購入において一定のコスト削減を達成することを意味するかもしれない。左上の計算式は、そのシステムがどのように機能するかを説明している。

仮定

参加者：事業部のゼネラル・マネジャー（目標ボーナス ＝ 基本給の 35 %）
基本給：100,000 ドル
全社の業績要因　（ＣＰＦ）：1.1（目標より少し上）
事業部の業績要因（ＤＰＦ）：0.9（目標より少し下）
個人的な業績要因（ＩＰＦ）：1.5（目標を最大限達成）

計算

ＥＶＡボーナス ＝（給料×目標%×ＣＰＦ）× 50 %
（給料×目標%×ＤＰＦ）× 40 %
（給料×目標%×ＩＰＦ）× 10 %
＝（100,000 ドル× 35 %× 1.1）× 50 %
（100,000 ドル× 35 %× 0.9）× 40 %
（100,000 ドル× 35 %× 1.5）× 10 %
＝ 19,250 ドル＋ 12,600 ドル＋ 5,250 ドル
＝ 37,100 ドル

Ｂ＆Ｓのプランでは、目標ボーナスを超過すると、目標数値の一二五％を超える金額がすべて「バンク」に預け入れられる（プランごとに預け入れの基準点が異なる）。したがって、このタイプのバンクを採用しているプランがほとんどそうであるように、毎年、バンク残高の三分の一が支払われるのである。ある年において「マイナスのボーナス」があれば、バンク残高はその額だけ減らされる。

なぜＬＳＯは従来型ストック・オプションより優れているのか

ＥＶＡボーナスだけではなく、Ｂ＆Ｓの主要なエグゼクティブの総報酬の大部分は株価と直接に連動している。つまり、第2章で少し触れたレバレッジド・ストック・オプション（ＬＳＯ）のことである。全社の業績に対して責任を負う「シニア・エグゼクティブ」（概して本社レベルの役員）に与えられていたこれらのオプションは、株価が非常に高くなったと

きに、主要な従業員に報いるように設計されている。これによって、彼らに株価を最大化させるような追加的なインセンティブを与えることができる。しかし、LSOと通常のストック・オプションとには、重要なちがいが一点ある。一般的に、通常のストック・オプションの行使価格は、付与時の株価に等しい。対照的に、LSOの行使価格は、企業の資本コストと同額（後で示すように、配当や非流動性を調整した値）が毎年上昇する。段階的に上がる行使価格は、株価がオプションの行使期間内に、少なくとも資本コストを上回るリターンを生み出さなければ、オプションが無価値になるように設計されている。そのため、株主が最低限の投資収益率を確保できないかぎり、エグゼクティブは利益を得られない。

LSOプログラムは、ある年に付与されるオプションの数と、その年のEVAの支払金額が直接関連しているという点で、企業のEVAボーナス・プランに連動している。いったんボーナスの金額が決定されると、各エグゼクティブは現金ボーナスに加えて、アウト・オブ・ザ・マネーの状態（行使価格が現在の株価を上回る状態）にあるストック・オプションを受け取る。付与数は非常に多く、従来のプランよりも非常に多くの株式を受け取ることができる。付与されるオプションの数は、ストック・オプションの合計価値がEVAボーナス額の一〇倍になるように計算されている（ボーナスを一〇倍にしてから株価で割れば、取得できる株式の数になる）。したがって、文字通りストック・オプションを「レバレッジ」するのである。

このことは、一〇対一にレバレッジされた株式にかなりの追加投資をするという条件付きではあるが、シニア・エグゼクティブが、毎年、EVAボーナスを二重で受け取れることを意味している。EVAボーナスに合わせてストック・オプションを付与するアプローチにより、エグゼクティブはボーナスの「再投資」部分について、現在の所得税負担を避けることができるのである。

30年物アメリカ国債の利子率（7％）＋リスクプレミアム（6％）
　－予想年間配当利回り（3％）
　－リスク要因（非流動性、非分散投資：2％）＝8％

インセンティブ等式のパズルを解く最後の一ピースは、LSOがイン・ザ・マネー（行使価格が現在の株価を下回る）になったときの行使価格を決めることである。LSOの目的は、株主が要求する最低限のリターンを超えた株価のときのみ、報酬を与えるということである。そうすると、エグゼクティブが報酬を得られるのは、かなり高い業績をあげた場合のみである。したがって、企業の株式リターン※がオプションの行使期間にわたって「予測される」資本コストをわずかでも超える場合にのみ、LSOはイン・ザ・マネーとなるのである。

このプランでは、予測資本コストは次のように計算される。無リスク利子率※（三〇年物アメリカ国債の現在の利子率）に市場のリスクプレミアム（歴史的に、企業の平均的なリスクに対するプレミアムは約六％）を加えて、予想年間配当利回りとエグゼクティブが抱えるリスク要因、つまりストック・オプションの非流動性と分散投資ができないことなどを控除する。たとえばB&Sでは、LSOプログラムを導入した時点での、オプションの行使期間にわたる予想年間配当利回りは約三％であった。したがって、付与時の無リスク利子率を七％とすると、予想される資本コスト率は上記のようになる。

この等式における最後の三つの要素は、オプションの行使期間にわたって一定であると考えられるので、無リスク利子率だけが変動することになる。したがって基本的には、三〇年物アメリカ国債の利子率に一％を足した値が資本コストである。

このプランでは、トップ・マネジャーは前述の調整を除いて、企業の資本コストと等しい最低限のリターンを生み出すまで、LSOから報酬を得られない。しかし、彼らが株主の期待を上回って大きなリターンを提供するならば、LSOのレバレッジ構造によって、エグゼクティブは多額の報酬を得られる。

戦術に長けた経営者になれ

既に述べたが、究極的には、経営者の長期的なパフォーマンスは、企業の市場価値が投下資本よりも超過した金額である市場付加価値（MVA）によって、最も正確に測定される。LSOは強力なインセンティブを提供することで、効果的にMVAの創造に貢献している。もちろん、どんな株式ベースのインセンティブであっても、経営者の影響以外の多くの要因が最終的には市場価値を決定するという意味で欠点がある。つまり、いかなる期間でも、LSOから得られる報酬は業績だけではなく、運にも左右されるということである。しかし、エグゼクティブがコントロール外の事象に対応できるかどうかは、価値創造の基本的な一面であろう。コントロール外の事象に対する市場のネガティブな、あるいはポジティブな反応は、潮の満ち引きのようなものであろう。したがって、戦術を巧みに用いるエグゼクティブは、常にMVAを増加させることができるだろう。

たとえば、B&Sの主要な事業である家庭用芝刈り機へのエンジンの供給は、非常に季節変動が激しい。また、天候パターンによって、この季節変動はさらに大きくなる。こうした要因は、経営者のコントロールの範疇を超えている。市場の要求を満たしつつ、こうした不確実性に対処するには、二つの基本的方法がある。一つは、平均的な需要予測よりも多くの棚卸資産を保有することである（「高水準の運転資本」による解決）。いま一つは、棚卸資産の保有量を削減する一方で、迅速かつ傾斜的に生産することである（「追跡」戦略）。これは、高水準の営業資本と余剰人員コストを伴う。価値創造を実現するマネジャーは、自社の競争環境を考慮に入れ、どちらのアプローチが最大のEVAを創出するのか、両者を組み合わせる方がよいのかを分析することに長けている。創造的な工場の構成や代替的な労働力という戦術は、マネジャーがコントロールできない事業の側面に対処するための「価値エッジ」を提供するだろう。

短期的な目標達成は長期的な成功を保障する

よくEVAに対して、短期的業績に焦点を合わせすぎるという奇妙な批判が行われる。どのような固定資産でも、その価値は、それから生じる将来キャッシュ・フローの現在価値に等しいことは有名である。もちろん、現在価値の計算では、（より低い割引率を使うことで）近い将来に創出されるキャッシュ・フローが高く評価される。しかし、短期的成功が長期的成功につながらないわけではない。われわれがこれまでに研究してきた多くのEVA企業では、長期的な価値は、継続的で持続的な毎年のEVA業績の増加によって達成される傾向がある。本章で説明したインセンティブ、つまりボーナス・バンクとLSOは両方の目標達成を促す。B&SのLSOプランのように、長期的な報酬の増額にあずかる権利は、直近の資本効率を維持することによってのみ獲得できる。そして、今年のEVAと将来のEVAの取捨選択をする必要性が生じるだろうが（結局、これが「投資」ということの意味である）、経営者は同時に両方の目標を達成するように挑戦すべきである。

もちろん、これを否定する者もいる。収益の成長性は著しいが、株価はそれほどでもない企業の経営者はしばしば、価値経営が成長やイノベーションにバイアスを持っており、ＥＶＡ規則はリターンを最大化する過程で、資本を無理に「低く抑えている」という批判を口にする。しかし、これらの企業の多くが、行使価格が一定で、アット・ザ・マネーの状態にある（行使価格が株価と等しい）オプション・プログラムがあると知っても驚かないほうがよい。そのようなオプション・プログラムは現状維持戦略や、収益成長戦略を採用するエグゼクティブに対して、彼らが株主の要求する資本コストに見合うリターンを満たせなくても、十分なリターンをもたらしてくれる。これには、理解力に乏しい株主も最終的に納得するのだ。

対照的に、ＥＶＡに基づいたインセンティブ・プランでは、本社または関連事業部門のマネジャーは、ボーナスを受け取るためには、その年のＥＶＡの目標を達成しなければならない。しかし思い出してもらいたいのは、報酬の一部がバンクに預け入れられており、将来にＥＶＡリターンが落ち込んだ場合は減額の対象となっているため、必要な投資を削減しなくてはならなくなるような衝動的な経営は制限されているということである。また、毎年のＥＶＡボーナスによって、ＬＳＯの付与数が決定されることも考慮に入れるべきである。ＬＳＯは、経営者のリスクと報酬を増加させるので、成長（利益を生み出す成長）に対する強力な動機付けとなるだろう。なぜなら、投資家が継続するだろうと考えるＥＶＡの改善幅は、株価に織り込まれるからである。たとえば、一〇％の資本コストで約一〇〇〇万ドルのＥＶＡを増加させた企業は、価値が一〇〇〇万ドルにまで上昇するだろう。ＬＳＯにはこのようなレバレッジ効果があるので、長期的なEVA創造を経営者に意識させるうえで有用である。

言いかえると、EVAに基づいたインセンティブ・プランは、資本規則に合致した成長を達成するように動機付けをする。著しい成長機会を持つ企業であれば、EVAはマネジャーに対して、売上高の拡大と効率性の両方を追求するように促すだろう。投下資本を「低く抑える」ことは、事業縮小や清算が必要な状況のときにだけ、報酬が支払われる機会を最大化するだろう。

LSOは株主価値を損なうか

ところで、一般にブラック・ショールズ・マートン・モデル（第11章で詳しく述べる）によって計算される、株主に対するLSOのコストについてはどうだろうか。一九九五年初頭に、B&Sがシニア・エグゼクティブに付与したLSOは、ディスクロージャー目的で使用されるブラック・ショールズ・モデルに基づいて計算すると、当時の株価のわずか一四・八%の価値にすぎなかった。対照的に、同様の条件のアット・ザ・マネーのオプションは行使される可能性が高いため、ディスクロージャー目的で算定される方法では、株価の二五・一%の価値に相当すると評価されていた。つまり、株主にとっては同じコストで、より多くのLSOがエグゼクティブに付与できるということを意味している。

こうしたプレミアム・オプション・プログラムが従来のB&Sでのアット・ザ・マネー・プログラムに取って代わったとき、約四分の一のシニア・エグゼクティブは、当初、冷ややかな態度を示した。しかし、最初の反応はすぐに興奮に取って代わった。なぜなら、そのプログラムを導入して三年も経たないうちに、B&Sの株価が行使価格にあと数ドルまで近づいたからである。しかし、こうしたプログラムの導入を考えている企業は「従業員保持リスク（retention risk）」（従業員が流出してしまうリスク、ということを意味する不思議な言葉である）が現実的な問題であることに注意すべきである。とりわけ、従来のアット・ザ・マネーや、さらには割引オプションまで提供している企業がたくさん存在する場合はなおさらである。

その一方で、ある程度の従業員保持リスクが存在しつづけることは、必ずしも悪いことではないかもしれない。プレミアム・オプション・アプローチはエグゼクティブ・グループを構成する人物を見直すのに役立つであろう。平均以上の業績を生み出す能力があると確信しているエグゼクティブにとって、潜在的な報酬は非常に大きい。彼らこそが、ＥＶＡプランに最も執着してくれる。高い価値成長を達成する自信と能力のあるマネジャーを引き留めるうえで、ＬＳＯが切り札となるだろう。

さらに、株主へのコストはそれほど大きくない。ＬＳＯは毎年上昇する価格で行使されるので、標準的なオプションよりもＬＳＯの方が希薄化が起こりにくい。つまり、オプションに価値を持たせるためには、企業はかなりの業績をあげなければならないということを意味している。そうなれば、株主は希薄化を受け入れるだけの、十分な利益を得るようになるであろう。対照的に、より多くの企業で付与されている通常のオプションは、行使価格が固定されており、企業が成功した場合にイン・ザ・マネーになる可能性が高まる。

応用精神こそが成功への道である

Ｂ＆Ｓのプランで活用された独自のインセンティブ報酬のデザインが、すべての企業に当てはまるわけではない。ＥＶＡに基づいた効果的なインセンティブ・プログラムを導入するには、その企業が直面している独自の競争上および事業上の課題を、慎重に検討しなければならない。そして、それに応じて、インセンティブ・プログラムを修正していく必要がある。最も効果的に導入するには、本章で述べたＬＳＯの特徴のいくつかを見直したり、段階的に導入すべきかもしれない。小さな医薬品企業を例にしよう。この企業は、大きな潜在能力を秘めているのだが、ほとんどの重要製品が依然としてアメリカ食品医薬品局（ＦＤＡ）によって審議されている。この場合、目標達成までに時間がかかるので、ＥＶＡの改善を通してのみＬＳＯを獲得できるという条件を変更したほうがよいと考えるかもしれない。

さらに、工場レベルのインセンティブ・プログラムでは、工場レベルのＥＶＡなど、マネジャーや従業員がコントロールできる範囲内の業績に基づいて、インセンティブ制度を構築しようと思うかもしれない。現場レベルでは、資本設備の効率性、在庫管理、あるいは労働生産性など特定の「バリュー・ドライバー」にインセンティブの一部を設定することも考えるべきである。成功するためには、価値創造のダイナミクスを完全に理解するだけでなく、企業で最も洞察力のあるマネジャーを投入しなくてはならない。それによって、何のために報酬が支払われているのかを全員が理解している組織を作ることができるだろう。

第10章　ＥＶＡが失敗するとき

どうしてＣＥＯは、任期満了の一年前に退任を発表する気になったのだろうか。おそらく、会社にいつまでも居座る意思がないことを後継者に知らせて、安心させたかったのだろう。ＣＥＯの動機が何であれ、時期尚早の表明によって、六カ月にわたり進められていたＥＶＡの導入プロセスは、一時的に大きな痛手を被った。続く三カ月で、ＥＶＡインセンティブ・システムを実行する予定であった。それにもかかわらず、ＣＥＯの退任表明後、ＥＶＡ導入のキー・プレーヤーである人事部長は、プログラム実施の責任と最高権限を持つ、運営委員会に参加しなくなってしまった。

委員会のほかのメンバーは、明らかにプロジェクトに対する熱意を失った。結局のところ、彼らは交渉によって年次ボーナスの目標額を決定する旧来のシステムが快適であり、そのシステムでは多額の報酬が得られたのである。ＥＶＡを導入しはじめたＣＥＯがまもなく退任するのであれば、あえて新しい

ＥＶＡインセンティブの不確実性を選択しなくてもよいと考えたのである。

最終的には惨事を免れることができたが、危機一髪であった。ＣＥＯは、まだ強力な権限を持っているあいだに、計画通り三カ月後に新プログラムが始まることを宣言し、彼自身の権威を強硬に取り戻した。自社がＥＶＡの導入を推進していることを事前に公表していたので、彼は選択の余地がないことを理解していた。とりわけ、大規模な株式発行を計画していたので、後戻りはとても難しい状況であった。

この事件は、ＥＶＡが失敗する主な原因の一つを示している。つまり、ＣＥＯの完全なサポートが欠けているか、欠けていると思われているということである。読者の方々は、なぜ失敗を取り上げるのか不思議に思われるかもしれない。これまでの章では、成功へのロードマップを詳細に示してきた。しかし、プログラムを失敗させる障害や、ＥＶＡが広まらないだけではなく、根付きもしないような不適当な環境について語ることなくしては、この議論を終わらせることができない。

変化には強力なリーダーシップが必要だ

間違いなく、ＣＥＯの態度がプログラムの成否を決める最大の要因である。過去四～五年のあいだ、ＥＶＡプログラムが広く知れわたるようになるにつれて、主に広報目的でＥＶＡを導入する企業が見受けられるようになった。多くの証券アナリストは、ＥＶＡ導入を大きなプラス材料とみなしており、数年前のオーリンや一九九七年のフェデラル・モーグルの例では、単にＥＶＡ導入の計画を公表するだけで株価が上昇した。しかし、その取り組みに対するＣＥＯのサポートが真剣さを欠いていれば、プログラムは失敗への道をたどることになる。その理由は、ＥＶＡが従来の業績測定法や動機付けの手法と大きく異なっているため、従業員がＥＶＡに従うように、トップからの根気強い働きかけが必要だからである。ＥＶＡの導入とは、企業文化の全面的な変革なのだ。すなわち、自社の規模や市場シェア、いわゆる売上高成長率といった指標ではなく、価値という指標が重視されるのだ。また、あまりにも割高だと考えられる買収や、そのほかの投資を取りやめる規則が重要となる。

先に指摘したように、成熟した官僚的な組織において、変化は常にストレスを伴うものであり、しばしば脅迫的に感じられることさえもある。絶望的な状況によって危機感が引き起こされる場合を除いて、人はたいてい現状を変更することに乗り気ではないだろう。慣習はほとんどの場合快適なものであり、多くのエグゼクティブは古くからの慣習に従うことで裕福になっている。現行の実務を打破し、変化を主張し、そして変化を強要できる唯一の人物がＣＥＯである。しかし通常、ＣＥＯ単独の力でＥＶＡを導入することはできない。取締役会の決議は、たとえ必須でないとしても、新たなインセンティブ・プランの導入を必ず推し進めてくれるものである。しかし、その後のプログラムの命運はＣＥＯの手に委ねられることになる。

これから見ていくように、ＥＶＡはほかの理由でも失敗する。だが、ＣＥＯが先導しないかぎり、失敗への道を進むことには変わりがない。では、先導するためには何が必要なのだろうか。ＣＥＯは委員会（この委員会にはＣＦＯやＣＯＯ、それ以外の主要な執行役員といったほかのメンバーも含まれる）を取り仕切るだけでなく、委員会の座長も務めるべきだ。委員会が議会的な性格を持っているわけではないため、ＣＥＯはレフリーとしてではなく、議論を調整し、矛盾を解消し、そして予定表に基づいた実行プログラムの推進者として振る舞わなければならない。

危機感のないトップ・エグゼクティブ

前もって現実を認識している場合、展望が暗すぎて、EVAに取り組むことさえできないほど慎重になってしまう状況もあるだろう。そうした状況とは、往々にして大した業績をあげていないにもかかわらず、トップ・エグゼクティブに過剰な報酬が支給されている場合などである。そのため、EVAボーナス・プランでは、彼らはそれほど報酬を得られない可能性が非常に高い。数年前、スターン・スチュワート社では大企業からプレゼンテーションの依頼を受けた。その大企業は、敵対的買収の脅威にさらされており、それを回避するために製薬会社を買収していた。その大企業は、医薬品事業と経営者の能力の双方を理解していなかったので、ボーナスや長期契約の更改をしなかった。スターン・スチュワート社が、いかにEVAが企業全体のパフォーマンスを向上させるかをプレゼンテーションで説明するとすぐに、「わが社の文化では、まったく機能しない」というような冷ややかな反応が返ってきた。この否定的な意見はまさに正しい。EVAインセンティブ・プログラムでは、トップ・エグゼクティブの報酬が間違いなく減るからだ。

エグゼクティブの面々が二流の能力しか持っていないことも、EVAの取り組みを成功に導く障害となる。野球にたとえて言うなら、スターン・スチュワート社のスター・コーチは二割二分の打者を、三割二分の打者にすることはできない。たとえ試みたとしても、必ず失敗する。問題は、EVAプログラムを導入するときに、報酬が業績の実質的な改善と結び付いているという点である。しかし、タスクを遂行するのに十分なスキルを兼ね備えていないため、彼らが目標を達成できないとしたらどうだろうか。

その場合、ＥＶＡの伝道師は達成不可能な目標を設定することになるので、その結果は全関係者を失望させるだろう。

失敗の第四の原因は、前に述べた二つより一般的である。それは、伝統的な公益企業や公営企業、政府部門に特徴的な文化である。こうした企業では、仕事とはしばしば名誉職であり、昇進は功績よりも年功に左右される傾向にある。そうした状況では、人々は、交渉で決める方式以外の変動賃金に慣れていないだけでなく、ＥＶＡのような厳格な基準によって、客観的に評価されることを望んでいない。彼らはまた、定時に仕事を終えることが賞賛されるような、ストレスのない職場の日課にも心理的に慣れている。ＥＶＡのプレゼンテーションを聴いた後、あるエグゼクティブは「そのプログラムだと、われわれは毎日、午後六時までここにいなければならない」と嘆いた。ＥＶＡの導入を決めた、力のあるＣＥＯだけが、その種の抵抗を克服することができる。マービン・ルニョンがＵＳポスタル・サービスで成し遂げたように、それは可能であるし、海外にもそうした事例が見受けられる。

ヨーロッパにおけるＥＶＡへの抵抗

ヨーロッパ諸国では、ＥＶＡを実践するための合意を得るには、激しい抵抗を克服する必要がある。有名企業、たとえばディアジオ、シーメンス、テート&ライル、ラファージ、インターナショナル・サービス・システムズなどで導入されているにもかかわらず、いまだに骨の折れる戦いが続いている。それは、初期のヒアリング段階で合意を得るための戦いではなく、懐疑論の壁を克服し、アメリカで賞賛された主な概念に賛同してもらうための戦いである。文化が大きく異なるのである。

スターン・スチュワート社は、数年前にフランスでその教訓を学んだ。一九九七年初め、スターン・スチュワート社は、三つの企業と契約を結ぶ寸前であった。この三社は、ニュー・グローバル・エコノミーにおいてさらなる競争力をつけるために、ＥＶＡの導入を真剣に考えていた。その頃、ジャック・シラク大統領は国民議会総選挙を突然実施し、だれもが驚いたことであるが、社会主義者のリオネル・ジョスパンが勝利を収めた。その直後、この三社のＥＶＡへの熱意は冷めてしまった。「プレッシャーは去った。もはやわれわれに差し迫った問題はない」とあるエグゼクティブは打ち明けた。彼は明らかに、社会主義政権が、競争的な行動よりも社会的契約を強調するであろうと期待していた。またほかの者は、「ＥＶＡはわれわれの考え方に馴染まない。いつもお金にインセンティブを見いだすような人は欲しくない」と説明した。

これには失望したが、それほど驚くことでもなかった。数年間にわたり、ＥＶＡは、ドイツやフランスの多くの人々を文化的に当惑させていた。とりわけフランスで顕著であった。スターン・スチュワート社は、インセンティブ報酬を説明するのに苦労してきた。エグゼクティブは、個人やチームのパフォーマンスの客観的評価手法に冷ややかであった。すなわち、企業目標として価値向上を掲げることが、そもそも異質な概念であるとみなす傾向があった。従業員たちは、株主のように行動するために、自社株式を保有するという考え方に魅了されることはなかった。彼らは、あらゆるリスクを負う株主になることを望んでいなかった。彼らは自分たちのことを、何らリスクを負うことがない優先的な請求者や優先的な債権者だと考えていたのだ。彼らにとって重要なことは、マネジャーが統括する事業の規模である。なぜなら、規模が責任を決定し、その責任のレベルが給与と年金を決定するためである。例外的な個人や企業も存在するが、全体としては現状維持のシステムである。

何が抵抗感を生み出すのか

一九九八年、ロンドン・ビジネススクールのMBA学位取得候補者であるパスカル・ルチアニは、ヨーロッパにおいてEVAが直面する文化的障害を研究した、興味深い論文を執筆した。"EVA in Europe — A Cultural Perspective（ヨーロッパにおけるEVA――文化的視点から）"は、文献調査だけでなく、各国ビジネスマンへの広範なインタビューに基づいていた。ルチアニは、EVAが支持されるためには、数多くの障害を克服しなければならないと結論付けている。問題は、ヨーロッパの企業が、資本の効率性向上によって株主価値を高めようとしていなかったことであった。代わりに、それらの企業は市場シェアの拡大と、さらにいくつかのケースでは、優れた製品を生産することによって自社を成長させようと考えていた。企業は社会的責任を真摯に受け止める傾向にあり、株主の利害よりもステークホルダーの利害について多くを語ることの方が容易であると感じていた。同時に、マネジャーは財務的インセンティブによって動機付けられていなかった。代わりに彼らは、部下に対して絶対的な命令を出す権限のほかに、大企業での地位や権力、支配といったことに関心があった。そこにはアメリカ流の参加型マネジメントのスキームが入る余地はなかった。

ルチアニは、意識（マインドセット）、動機（モチベーション）、業績評価（メジャメント）、経営システム（マネジメント・システム）という項目に関する調査結果を公表し、フランス、ドイツ、イギリスの三カ国の事例を示した。マインドセットに関して、ドイツでは、「ヨーロッパで一番の経済力を維持することが重要である」のほかに、「先端技術による優れた製品は、多くの利益をもたらす」などが信念になっている。さらに、ドイツでは、「コミュニティーに有益なものはビジネスでも有益である」という考え方が重視されており、これはフランスの「社会にとって有益なビジネスのみが存続する」という考えと一致する。これらの価値ある哲学的な意見は、企業が成功するための必要条件が株主へのリターンの増大であるという認識からかけ離れている。

モチベーションに関する主な調査結果は、三カ国すべてで類似していた。ドイツでは、「生涯を通じた仕事の安定」と「自己実現と個人の成長の機会」によって動機付けられていた。フランス人は、「同僚からの認知と尊敬」とともに、「長期的なキャリアと地位」を求めていた。金銭的な報酬による誘因については、三カ国すべてにおいて著しく軽視されていた。報告によれば、フランス人マネジャーは、「イニシアチブや経済的パフォーマンスを扇動するために、金銭的インセンティブを用いるという資本主義の思想は、……中略……侮辱である」と信じているようである。イギリス人は侮辱されたとは感じていないのだが、「給与差に対して冷ややかである。金銭的報酬は、階級や地位に伴って自然に手に入ると考えている」と報告されている。

業績評価の基準は、ＥＶＡの価値を認めている人であれば、だれもが愕然とするようなものである。ドイツの場合、「長期的な収益性向上に焦点を合わせる」というものであり、資本の消費に対しては何ら言及されていない。この三カ国の経営スタイルは、「支配欲に強く影響されたもの」という特色がある。

インセンティブの重要性

このようにアメリカとは文化的雰囲気が大きく異なる状況のもとで、ＥＶＡはどのようにして広まっていったのだろうか。ルチアニの基本的なアプローチは、金銭的インセンティブの強調を避け、ドイツ人にとって非常に重要な目標である、生産の効率性をＥＶＡがどのように高めるかを証明しようというものである。さらに、ＥＶＡがマネジャーによる支配を弱めるのではなく、どのように強めるのかを示すというものである。彼はＥＶＡインセンティブ・プランを放棄するのではなく、ちがった側面からアプローチする。すなわち、ＥＶＡが、マネジャーの地位を維持するうえでいかに有効であり、彼らの権力を増大させ、地位を高めるかを強調するのである。株主とステークホルダーは利益を受けるが、株主の利害が目立つことはない。

ルチアニの解決策はあまりにもシニカルな印象を受けるが、彼の論文は問題の分析結果として有用である。ＥＶＡが、生産性や経営者による支配能力をいかに向上させるのかを強調することは、(ドアストッパーの役目を果たすので）販売のやり口としてはいい方法である。だが最終的には、金銭的報酬による刺激がなくては、ＥＶＡプログラムを成功裏に実践することは不可能である。既に述べたように、いくつかのヨーロッパ企業ではこの点を理解し、完全なＥＶＡプログラムを導入している。

ルチアニの論文に対する回答者のコメントは、彼らがお金の効力に無関心であることを示しているわけではない。彼らの多くはボーナスという形で変動的な報酬を受け取っているものの、報酬全体に占める変動報酬の割合はアメリカに比べて低い。通常、業績に対して控えめな水準に上限を定めている。明らかに、ヨーロッパの人々は、金銭を強調することが無神経で下品、かつ無作法であり、無礼なアメリカ人ならやりかねない行動だと考えている。さらに、多額のボーナスは広報上の問題につながる。イギリスのエグゼクティブは、「不正行為で成り上がった金持ち」としてタブロイド紙に扱われたくないと思っているのだ。ただ、その解決法もまた広報と関連している。すなわち、広報活動の際に、いかに企業の繁栄がコミュニティーの利益に貢献しているかを強調するのである。そして、ここでは広報以上に必要なものがある。その説明が真実であるということだ。

第11章　新たなフロンティア――リアル・オプションと将来志向EVA

この章では、まだ完全には地図ができていない、未知の領域に踏み入ることにしよう。比較的新しい考え方であるリアル・オプションは、すべての業界で用いられており、とくに石油やガス、そのほかすべての鉱業などの採掘業界で重要視されている。さらに、リアル・オプションの理論は、インターネット株式や、そのほかの成長めざましい業界の巨額の株式時価総額を説明するのに役立つ。

しかし読者は、リアル・オプションとは何かと疑問を持たれることだろう。簡単に答えると、それは、あらゆる種類の将来の事業機会に関する選択肢のことである。つまり、油田開発やプラントの設置など、あらゆる種類の資本的支出や戦略的意思決定にかかわることである。リアル・オプションは、既によく知られている金融オプションと類似しており、基本的には同様の数式で評価される。

金融オプションの評価モデル

金融オプションは、ある商品を行使価格で売買する権利を付与するものである。それは、義務ではない。XYZの株式に関するコール・オプションを三〇ドルで買ったとしよう。オプションの行使日以前に株価が三〇ドル以上に上昇したとするならば、その株式を購入するためにオプションを行使するだろう。もしくは、オプションを売却することで、三〇ドルと市場価格との差額を利益として獲得するだろう。株価が三〇ドルに一度も達しなかったなら、オプションの価格分だけ損することになるが、それは、せいぜい一株当たり二ドルか、三ドル程度だろう。このように、オプションは下方リスクを制限するが、より多くの潜在的な利益がある。それは、株式がオプション・コストより大幅に上昇するかもしれないからだ。しかし、オプションは通常の株式より非常にリスクが高い。なぜなら、投資収益率のボラティリティが大きいからだ。

この二〇年にわたり、金融オプションはブラック・ショールズ・マートン・モデルにより評価されており、このモデルにより、ショールズとマートンはノーベル賞を受賞した（ブラックは栄誉を受ける前に他界した）。ここで説明するには複雑すぎるが、モデルの数式は、以下の五要素で説明できる。①株価、②行使価格、③オプション行使期間、④無リスク利子率、⑤株式のボラティリティ、である。このモデルの改良版では六番目の要素として、株式を即座に購入しないことで遺失する配当収入が加わる。ボラティリティの数値は非常に重要である。株式のボラティリティが高くなると、オプションの価値はより高まる。これは、矛盾しているように見えるかもしれないが、論理は通っている。変動が小さいものと比較すると、上下に激しく変動する株式の方が行使価格を超える可能性が高まるからである。そして、失効日以前に目標価格を超える確率がより高くなるという理由で、短期よりも長期のオプションの方がより価値がある。

リアル・オプションによるリスクの分散

これに似た要素によって、リアル・オプションの価値も決定される。オプション投資期間は、意思決定が行われるまでの期間である。無リスク利子率は、双方のオプションで同様の役割を果たす。株価の代わりに、将来実施する予定のプロジェクトの現在価値が用いられる。行使価格は、既にプロジェクトを進める意思決定が行われている場合、プロジェクトにかかる総コストで示される。ボラティリティは過去の類似プロジェクトの事例から導き出す。遺失配当収入は、「価値漏出」(即座に投資しなかったことによって失われた価値) と対応させられる。意思決定期限を過ぎたプロジェクトが廃棄されたならば、それは単にオプションのコストが失われたにすぎない。コストは、製薬会社であれば既に実施した初期段階でのR&Dであったり、プロジェクトの立案に要したスタッフの費用であったり、資産の一部を購入するオプションを契約するために支払ったキャッシュであるかもしれない。

オプションは、計画立案に願ってもない柔軟性をもたらす。さまざまなプロジェクトが比較的小さなコストで調査され、得られそうな成果が明らかになるまで意思決定が延期される。ブラック・ショールズ・マートン・モデルが登場するまで、映画会社は数多くの本や脚本のオプション、さらに出版前の原稿のオプションまでも買っていた。ある本の映画化権が二五万ドルあるいは五〇万ドルだとして、映画会社はそのオプション代として、一万二五〇〇ドルあるいは二万五〇〇〇ドルを支払ってきた。そのオプションは一～二年間で行使することとなる。これにより、競争相手はこの脚本を利用できなくなり、映画会社はふさわしいキャスティングを検討し、候補作が映画会社の作品ラインナップにふさわしいかを見極め、資金を調達する時間が稼げる。追加でお金を支払えば、オプションの期間はしばしば延長される。さらに映画会社は選択肢を広げるために、未決定のオプションを、もしかすると数十くらい所有しているだろう。しばしばオプションは、突然沸き上がってくる強い興味から購入されるが、即座に興味は冷めていく。また、ハリウッドのやり方を知らない作者は、こういったオプションが実施されなかったことで、しばしば落胆するかもしれない。しかし、ライバルを排除するためにすべての脚本の権利を購入し、それから制作するかどうかを決定するのに数カ月かけるよりも、明らかにこのシステムは安上がりである。

ピーター・コイは一九九九年六月七日号の *Business Week* に、電力会社エンロンによるリアル・オプションの革新的な活用方法について記事を発表した。エンロンは、テネシー州とミシシッピー州に発電所を三つ建設した。それらは、最良の発電所よりは低コストだが、効率性も低いものだった。だが、そのこと自体は重要ではない。それらは、年間五〇日を超えて運転しないという条件で許可を受けており、企業間電力価格（主要発電所間の高圧送電線網で商品として売買される）のピーク時に、ピーク需要に対応するためだけに使用される予定であった。*Business Week* によると、一九九八年六月に中西部では、わずかのあいだだが、一メガワットの時間当たりの電力コストが四〇ドルから、信じがたい水準である七〇〇〇ドルにまで上昇した。エンロンはこうしたことが再び起こる可能性があると予測して、その事態が起きた場合に発電所を利用することにした。下方リスクは発電所のコスト（オプション価格）であるが、当該期間にそれが上昇する可能性が非常に高かった。この場面では、明らかに価格ボラティリティがカギとなる要素であった。

さらに、リアル・オプションは戦略的買収にも有用である。マーサ・アムラムとナリン・クラティラカは『リアル・オプション』（石原雅行ほか訳、東洋経済新報社）という本の中で、ハイテク企業の例を取り上げている。その企業は、すべてが順調に進めば企業支配権を買収するつもりで、小規模企業に投資しようと考えていた。彼らは、二年後に株式の五一％を、三三二〇万ドルで買収するという交渉をしていた。ただし、交渉時点で、五一％の株式は三〇六〇万ドルであった。問題になるのは、現時点で彼らはいくら投資しなければならないのかということである。標準的公式を用いた結果、その額は八四〇万ドルであった。それがオプション価格である。それは決して安い金額ではないが、買収企業の将来性が危うくなった場合のことを考えると、即座に三〇六〇万ドルを用意するよりはるかに安上がりである。

標準的なＥＶＡの計算が適用できない業界

リアル・オプションの理論は、石油やガス、そしてそのほかの採掘業界にとって、非常に有益である。なぜなら、そういった企業の市場価格は、開発されていようと開発されていまいと、地面の下に彼らが保有する埋蔵量によって決まるからである。埋蔵量の価値は、その商品の世界市場における売価によって変動する。スターン・スチュワート社のジョン・L・マコーマックとヤバンス・ビシースワランによって執筆され、*Journal of Applied Corporate Finance* の一九九八年秋号に掲載された'How To Use EVA in the Oil and Gas Industry（石油・ガス業界でどのようにEVAを用いるか）〟という論文によると、標準的なEVAの計算（NOPATから資本コストを引いたもの）では、著者らが調査した大規模な石油、ガス企業二五社の、「株主価値の変動の八％しか説明できない」のであった（会計利益では二～四％しか説明できなかった）。問題は、標準的なEVAの計算は、営業利益（第2章で説明した、経済的事実を反映するためのさまざまな調整を行う前のもの）を使うが、市場は、まだ地中にある富に、より関心を持っているのだ。企業が大きく当てれば、株価が急上昇する。その後、石油やガスが実際に産出されて、市場で販売されるときには、それ以上の発見がなければ株価は低下していくだろう。

マコーマックとビシースワランは以下のように指摘している。

「新発見は不連続であり、本質的に予測できない。過去の成功は、将来の成功を保証しない……中略……ほかの業界では、成功の軌跡がブランド構築とフランチャイズ構築として記録されるので、事業が繰り返し可能で、持続すると考えられているが、石油およびガス業界は、明らかにギャンブル的な要素を含んでいると思われているのだ」

ここで一つ制約を加える必要がある。標準的なEVA測定法がうまく適用できないのは、上流の事業を手がけている部門、つまり、採掘と生産（E&P）部門のみである。より下流の事業を手がけている部門、つまり、精製やマーケティング部門は標準的なEVAで何の問題もない。多くの大企業は垂直統合をしているが、中にはE&P部門だけという企業もある。

将来志向ＥＶＡ

マコーマックとビシースワランはＥ＆Ｐ部門に対するＥＶＡ測定法について、いくつかの変更を加えることを提案している。第一に、探査・試掘コストの取り扱いを変更することである。通常、企業は掘り当てるよりもはるかに多くの試掘を行うが、このコストはそれに関連するものである。この探査・試掘コストを発生年度に費用化する。そうすることによって、税金最小化にはプラスの効果があるが、利益を減少させ、企業で起こっている事態が正しく反映されなくなる。後々になって利益が上昇する可能性があり、また経営者が試掘のスピードをゆるめた場合には、さらに大きな利益増加につながる。このため、経営者は、長期的に株主の富を最大化するのを妨げるようなインセンティブを持つ。論文の著者らは、税金対策として探査コストを費用化することには反対していないが、内部の会計報告では、探査コストを資産化することを提案している。ＥＶＡの計算では、銀行や保険会社などの金融機関における、研修や開発に対する支出と同じように、Ｒ＆Ｄやブランド広告を資産化するように定めているのも、同様の論理に基づくものである。

最も重要な変更点は、「将来志向ＥＶＡ」に関連したものである。これは標準的なＥＶＡに、大幅な変更を加えたものである。マコーマックとビシースワランは、企業が毎年、埋蔵量の価値増加額、または価格減少額を、ＮＯＰＡＴに加えるよう提案している。具体的には、*Oil and Gas Investor* 一九九九年四月号に掲載された同じ著者らの論文に、以下のように記述されている。

「ある期間の価値創造額は、期首の埋蔵量の現在価値から、期末埋蔵量の現在価値とその期間に行った埋蔵量への正味投下資本額を差し引いた額によって決まる。たとえば、一九九八年のＥＶＡの計算には以下のような修正が必要である。

（一九九八年の埋蔵量の現在価値 － 一九九七年の埋蔵量の現在価値）－（一九九八年に資産計上される原価 － 一九九七年に資産計上される原価）

本質的にこの調整は、市場が、将来に生み出される価値に対して、現時点で信用を与えているとみなして行われる」

こうした理由から、スポット価格ではなく、金融専門紙ですぐに入手できる将来価格を計算に用いるのである。しかし、計算はこれで終わりではない。当該年度の埋蔵量価値は資本勘定に加えられるので、次年度以降にＮＯＰＡＴから差し引かれる資本コストは大きくなり、ＥＶＡを改善しつづけるために乗り越えるべきハードルは高くなる。

さらに株主の富の増加を正確に反映するためには、企業のオプション価値によってＮＯＰＡＴを毎年増加させることとなる。こうしたオプションには二つの種類がある。鉱物の存在は判明しているが未開発の埋蔵量（ＰＵＤ）と、発見される可能性が高い潜在的な埋蔵量である。後者は「仮」のものである可能性が高く、計算はきわめて複雑である。ＰＵＤの正味現在価値（ＮＰＶ）は証明できるが、比較的易しいリアル・オプションの理論を用いた方がわかりやすい。オプション原価は、地質学上、そして地球物理学上の研究費用と、土地リースの原価から構成される。オプション行使価格、つまり開発の意思決定がなされた後の掘削原価は、ほかの事業と同様に簡単に計算できる。将来キャッシュ・フローのＮ

PV（金融オプションの株式価格と同様のもの）は、明らかに油田を採掘する時点での価格に依存することになるだろう。計算上では、現時点で利用可能な将来価格が利用されることになる。

最後に、すべてのPUDの経済価値は、すべての油田からのキャッシュ・フローの、静的な割引現在価値、つまり、開発がすべて今日実施されたときのNPVに、保留やより多くの価格変化情報の収集機会から生じる、ボラティリティ価値を足したものからなる。

著者らは*Journal of Applied Corporate Finance*でこう指摘している。

「ストックオプションと同じで、現時点でNPVが負かゼロの開発プロジェクトでさえ、未開発の埋蔵量には価値がある。〔もし価格が上昇すれば〕正のNPVを生み出すことになり、価値を生み出す可能性があるためだ」

さらに、次のように説明する。

「いったん採掘権を会社が行使したら、原資産は多年度にわたって産出され、販売される原油から導き出される一連のキャッシュ・フローと結び付けられ、通常はキャッシュ・フローを減少させるものとなる」

しかし、これには次のような利点がある。

「営業レバレッジのために、石油開発プロジェクトから生まれるキャッシュ・フローは、原資産である原油の将来価格の変動よりも大きくなる傾向にある。原油価格が上昇すると、埋蔵量価値はコストより速く上昇する傾向にある。なぜなら、多くのコストは固定費用であり、原油コストに応じて変動しないからである。その結果、利益とキャッシュ・フロー、そして将来キャッシュ・フローの現在価値は、原油価格より早く上昇するだろう。こうして多くの石油業界のエグゼクティブがそれを悲しむにもかかわらず、原油価格の不確実性が高い営業レバレッジと組み合わせられると、皮肉にも未開発の埋蔵量を開発するというオプションが、当該企業の現在価値の大部分を占めることになる」

採掘業界における将来志向EVAは、大きく二つの目的を持っている。一つは、市場の現実に沿った測定システムを構築することである。市場は、大規模な石油やガスの発見というニュースに敏感に反応する。すなわち、突然の富の増加が、株価上昇という形で反映される。一般に公表された埋蔵量価値のみをベースにした石油、ガス業界の大企業二五社の研究で、マコーマックとビシースワランは、将来志向EVAの計算結果で株主価値の変動の四九％を説明できるが、標準的な計算結果では八％しか説明できないことを発見した。さらに埋蔵量の測定を洗練させることで、将来志向EVAは株主価値の六六％を説明できた。さらに、内部のデータを使えば、いくつかの企業では株主価値の九〇％を説明できた。

変更のもう一つの目的は、現実的なインセンティブシステムを提供することである。標準的なEVAの測定法では、株主を豊かにした石油業界の経営者が十分に報いられない。なぜなら、EVAの増加は利益の増加から導き出されるものであり、企業の資本基盤の拡大を反映していないからである。これは、投下資本の値上がりやリターンに貢献していなくても、投資からの配当収入を生み出しているからといって、投資信託のマネジャーに報酬を与えることと同じくらいフェアではない。新制度でも、標準的なEVAインセンティブ・プログラムの仕組みは同じである。すなわち、毎年の予測改善額、三年から五年前に設定した目標、ボーナス・バンク、上限のないボーナスなどである。ちがいがあるとすれば、それは、鉱物を掘り当てたことによる投下資本の年度増加額がNOPATに含められ、経営者の報酬が大きく増加する可能性がある点である。この新システムは、既にハウストンにあるヌエボ・エナジーやモンタナ・パワーの石油ガス部門に導入されている。

将来志向EVAの可能性

将来志向EVAの新型ボーナスには、潜在的な問題が一つある。それは、一九七三年のOPECの対応や、一九七九年のイラン革命などによって生じた石油価格の急騰で、経営者の報酬が大幅に上昇したり、一九八〇年代半ばのような大幅な価格下落時に、逆の効果が生まれるといった問題である。もちろん経営者は、価格リスクをヘッジする義務を負うが、こうした非常に大きな価格変動は神の手によるものであり、人智の及ばないものとみなされるだろう。このように、将来志向のEVAを利用するということは、本質的に企業のリスクマネジメントに対する疑念を引き起こす。企業は、商品価格のヘッジを行うか否かの問題だけでなく、企業内のだれの責任でヘッジを行うかという問題にも直面しているのである。これは最高レベルの責任であるべきだ。

将来志向ＥＶＡは採掘業界に限定される必要はなく、資本価値が、突発的で不連続的な変化にさらされているような他業界にも適用可能であると考えられる。製薬業界もよく取り上げられる。製薬業界は、常に「試掘をしている」石油、ガス会社と似ている。製薬会社は一回成功するたびに、一七年間の特許の保護を受け、そのあいだに多額のキャッシュを生み出すことを知ったうえで、新薬や改良薬の発見に努めている。大規模な製薬会社は、多様なオプションを実行している。初期Ｒ＆Ｄから始まり、研究所での結果が望ましければさらに開発を続け、動物実験を行い、成功したなら、その後臨床実験が続き、最後にＦＤＡの認証を申請する。ここでのオプション・プロセスとは、すべての段階において、経営者が現場に賭けずに損失を削減することができるので、この余裕が、同時にさまざまな機会を追求させてくれるということを意味している。メルクやサール、ファイザーが新薬を市場に投入したときに、資本価値が急増することやオプションの束が、将来志向ＥＶＡが適切な測定法であることを示唆している。

隠れたオプションの価値

リアル・オプションの理論は、まだ会計利益を一切計上していないインターネット関連企業の多大な株式時価総額も説明できる。クレディ・スイス・ファースト・ボストンのマイケル・Ｊ・モブシンは、一九九九年六月に公表したリサーチペーパーで、高い株価の多くは市場アナリストが信じているように高すぎるわけではないと主張している。彼によれば、アナリストが間違っているのは、あまりにも割引キャッシュ・フロー（ＤＣＦ）分析に頼りすぎており、「潜在的にリアル・オプションに組み込まれた重要な価値」を無視しているからであるという。彼はさらに、「非常に不確実な市場に参加している企業の株式は、現在の事業のDCF価値と、リアル・オプションのポートフォリオを組み合わせたものとみなすのが望ましい」と提案している。ただ、その次に大きな飛躍がある。（オプションの価値は）「現在の持分価値と、既存事業のDCF価値の差額として推定されるだろう」。この式は、投機的狂乱や空想が、株価上昇には何の役割も果たさないことを示唆している。それにもかかわらず、彼は次のように続ける。「理性的な人であれば、組み込まれたリアル・オプションの価値には同意しない」

しかし、モブシンの議論の要点は妥当である。つまり、隠れたオプションこそが真の価値なのだ。彼は後にアマゾン・ドット・コムを分析して、「オプションのごった煮」だと明言した。要約すると以下のとおりである。

「この企業は書籍小売りとしてスタートした。そのため、書籍事業のDCF価値に、ほかの商品のアウト・オブ・ザ・マネーのコンティンジェント・オプションが合計されている。書籍事業が成功するにしたがって、音楽事業への投資を促進することで、音楽販売に関するコンティンジェント・オプションはアウト・オブ・ザ・マネーからイン・ザ・マネーになった。音楽事業が成長すると、次にビデオ事業に参入するオプションを行使した。時が経つにつれ、アマゾンのリアル・オプションのポートフォリオはより価値のあるものとなった。たとえば、最近のオークション・ビジネスへの進出は、一年前には想像できないことだったが、多くの同社のホームページ利用者に対応したものである。多くのアナリストは、アマゾンのような事業は、現実的には価値を持たないと主張しているが、私はそう思わない。企業のリアル・オプションに、明示的な価値があると考えることがカギとなる。そして、価値は潜在的に巨大だ」

次の重要な点は、彼のように熱狂的にならなくても理解できるだろう。リアル・オプションは価値あるツールなのだ。

第12章　ＥＶＡへの25の質問

何年にもわたって、ＥＶＡに関する数多くの講演や、ＣＥＯ、ＣＦＯとの対話を行ってきたジョエル・Ｍ・スターンは、ＥＶＡの理論的基礎と実践的適用の双方についてのさまざまな質問に直面してきた。たとえ既に本書で扱った内容と重複するというリスクを冒しても、きわめて頻繁に受ける質問のいくつかに答えるのは有用であろう。

シンプルで直接的な質問もある。また、現代ファイナンス理論（企業評価、ポートフォリオ、オプション評価、エージェンシー）から派生したより複雑なものもあれば、こうした理論の一部であるＥＶＡから派生した具体的な質問もある。ＥＶＡに関する質問では、評価の決定要因、リスクマネジメント、新規投資機会の評価、そして経営者や従業員の利害と株主の利害とをどのようにして完全に一致させるかという包括的なテーマを取り扱っている。

ミクロ経済学の理論のうち、われわれが主に根拠としている支配的な見解によれば、株主価値を最大化することは、同時に、社会の富を最大化しているのである。ここで言う社会には、従業員、サプライヤー、顧客、社会全体などのステークホルダーが含まれる。株主とそのほかのステークホルダーとのあいだに利害対立は存在しないが、そのほかのステークホルダーは株主、つまり、資本の提供者がその取り分を得ることができなければ、利益を得ることはない。株主が長期にわたって軽視されると、企業の存続可能性が脅かされ、すべての人にとって損失となる。

質問1　なぜ民間企業や国営企業が、経済的利益を業績指標として採用する傾向にあるのですか。また、何がそれを促しているのですか。

回答　簡潔に述べよう。標準的な会計手法で計算される利益は、第1章で詳細に論じたように、企業の経済的事実をしばしば歪める。ＥＶＡの一般的用語である経済的利益では、何が起こっているかについて、より真実に近い描写ができる。確かに、数十年前には業績を測定する合理的な指針として、会計概念上の純利益、つまり、一般にボトムラインと呼ばれているものの有用性が高い時期はあった。株価の変動との相関はかなり高かった。関連性を測定する方法は、景気循環に沿って、株価の変動や純利益の変動に注目することであった。つまり、株式市場で取引されている株式ならば、以下のような問いになる。「ＰＥＲは景気循環という観点からして、合理的に安定しているか」。これに対する回答は「ハイ」が大半だった。

残念ながら、一般に認められた会計原則（ＧＡＡＰ）は、株式価値と純利益との関連が緊密でなくなるような、多くの基準見直しを経験したのである。たとえば、M&A会計でこれまで利用されてきた持分プーリング法では、株式交換でM&Aを行った企業は、支払ったプレミアムを計上することなく企業結合を報告することが可能であった。簡単に言えば、両社のすべての会計勘定を連結させるだけなので、プレミアムが示されないのである。しかし、現金や優先株による買収では、パーチェス法を用いなければならなかった。買収企業は支払ったプレミアム、つまり、被買収企業の公正価値を超える買収価格を計上する義務があり、一般的に「営業権」と呼ばれるプレミアムを、四〇年以内に、利益に対する費用として償却することを義務付けられていた。毎年費用計上することで、純利益とEPSは減少する。純利益と結び付いた報酬契約を結んでいる経営者にとって、明らかに、持分プーリング法より望ましくない事態をもたらす会計処理である。もちろん取引の経済性は、根本的には同じである。持分プーリング法は、会計ルールによって引き起こされる多くの皮肉の一つであり、取引を灰色のベールで覆うにもかかわらず、いや、むしろそのせいで、長年にわたり広く人気を集めてきた。

第二の逸脱は、ハイテク企業が研究開発費に費やした多くの資本を、恣意的に費用化することである。一九七五年まで、R&Dは資産としてバランスシートに計上されていた。その後償却されるわけであるが、その償却期間は多様であり、R&Dの期待耐用年数によって決まっていた。企業は、将来の影響に対するさまざまな推測に基づき、R&Dの耐用年数について異なる年数を選択していたのだ。しかし、比較可能性がより重要だと考えた職業会計士の基準設定団体は、最も保守的な代替案を採用した。それは、支出した期にR&Dを費用計上するというものである。このアプローチは、R&Dからのリターンは不確実性が高いので、その効果は当期に限定されると想定している。その結果、ハイテク企業の収益性は悲しむべきことに低めに計上され、資産や株主持分も同様に低めに計上されることになった。もちろんこれは、ハイテク企業が多額のR＆D投資を行っていることによるものであり、こうした会計基準の設定により通常の製造業に属する企業と、ベンチャー企業の収益性とを比較する現実的な方法がなくなった。比較可能性を確保するために行われた会計処理方法の統一によって、経済的事実は歪められている。第1章に記したように、ほかにも多くの例がある。したがって、多くの企業は、会計利益よりも経済的利益で測定されることを熱望している。

質問2　EVAをどの組織単位やレベルにまで展開するのかを決める要因は何ですか。

回答　ＥＶＡによる測定をどの程度にまで浸透させるかは、以下の三点によって決まる。第一は、正しい業績評価を行おうというＣＥＯのコミットメントである。連結業績をベースにした組織のトップだけでなく、組織の下位の階層、現場にまでコミットメントすべきである。測定システムの深さを決定する第二の要因は、測定システムとともに、どの程度までインセンティブを実施できるかである。たとえば、経済的利益を基にしたインセンティブがミドルマネジャーにまで導入される場合、ほぼ確実に、その組織階層までは経済的利益が測定されることになるだろう。

第三の要因は、組織のさまざまな階層において、経済的利益による測定がどの程度意味を持つかという点である。解決すべき問題の一つは、企業のさまざまな部門間の移転価格を決定することである。関連する問題として、部門間で純資産を合理的で正確に配分することが必要な、共有資源があげられる。重要になる可能性がある要因として、第四に労働組合をあげることができる。労働組合の支持を獲得すべく、早期に彼らと協議することである。組合に加入している時間給従業員を、EVAのインセンティブ報酬プロセスに参加させない理由はない。たとえば、B&Sやタワー・オートモーティブの組合員は、EVAに変更している。また、第6章で議論したように、ヨーロッパでは労使協調が大きなうねりとなっており、EVAを現場の従業員にまで適用させるような環境になりつつある。

質問3　報酬の種類は、投資意思決定のドライバーとなりますか。

回答　取締役会や役員会では、通常この二つを関連付けて話さないが、確かに密接に関係している。報酬、とくに変動給部分が、EVA改善以外のことと関連しているのであれば、経営者はインセンティブ・システムの促す行動を推進するだろう。

たとえば、経営者の報酬が税引後純利益の改善、あるいはそれから導出されるEPSと関連していたとしよう。初期費用や学習費用、研修や開発費などが、当期利益に対して費用化されるために、プロジェクトへの投資が短期的な収益性を下落させるなら、経営者は正の現在価値を持つ新たな価値ある投資を行わないようになるだろう。間違ったインセンティブが、思わぬ効果をもたらした例はほかにもある。

質問4　EVAフレームワークを実践することで、IRの仕事はどのように変わりますか。

回答　歴史的に、多くの上級経営者は、非現実的な将来予測を投資家に提供して誤解させてはならないという法律にのっとって、投資家が知る必要のある情報だけを発表するという態度をとってきた。むしろ、文書化できるような歴史的情報を中心にしてきたのだ。このように、アニュアル・リポートや四半期報告書は、典型的には企業の将来情報について、非常に一般的で、普通に用いられる当たり障りのない言及をする形で歴史的情報を提示している。

対照的に、投資家は予測される将来業績について独自の判断を下す必要がある。主だったビジネススクールに籍を置くファイナンスや会計、戦略論のほぼすべての学者は、企業の現在価値が将来の期待業績に基づいていると信じている。歴史的情報が将来についての期待を形成するのに役立つ場合のみ、歴史的情報は株価形成において役立つ。内在価値を評価しようとしている投資アナリストにとってEVAフレームワークが重要なのは、経営者が投資家の利害のために行動する可能性を評価することが、きわめて難しいからである。経営者の直接報酬が、企業規模や責任の大きさによって決定されることはよく知られている。したがって、企業の成長は経営者の成功の十分条件なのだ。株主はそれ以上、つまり、企業が、少なくとも関連するリスクに見合った必要投資収益率を稼ぐことを強く望んでいる。

経営者が、完全なEVAプログラムを導入すると発表したとき、事実上経営者は、十分な投資収益率をあげられなさそうなプロジェクトや、経営者自身のための成長は却下されるということを、市場に伝えていることになる。これによって投資アナリストは、企業の将来業績の成り行きをより強く信頼するようになるだろう。これが、EVAを実践しているほとんどすべての企業が、アニュアル・リポートや四半期報告書、投資アナリスト業界に対するプレゼンテーションなどにEVAのパフォーマンスを含める理由である。EVAの公表を望んでいる経営者は、間違いなく、投資家たちに特別な声明を発していることになる。

質問5　多くのスターン・スチュワート社のクライアントからのフィードバックによると、EVA導入のために必要な努力が低く見積もられていたり、十分に強調されていないとのことです。これに対してはどう考えていますか。

回答　EVAプログラムの実践に関する初期の仕事は単純で、直感的で、経営者のコミットメントはかぎられているかのように思えるのは事実である。しかし実際には、プログラムが成功するには同時に二つの大きな努力を実施しないといけない。

まず、CEOやCFO、COO、人事部門の責任者はもちろん、全執行役員を含む役員会、あるいは経営委員会から構成された運営委員会を立ち上げるべきである。毎月開催される運営委員会の目的は、EVAプログラムの設計と構造に関して主要な政策決定を行うことである。委員会はスターン・スチュワート社による一五〇以上の質問に答えることになる。それには、M&Aを含む、新たな投資機会を評価するための資本予算システムを、根本的に改定するというような経営システムの問題や、既に議論したようなアノマリーを減らすための、会計利益や資本の調整などのような測定の問題も含まれる。

適切に設計された場合、EVAマネジメント・システムは既存の全活動も評価することができる。つまり、新規投資だけでなく既存の活動についても、どこで価値が創造され、どこで破壊されているのかについて企業の全側面を検証し、企業がゼロベースの予算（前年度実績などを利用せず、正当性のみを根拠に組まれた予算）を実施できるようになる。

運営委員会はインセンティブ報酬システムの設計にも関与する。委員会は、支払期間や使用されるボーナス・バンクの種類、ボーナスの一部が株式あるいはストック・オプションであるべきか、もしくはすべてが現金であるべきかなどの、きわめて重要な要素についての意思決定を行わなければならない。

ＥＶＡを実施する際のもう一つの大きな取り組みは、注意深く設計されたオリエンテーションとトレーニング・プログラムを通して、組織の意識改革を実施することである。主に人事部門の担当者が研修の責任を負うが、財務部門も支援する。財務、会計、企画、業務の代表者から構成される、公式な実践チームを作るべきである。実践チームは運営委員会に直接報告する。

ＥＶＡプログラムの実践は、数カ月で終わるようなものではない。むしろすべての従業員が、ＥＶＡ、つまり株主価値を創造するうえで重要な役割を果たせることを理解してもらえるような、測定／経営／インセンティブ・システムが企業文化になるまでコミットメントしつづけるのである。

質問6　ＥＶＡを導入している多くの企業は、ボーナス評価に関して追加的な基準を採用しています。これに対してはどう考えていますか。

回答　ＥＶＡが、ボーナス・システムの開発に用いられる唯一の測定指標ではないということに異議はない。確かに、個人的目標や戦略的目的が含まれる可能性はある。しかし、ＥＶＡの改善を伴わないのであれば、企業がそうした目標を達成した従業員に報いるべきでないことも同様に明白である。ほかの言い方をしよう。ボーナス・システムの資金は、ＥＶＡ改善額から捻出されるべきである。ほかの目標を達成したことによるボーナスは、ＥＶＡが改善されて初めて支給されるべきである。そうでなければ、個々人がＥＶＡの尺度にはない成功を主張することによって、ＥＶＡを創造するという主要目的を無視する誘惑に駆られるだろう。彼らの主張はこのような感じだろう。「ＥＶＡは創造していないけれど、私自身の戦略的目標や個人的目標は確かに達成しました。顧客やサプライヤーがどれだけ満足しているか見てください」。もちろん、この議論の問題は、測定できない成果に対して従業員に報酬を支払う一方で、ＥＶＡ下落によって株主にペナルティーを科すことを正当化していることである。

質問7　ＥＶＡの初年度には、ボーナス・プランの調整を行うことが重要となります。ＥＰＳへの影響をバランスさせつつ、ボーナスを支給した経験についてお聞かせください。

回答　人は、既存の環境でどのように生活すればいいのかを学習しているので、新しいボーナス・プランの導入は難しい。したがって、ＥＶＡプログラム最初の年によい成果を得ようとするのは、よいアイデアである。しかし、ＥＶＡがＥＰＳの改善額とある程度バランスされるべきであるというのは、ＥＶＡのポイントを完全に見失うことになるだろう。われわれが説明に苦心したように、ＥＰＳの改善を進めるために必要なことが、時にＥＶＡ改善の障害となる。市場はＥＶＡの改善を優先しており、ＥＶＡと会計上の結果とに齟齬があっても、ＥＰＳの低下は株価に負の影響を与えないだろう。ＥＶＡプログラムに対する企業のコミットメントが、洗練されていない集団に影響を与える知識豊富な「リーダー牛」的な投資家に信じられているかぎり、これは正しい。

質問8　ＥＶＡを導入したクライアントが懸念している問題の一つは、ある部門の提案によって他部門のＥＶＡが脅かされる場合に、部門間で逆機能が働く可能性がある点です。あなたの経験をお聞かせください。

回答　この懸念は、なぜ運営委員会で従業員が一緒になって働く方法を議論することが、企業全体に統合されたＥＶＡシステムを構築する際に重要なのかを示している。互いに相容れない目標を選択するため、ときにはオンブズマンが必要になるかもしれないが、これは新しいことではない。すべての企業は個々の事業部門間のコンフリクトを体験している。すなわち、ある部門が追求している目的が達成されると、企業全体としては損害をもたらすといった状況である。われわれの見解では、いかなる企業においても、オンブズマンとなり、適切な選択をするのが役員会による統治の目的である。ＥＶＡを推進している企業は、ＥＶＡを導入していない企業と同様に、多かれ少なかれこうしたコンフリクトに直面することになる。コミュニケーションがオープンであることと、組織のトップにいる主な人々が企業全体のＥＶＡの最大化に焦点を合わせるように動機付けられるような、ＥＶＡボーナス・システムの設計が必要なのである。

質問9　ＥＶＡはバランスト・スコアカードの発展とどのように関連しているのですか。バランスト・スコアカードは役立ちますか、あるいは妨げになるのですか。

回答　ＥＶＡと、バランスト・スコアカードとして知られる経営およびインセンティブ・システムとが上級経営者や取締役会の関心の的となっているのは、会計の枠組みが業績を測る適切な方法も、従業員の利害と株主の利害を緊密に連携させるアプローチも、経営者に示せないという欠点があるためである。ＥＶＡの変動は、株主の最大の関心事である企業の経済的価値の増減をたどっている。対照的に、バランスト・スコアカードは、会計上の純利益やＲＯＥのような一般的な利益指標から離れて、すべての企業が直面するほかの重要な問題の数々に、経営目標を集中させるための試みである。バランスト・スコアカードの共著者の一人である、ハーバード・ビジネススクールのロバート・キャプラン博士が主張するように、ＥＶＡとバランスト・スコアカードとのあいだに対立は存在しない。事実彼は、彼のアプローチを採用した企業がスコアカードの財務指標としてＥＶＡを使用し、インセンティブをＥＶＡの改善と結び付けるべきであるということを推奨している。

ＥＶＡ支持者の観点からのバランスト・スコアカードをめぐる唯一の問題は、それが上級経営者の視点を株主価値の主要なドライバーから外させる傾向があり、また財務上の目的以外を達成した経営者に対して報酬を与える状況を生み出す可能性があり、それによって株主の利益が損害を被ることである。言いかえると、バランスト・スコアカードは経営者に対して価値のある情報を提供する。しかし、ＥＶＡを犠牲にしたうえで、それをパフォーマンスと報酬に関する主要なドライバーとすべきではない。

質問10　ＥＶＡが企業の文化や行動に与える影響は何ですか。

回答　多くのプラスの効果がある。この質問に答える最も簡単な方法は、過去二〇年にわたる企業戦略に関する二つのまったく関係ない問題を、ロールシャッハ検査（心理学でしばしば行われる性格診断法）で考えることである。一つは、流行した「プロセス・リエンジニアリング」というスローガンへの反応を考えてみよう。一般的な反応は「君はクビだ!」である。これとは対照的に、EVAという言葉への反応は「どうやれば一緒に価値創造ができるか」である。言いかえれば、EVAは包括的であり、排他的ではない。その一つの理由は、株主価値改善の達成に大きな責任を負うEVAセンターの中で、業績指標が設計されていることである。このことは、すべての従業員が参加者になり、さらにうまくいけばパートナーとなってEVAを改善し、経営者が認めるならば一緒にインセンティブ・システムが適用されるようになるということを意味している。

この取り決めは非常に望ましいものである。以下のように考えてみよう。上級経営者が一〇〇ドルの価値を創造したとすると、それに対して現場の従業員は一ドルしか価値を創造していないかもしれない。しかし留意すべき点は、企業全体では従業員の数は上級経営者よりはるかに多く、EVA推進の一部として彼らの貢献を求めようとしないのは恥ずべきことであるということだ。EVAを下層にまで浸透させた組織は、眠っていた才能やイニシアチブを開発している。

質問11　インセンティブ報酬を設定する場合に、グループ・レベルの業績をEVAを用いてどのようにして測定するのですか。それともインセンティブ報酬は、全社レベルだけが設定できるものなのですか。

回答　いかなる責任レベルで測定される場合にも、インセンティブはうまく機能する。上級経営者の場合、適切な業績評価は全社レベルのEVA改善額で行う。組織の下層では、各々の階層のEVAセンターでEVAを測定し、各々が創出したEVA改善額によって報酬を与えられるのが一番望ましい。もちろん、多くの組織では共有資源や移転価格の問題があるので、組織の最下層にまでEVAによる測定を浸透させるのは難しい。しばしば、こうした問題の解決法は、一部のEVAを測定し、報酬を与えることである。しかし、そうしたシステムは、インセンティブ・システムがまったくなかったり、恣意的に決められたり、交渉で決められたりするよりもずっと優れている。

質問12　企業の組織的成長に対する投資という観点から、EVAが取締役会の意思決定に影響を与えることはありますか。また、「部分最適化」現象をどのように克服するのですか。

回答　EVAの旗印の下では、最適な手順はゼロベース予算である。すなわち、価値を創造する可能性が高い投資への意思決定を行うために、投資の意思決定が、まったく白紙状態から行われるかのように企業のすべての活動が毎年再評価される。このアプローチの利点は、すべての投資が同列に取り扱われることである。このことは、一般的には外部成長と言われるM&Aが、EVAの改善という視点を基礎にすると、既存の活動への新規投資とまったく同じように審査され、順位付けられることを意味する。しばしば、後者は内部成長あるいは組織的成長と呼ばれる。

「部分最適化」現象は確かに問題かもしれない。個々のEVAセンターのあいだでは、そのセンターでEVAの改善を最大化するという個々の明確な焦点があるので、企業のほかの場所で起こっていることに対して注意が払われず、場合によっては無意識な妨害を引き起こしかねない。企業全体の目的の重要性を強調することで、こうした現象が生じるのを克服するのは、上級経営者の義務である。報酬構造は、こうした規律を強化するように形成されるべきである。事業部長のＥＶＡボーナスは、一般に、個々の部門の業績と全部門合算の業績との双方によって決定される。既に述べたように、役員には企業全体の成果によってのみ、報酬が支給される。さらに、事業部長は、企業全体の成功が彼らの利害となることを促すストック・オプション・プログラムにも、しばしば参加している。また、全社レベル対各事業部門レベルの衝突は、ＥＶＡに対するコミットメントを強化することにつながる、非常に重要な議論を喚起するということを指摘しておかなければならない。これは有益な研修プロセスの一部である。

質問13　インセンティブ手段としてのＥＶＡは、効果的でしたか。そうでない場合、それはなぜですか。

回答　完全なものはない、というのが回答である。ＥＶＡがインセンティブ手段としてうまく機能しなかったのは、往々にして、ＣＥＯあるいは役員会のメンバーがプログラムを実際に支持しなかったり、組織に浸透させることに失敗した場合であることが多い。われわれは、避けがたい人生の真実について認識しなければならない。すなわち、上級経営者は予算交渉が必要となるほかの報酬システムの下で働くことに慣れており、そのシステムをどのように活用すべきかについても習熟しているのだ。何十年も経験のある上級経営者にとって、ＥＶＡは彼らの安定性を脅かすものである。したがって、ＥＶＡを成功に導くためには、ＣＥＯの役割が重要なのである。

質問14　事業や財務に関して鋭い洞察力を持っていない人が、ＥＶＡのコンセプトを把握し、ＥＶ

Aによってどのような影響を受けるのかを理解することは難しいのでしょうか。また、彼らがEVAに影響を与えるためにできることは何ですか。

回答　これに対する簡単な答えはない。スターン・スチュワート社が、EVAと調和するようなインセンティブを設計するためのプロセスを作りはじめた当初、インセンティブが機能するのはもっぱら組織の上級経営者レベルだけだと考えていた。これは、ベネット・スチュワートが書いた『EVA創造の経営』（河田剛ほか訳、東洋経済新報社）でとくに明らかである。インセンティブの説明に費やした同書第6章のタイトルは、「マネージャーのオーナー化」である。強調されていたのは経営幹部であって、組織の下層の従業員ではなかった。

スターン・スチュワート社が組織下部にまでプログラムを浸透させた方がよいと結論付けたのは、時間が過ぎて、数多くの企業でEVAを実施してからのことだった。B&Sが最も早くに、用いるべきアプローチに気が付いた。だれにでも簡単に把握できるように、財務の原則を説明するための専門的ではない例を作ったのだ。

この成功によって、多くの人がそれを見習ったが、上級経営者に適用可能なプログラムに従業員を参加させるという要件をスターン・スチュワート社に課したのは政府組織だったということは、示唆的であった。この政府組織とは、南アフリカ医療研究所（SAIMR）や、南アフリカ共和国の国有電力会社のエスコムのことである。現在は南アフリカの国有電話会社、テレコムがこれに当たる。とくに意義深い例がUSポスタルサービスである。同社の取締役会は、すべての従業員がEVAベースで評価され、報酬を受け取ることができるように、EVAが計画されるべきだと主張したのだ。しかし、非管理職労働組合はそれに加わらなかった。アメリカの公共部門が、組織全体に使えるようなEVAプログラムの計画をスターン・スチュワート社に対して促したことも、興味深い。こういった法人は、エリート主義ではなく、全階層の個々人に敬意を払うことこそ、組織の成功に不可欠であると信じていた。

このように、正式な教育をあまり受けていなかったり、財務や会計の知識が乏しい人にEVAを理解させることにはまったく問題がない。大学で物理を勉強している学生を考えてみよう。学生が実家に帰り、「今年は物理で何を勉強したの」と質問されたとしよう。学生が「とても難しいな」と答えるのを聞いて、父親はこう言い放つだろう。「ということは、おまえは理解していないということだね」

複雑な問題であっても、わかっているのであれば、だれにでもわかる用語で表現できるだろう。それは通常、組織が変えたいと考えている日常的な行動を例をあげることである。アメリカの運送会社の訓練セッションの終わりに、参加者の一人が手を挙げてこう言った。「わかりませんでした。どのように昨日までとはちがう行動をとればいいのですか」。これに対して、講師は次のように答えた。「あなたは個人所有のトラックを運転していますか、それとも企業所有のトラックを運転していますか」。彼は後者だった。「問題はそこにあるのです」と講師は言った。「なぜ個人所有のトラックの運転手が、一ガロン当たり六・八マイル動かせるのに、企業所有のトラックの運転手は六・二マイルしか運転できないのでしょうか。企業所有のトラックの運転手は坂の頂上に来たときに、アクセルを踏む誘惑から逃れられず、時速九〇マイルで駆け下りてしまうのでしょう。あなたならどうしますか。個人所有のトラックの運転手のように、坂の頂上でアクセルから足を外しますか。あなたの事故記録はどうなっていますか。

個人所有のトラックの運転手は六～七年に一度、重大事故を起こしますが、企業所有のトラックの運転手は、より頻繁に事故を起こします」。運転手は答えた。「わかった、坂の頂上ではアクセルから足を外そう。そして、個人所有のトラックの運転手のように、安全運転を心がけよう。これで、私は個人所有のトラックの運転手と同様のボーナスを来年は受け取れるようになるのだね」

質問15　トレーニング・プロセスで使用する、最良のアプローチは何ですか。

回答　それは、組織がどの程度の企業文化の根本的な変革を望んでいるかに、多くを依存している。相対的に若く、機敏で先進的な会社であれば、二～三のトレーニング・セッションを行えば、多くの従業員の必要を満たせるだろう。だが、リーダーにはさらなるトレーニングが必要だろう（詳しくは第7章を参照）。歴史的に変化を厭い、平均年齢が高いためにそもそも活気がない企業では、より段階を踏んだ多くのトレーニングが必要である。

こうした環境下では、多くの従業員に対して、三つのまったく異なるセッションから成るトレーニングや開発プロセスを受講させることが望ましい。各々のセッションはせいぜい四五分程度にすべきであり、その後に長い質疑応答時間を設けるべきである。最初のセッションは「ＥＶＡとは何か。なぜ、いま行うのか」である。このセッションの目的は、単に経済価値の根本的アイデアを説明し、ＥＶＡを定義し、現在の状況下で、企業の業績測定法や経営システムに変更を迫られている理由を説明することである。グローバリゼーションを含め、競争環境の変化について簡単な流れを入れるのはよいアイデアだ。ここでは全従業員に、時代が変化しており、その変化に対応するための一つの重要な方策が、株主価値に焦点を合わせることであるということを理解させるのが目的である。

次のセッションは、企業全体と従業員が働く各ＥＶＡセンターの、双方のＥＶＡの測定に費やされる。さらに、ＥＶＡセンターの将来の計画が示され、ＥＶＡがプラスになるのか、ゼロになるのか、マイナスになるのかを測定する。

インセンティブ報酬システムを特定のＥＶＡセンターにまで適用している場合、第三のセッションは、このシステムの説明にすべて費やされる。このセッションでも、投資機会の評価のために経営者がどのようにＥＶＡを使うのかが詳細に示される。

質問16　どのような種類の組織（文化や働き方の側面）でＥＶＡがうまく成功するのですか。また、それはなぜですか。

回答　残念なことに、組織におけるビジネス手法や根本的な行動について疑問が生じるような大きな危機に瀕しているときに、ＥＶＡは最も成功を収める。つまり、すべての従業員が「いま、変化を」という言葉を叫ぶような状況である。多くはＣＥＯが交代し、新任のＣＥＯが行動と業績を急速に変更することを望んでいる場合である。

Ｂ＆Ｓでは、業績面で危機が訪れ、数十年ぶりに赤字を計上した。ＳＰＸでは、ＧＥから新たなＣＥＯが着任し、早急な改善と従業員の一部の態度を完全に変革することを要求した。ハーマン・ミラーは既に生産性向上と従業員参加型経営に集中してきてはいたが、資本の無駄遣いと計画策定プロセスの混乱によって危機がもたらされた。これらすべての要因が、ＣＥＯやＣＦＯの交代を促した。

確かにこれらは極端な例である。グローバリゼーションに対応した変革や、経営者が株主価値や生産性の上昇、投資機会、そして人的資本の生産性向上などに対してより見識眼を持ち、責任を負うことが求められる「新世紀型のビジネス」に対応するための変革の方が、シビアではない。

質問17　どのような数式がEVAインセンティブ・プログラムの計算で用いられるのですか。派生式はたくさんありますか。また、どれが最もよいでしょうか。

回答　質問11で答えたように、企業の連結レベルでは、全社レベルのEVAが使われ、インセンティブはEVAの改善額と結び付けられている。先に述べたように、EVAがすべてのインセンティブ報酬の資金源として用いられるのを推奨するが、インセンティブの中でも非定量的基準、つまり個人の目標や戦略の目標については、総報酬の二五％以上には反映させない範囲で同時に考慮に含めるべきである。

ＥＶＡを役員会より下層の組織にまで浸透させていくためには、企業の各事業部門単位でＥＶＡの改善額を計算するのが効果的である。そのためには、ＥＶＡの測定を実施するのに十分なだけ、職能の境界や責任を明瞭にする必要がある。もちろん境界は企業によって異なる。事業部門、事業部、工場の場合などさまざまである。既に述べたように、「部分最適化」現象を回避するために、事業部門のトップ（そして副部長）は一部（二五％あるいはそれ以上）を企業全体のＥＶＡを基準に、それ以外を事業部のＥＶＡを基準にしてボーナスを受け取る。それよりも下位の従業員は、事業部門ＥＶＡを基準にすべてのインセンティブ報酬を受け取る。それは、彼らが影響を与えることが可能な範囲が、そこにかぎられているからである。

ＥＶＡインセンティブ・プログラムには二つの基本タイプがある。一つは、「全額預け入れ」バンクと呼ばれ、ＥＶＡボーナスを完全に申告し、ボーナス・バンクへそれを預金する。その一部分が当期の報酬として支払われる。残りはリスクに備えて保有され、ボーナスの対象となったＥＶＡの改善が継続しなかった場合に減額される。標準的な支払期間は六年間で、最初の三年間に七〇％が分配される。

いま一つは「目標超過額預け入れバンク」と呼ばれ、その年に稼いだボーナスの全額を支払う。ＥＶＡのパフォーマンスが当期の目標を超えたら、追加ボーナスがボーナス・バンクに蓄積され、三年間にわたって分配される。この第二のアプローチは、アメリカではより一般的になりつつあるが、ボーナス・バンクに残るリスクにさらされた現金が少なくなるという欠点がある。このように、目標超過額預け入れバンクは、「全額預け入れ」バンクのように、個人の参加者に対して長期的に提供するものではない。ヨーロッパや南アフリカ、オーストラリアでは、取締役が中長期的な行動を動機付けるためにリスクの大きなものの利用を好むため、後者が支配的である。ボーナス・バンクとしてどちらを使うことが好まれるかはさまざまな理由があり、組織文化やインセンティブ・システムを用いる役員会の履歴や選好に依存する。

最後に一つ付け加えておこう。トップのリスク選好に応じて、通常のボーナスあるいは超過ボーナスに必要なＥＶＡパフォーマンスの目標額は、大きくも小さくもなりうる。ＥＶＡを一ドル改善したり破壊したりすることが、どの程度利益を増減させるのかをプログラム参加者が確実に理解するために、インセンティブは慎重に設計する必要があるだろう。たとえば、公益企業や国営企業は、伝統的に給与構造において、相対的に小さいリスクを望む。ＥＶＡシステム設計の際のリスク・プロフィールは、ほかの業界よりも穏やかなものを推奨する。ハイテク企業のように、リスク選好がまったく逆の企業の場合、過度にリスキーなEVAシステムを構築しないように注意する必要がある。事業それ自体が非常にリスクが高く、トップのリスクが「農場を賭ける」ような態度につながり、それは株主にとって望ましいことではない。

質問18　クライアント企業と外部コンサルタントとのあいだでは、どのような継続的関係が望ましいのでしょうか。

回答　クライアントは知識の移転として、コンサルティング会社に対して雛形やワーキング・ペーパーの送付を要求すべきである。これは実際、コンサルティング会社からクライアントへの技術移転に相当する。こうした理由があるからこそ、コンサルティング会社は、クライアントに認められた範囲を超えた技術移転をしないと主張するであろう。

実践面から、プログラムから生じる疑問に即座に答え、対立の解決を確実にするために、クライアントは実践後最初の数年間は、年に四回程度の定期的会合を要求すべきである。初めからすぐに完璧に機能するようなシステムはない。

質問19　このシステムを実践するためには、どの程度の期間が望ましいですか。

回答　少ない事業分野で事業を行っているのであれば、上級経営者や直属の部下に対して、成功裏に導入するのに必要な時間は八〜一二カ月程度であろう。従業員数が増え、組織の規模や複雑性が増加するにしたがって、プログラムの実践に必要な時間は長くなる。ドイツのシーメンスは、一七の異なる事業を持っており、導入までに一七カ月以上かかった。まずミドル・マネジメントにまでプログラムを導入し、その後で実質的に現場にまで浸透させるような組織の場合、最初のパートに一五〜一八カ月かかり、次のパートはさらに一二〜一八カ月が必要となる。

民間企業より、経済的利益という概念により親しみのない政府組織の場合、各々の実施段階においてさらに慎重な取り扱いがなされる。その結果、時間は余計にかかる。上級経営者に対してプログラムの最初のパートを導入するのに一二〜一八カ月かかり、現場にまでプログラムを実施するまでの時間は延びる。コンセンサスを構築し、シミュレーションを通して当然の結果であると示すまでには、多くの時間と努力が必要となる。

質問20　ＥＶＡを成功裏に実施するために、クライアントが持つべき最低限の財務システムは何ですか。

回答　企業が必要とする情報は、通常、組織全体の損益計算書とバランスシートから得ることができる。多くの企業は、このようには内部報告を行っていない。そうした企業にとって最低限の要件は、損益計算書と、個々の事業部長が自分の事業部門を運営するのに必要なバランスシートの項目である。これを、ＥＶＡに対して一般的に使用することは難しい。なぜならば、スタッフ・サポート・センターやコスト・センターは、バランスシートの形態による情報をあまり多く保有していないからだ。ＥＶＡやＥＶＡドライバーの操作可能な側面を測定するのに必要な情報を探しているのだということを忘れてはいけない。

質問21　サービス部門のＥＶＡ指標はどのように作り上げるのですか。

回答　非常に明確な例だけをあげると、たとえば財務、企画、法務、人事などのサービス部門は、組織に対して提供した成果を合算することによって、成果を測定すべきである。たとえば、企業全体にサービスを提供するＣＦＯとそのスタッフは、全体の結果によって測定されるべきである。それに対して、部門や子会社の経理担当者は、その事業の成果で測定されるべきである。

しかし、サービス部門は、顧客満足にかかわる、ソフトで主観的な指標を利用することを求めるかもしれない。この場合、サービスを提供した特定の事業部門、あるいは非常に重要な個人的で戦略的な目標である。こうした柔軟性を求められる問題に対処するために、標準的な業務に属する従業員よりも、彼らの報酬の変動部分を大きくすべきである。標準的な業務を担う従業員は、戦略的で個人的な目標によって決まる変動報酬は二五％程度であるが、サービス部門の従業員の変動報酬は五〇％まで達する。こうした従業員は、サービスを提供する組織によって評価され、評価によって報酬の大部分が決定される。三六〇度評価（私が彼を、そして、彼が私を評価する）は、人的資源管理に関する価値ある情報を収集するのに非常に有用な方法であり、われわれは多くのＥＶＡ導入時における取り組みの一部として推奨するが、それは企業文化がこの提案に対する用意ができている場合にかぎられる。

質問22　短期的財務目標や長期財務目標と矛盾するような、組織のイニシアチブと優先順位に関す

る決定をする場合はどうすべきですか。事業部門が確実にＥＶＡを推進できるようにするためには、何かが必要だと思うのですが、従業員、社会、顧客のゴールや目標をまず満たさなければ、取り組むことができないと思います。

回答　組織のイニシアチブや優先順位の決定が、短期的な、もしくは中期的なＥＶＡ改善と矛盾を起こす可能性がしばしばある。われわれの見解では、こうしたイニシアチブは、多くの場合ＥＶＡ改善に貢献する。そうでなければ、そうしたイニシアチブが実際に価値あるものかどうかを慎重に評価すべきである。たとえば、顧客満足がＥＶＡ文化と共存するとき、どうしてそれがＥＶＡ改善と矛盾するのか理解に苦しむ。

職場の安全性の問題を考えてみよう。安全性強化に対する支出は、ＥＶＡを引き下げる可能性のある、価値のない投資のようなものに思えるかもしれないが、明らかにそうした見解は短絡的である。ＥＶＡを導入している採掘企業は鉱山内での安全性を、変動給の一部を構成するきわめて魅力ある柔軟な問題として取り扱う。ある会社は、安全許容度が望ましいレベルを下回ったら、発表されたボーナスの支給を取りやめると公表した。南アフリカの地方電力会社の場合、安全性に関する目標は社会的に見て自然であり、それを達成するために資本を配分した場合は、ＥＶＡのボーナス計算からは控除すべきだと提言した。こうした投資は中立なものであり、将来のＥＶＡ改善に関連はないだろう。

質問23　ＥＶＡの成果が市場の影響ではなく、内部の努力から生じたものであると、どのように判

断するのですか。

回答　経営者の自由裁量的な意思決定によるものであろうと、外部要因による単に運がよかったものであろうと、EVAに対する影響はEVAプログラムとは関連がない。一時的に、幸運や不運が企業の成果に影響を与えるし、EVAによる報酬は単なる経営上の英知の成果ではない。これは悪いことではない。幸運によって利益が増加したり株価が上昇することで株主に報いられるので、幸運によって従業員も報酬を与えられるべきである。不運はすべての人に同様に影響を与えるが、ボーナス・バンクは従業員の痛みを緩和する手段となる。もし不運により破産の憂き目にあっても、従業員は好調な期間に蓄えた金を引き出すことで、ボーナス・バンクから支払いを受けることができる。

質問24　EVAによって引き起こされる変化は根本的なものであると言われています。何が起こるのか教えてください。

回答　EVAによって起こりうる変化が根本的かどうかは、現状の企業文化によって決まる。企業の目的が規模を拡大すること（たとえば市場シェア）であれば、EVAによって根本的な変化が起こる。一方、株主の利害に一致させるように経営を行っている企業であれば、EVAによって起きる変化は、単に価値上昇の計算方法をより客観的にすることにとどまる。こうした場合、企業は比較的マイナーな調整を進めることになる。そして、世界クラスの水準あるいはベスト・プラクティスに到達することを試みるようになる。こうした企業にとって、EVAについての話は、以下の質問に対する答えである。

「どれだけ高ければ、高いことになるのか。実際には、どこまで達成できるのか」

EVAを実践している多くの組織では、企業は混乱状態にあり、新たに就任したCEOが物事を転換しようとする。あるいは、企業は、モラールを劇的に低下させるような外部要因に苦しんでいる。または、ある規制の一つが緩和されるなど、規制構造が急速に変化している。こうしたすべての状況において、経営システムや経営実務は多くの変更や改善を必要としている。スターン・スチュワート社のボーナス制度を導入した企業で起きた変化はどのような話であれ興味深い。典型的なものとしては、経営や戦略的計画に対する市場の認識が大きく変化したというものであろう。以下で、ボーナス制度について簡単に復習しておこう。

1　EVAを使用し、ボーナスの大部分をEVAだけで決定する（主観的目標は使わない）。ほかの目標を使うと焦点がぼやける。

2　複数年にわたる明確な目標を設定する。これは、持続的で好調な業績に対し、継続的かつ十分な報酬を保障することとなる。さらに、短期的な利益を獲得するために将来の業績を犠牲にすることも避けることができる。

3　投資家の期待をもとに目標を決める。複数年の目標を組み合わせることで、計画が「ゲーム化」することを防ぐ。経営者は、自由にストレッチ目標を設定し、その達成のために動くことが可能となる。予算折衝に費やされる時間は最小化する。

4　上限や下限を避ける。これにより、将来に備えて、飛び抜けてよい業績を抑えようとする「ゴルフに行こう」というメンタリティーや、ボーナス目標額が稼げなかったらその年の業績を落とすところまで落としてしまおうという誘因を回避することができる。

5　ボーナス・バンクで支払いの繰り延べをする。これによって株主を守り、成功する経営チームをつなぎ留めることができる。

質問25　タイミングについてですが、トップダウンで進めるべきでしょうか。それとも、すべての事業部門に完全に公開して進めるべきでしょうか。

回答　これはEVA導入に対する、CEOの目的によって決まる。多くの企業は階層ごとに進め、最初は役員会のメンバーとその直属の部下に限定することを望む。導入年の目標は少なくともこの程度であるべきだが、多くの組織は最初の年にミドル・マネジャーにまで浸透させようとする。教育やトレーニング、開発などのすべてが、自発的なEVAの採用に重要なので、組織の下部にまでEVAを広める努力は二年目以降にすべきである。企業は民主主義で運営されるわけではないが、だれしもがプレーヤーになろうとするときに、EVAは最も効果的に機能する。

第13章　成功するEVA導入とは

本書のサブタイトルは'Implementing Value-Added Change in an Organization（付加価値をもたらす組織変革の実践）'である。成功を約束する六つのキーファクターをリストアップすることで、本書を締めくくろうと思う。しかし、前章の質問に対して注意深い回答を行った後では、それらの一覧は概略的で簡略的に見えるかもしれない。以下では、ごく簡単にリストを示すことにしよう。

①これまでに述べてきたように、ＥＶＡによって業績を向上させる以前の問題として、企業は実行可能な事業戦略と適切な組織構造を持たなければならない。ＥＶＡは、誤った戦略を持つ企業を救うことはできない。市場へのアピールが乏しい商品しか持たない企業についても、同様である。利潤追求の欲望はさておき、企業は存在理由を持たなければならない。たとえ、ＥＶＡの計算が代替案を考察するうえ

で有用であったとしても、ＥＶＡを完全に実践していくためには、まず戦略や組織が整っていなければならない。

②ＥＶＡの潜在能力を完全に達成するためには、企業はＥＶＡシステムを構成するすべての要素を取り込むべきである。すなわち、測定システム、経営システム、インセンティブ・システムの三要素である。経営上の意思決定に役立てるわけでもなく、単にＥＶＡを測定するだけでは、学術的な試みを行ったにすぎない。いくつかの企業は、実際にある程度ＥＶＡの考え方を採用したものの、すべての資本的支出、すなわち買収、負の投資、新製品開発、工場の拡張や新設などにＥＶＡの計算を適用したわけではない。成長や名声、さらには過去のブランド・ロイヤルティーを考える企業は、ＥＶＡの厳密な計算を破棄してしまうかもしれない。そうした状況でＥＶＡが浸透することはないであろう。

③ＥＶＡに基づくインセンティブ・プランは重要であり、できるだけ組織の下層部まで適用すべきである。多くのヨーロッパ人が避けられない現実だと認識しているように、金銭報酬以上に行動を駆り立てる強力な方法はない。最良のインセンティブ・プランには上限が設定されていない。報酬を限定してしまうと、潜在的な努力や、それによる目標達成の可能性を制限しかねないからだ。インセンティブ・プランはまた、経営者が現在から将来にかけての利益を犠牲にしないためにも、付随するリスクに見合った、報酬を繰り延べるスキームも兼ね備えるべきである。第９章で述べたように、「全額預け入れ」バンクが最良である。それは将来の業績が下落した場合、「目標超過額預け入れ」バンクよりも、より多

くの金額がリスクにさらされることになるためだ。

現実的な問題として、企業によってはEVAを採用しようとする際に、EVAインセンティブ・プランを導入する境遇にないかもしれない。既に述べたように、マニトウォックはEVAインセンティブ・プランを導入する前に、資本的支出をコントロールするための測定ツールとして、EVAを有効に活用していた。同社での試みはCEOが自社をコントロールするために、一時的な指標としてEVAを活用したというものである。そのポイントは、永続的に取り組んだのではなく、一時的に都合よく用いたにすぎないということである。

内部的な圧力により、インセンティブ・プランの設計を妥協せざるを得なかった企業もある。スターン・スチュワート社最大のクライアントの一つで、アメリカ東部に本社を構えるある企業は、三分の一をEVAに、三分の二を営業利益（本社についてはEPSの三分の二）に基づいたインセンティブ・プランを用いている。純粋主義者のそしりを覚悟して言わせてもらえば、このようなスキームは誤った方向に企業を導くこととなる。営業利益とEPSの成長は、資本を浪費することによって成し遂げられる。EVAは、資本の統制を課すものである。どちらのインセンティブが勝者になるだろうか。スターン・スチュワート社ではそうしたプランに対してアドバイスを行ったが、経営者は新しいインセンティブ・スキームを事業部門の幹部に対して強要することを望まなかった。また、営業利益を底上げするための不必要な資本的支出をコントロールするうえで、EVAは有効であるということも合わせて助言したのである。幸いにも、その企業はEVAに基づいたボーナスの比率を上げたようである。

④包括的な従業員のトレーニング・プログラムもまた重要である。それはトップ・エグゼクティブに限定するのではなく、すべての管理職レベルにまで拡大するべきである。理想的には現場レベルにまで適用すべきだろう。六三カ国で九〇億ドルの売り上げを誇る多国籍企業であるベストフーズのトレーニング・プログラムは、モデルケースとしてふさわしい。まず同社は、アメリカ、ヨーロッパ、ラテン・アメリカの子会社や事業部門で、一五〇人のEVAエキスパートを訓練した。上層部に属する従業員に対して、四日間にわたる集中的なトレーニングを行った。彼らは技術的な知識を持って職場に戻っていった。その知識は、EVAに関する問題で戸惑う組織の人々に対して、社内資源として機能するに十分なものであった。すなわち、彼らは詳細な分析と計算が行えるようになったのである（B&Sはこうした人々を「内部EVAコンサルタント」と呼んでいる）。

その後、ベストフーズは、一〇〇〇人のシニア・マネジャーに二日間のトレーニング・セッションを課した。これらの重要な意思決定者は、彼らの日々の仕事を通じてEVA分析を具体化していくことが期待されている。四人からなるスターン・スチュワート社のチームは、四〇程度のクラス（一クラス当たりの参加者は二五名）を指揮し、二日間にわたるケーススタディーを通じてEVAのコンセプトを教え込んでいった。ベストフーズが本社を構える、ニュージャージー州のイングルウッド・クリフスでも講義が開催された。同様に、シカゴ、ロサンゼルス、トロント、ラテン・アメリカ、イギリス、ベルギー、イタリア、タイ、フィリピン、中国でもクラスが開催された。これは、スターン・スチュワート社がこれまで引き受けてきたトレーニング・プログラムの最も大きなものの一つであった。

⑤ＥＶＡプログラムには、ＣＥＯの完全かつ熱烈なるバックアップが不可欠である。ＣＥＯはＥＶＡを議題にするすべての重要な委員会の議長であるべきだ。ＣＥＯは企業のミッションと同様に価値創造を重視するだけでなく、ＥＶＡのベネフィットを説くために年次販売会議、月例営業報告、株主総会といったあらゆる機会を利用しなければならない。

われわれの経験上、営業職出身や技術職出身といった財務的なバックグラウンドを持たないＣＥＯは、「財務的」尺度を理解するプログラムにコミットすることにしり込みしがちである。しかし、ＥＶＡは財務的ないし会計的指標とは対極に位置する経済的な考え方である。そして、最良の価値創造実践者とは、どんなに難解な財務会計原則のトレーニングを受けてきたとしても、「これまでやってきた誤った評価方法を忘れる」ことができる人である。多くの場合、業績尺度として経済的利益を用いることは、会計利益に基づいたあらゆる指標よりも直感的である。

一部の例外を除いてほとんどの場合、ＥＶＡの導入に成功している企業は、ＣＥＯがプログラムに献身的である。ディアジオのジョン・マクグラス、ＳＰＸのジョン・ブライストン、ハーマン・ミラーのマイク・ボルクマ、南アフリカ共和国にあるＪＤグループのデビッド・サスマン、テレコム・ニュージーランドのロデリック・ディーン、インターナショナル・サービス・システムズのウォルドマー・シュミットのように、ＥＶＡで成功したすべての企業のＣＥＯに当てはまる。Ｂ＆ＳのＣＥＯであるフレッド・ストラットンは、あらゆる機会にＥＶＡのメッセージを伝えている。四半期ごとの取締役会ではＥＶＡの進捗報告を行っており、ＥＶＡプロジェクションを用いて取締役会に提案された各事業の期待投資収益率が評価される。同様に、四半期ごとの全従業員ミーティングでも部門ごとと全社のＥＶＡ業績報告を行っている。そして、証券アナリストが将来の見通しを評価するために、ＥＶＡを利用していることからもわかるとおり、投資コミュニティーへの対応でもＥＶＡの有用性が証明されている。

⑥ＣＦＯや経理担当者も、ＣＥＯ同様にＥＶＡにコミットすべきである。なぜなら、彼らは日々、会計原則に対峙しているため、ＥＶＡに接したばかりのＣＥＯよりも価値創造に関する大きな問題に直面しているからである。彼らの仕事の大半は、ＳＥＣや証券市場が要求する詳細な財務報告原則を遵守することである。論理的に問題を含んだ会計原則に精通しているために、彼らの多くは経済的価値を測定するシステムを開発し、サポートしていくという課題に立ち向かっている。

そのため、最も価値創造的なＣＦＯとは、ＥＶＡのカギとなる概念を深く理解している人のことを言う。こうした専門家は、工場を視察することで、設備機械が効率的に稼働しているかどうかをアドバイスすることができる。また彼らは、提案された合併案件が、合併プレミアムや取引コスト、さらには経営の独立性や、インセンティブを失うことによる潜在的コストを正当化するだけの十分なメリットがあるかどうかを知る感覚を兼ね備えている。有能なＣＦＯはまた、最適資本構成を構築することや、適切な報酬プログラムを開発する人的資源管理の専門家とともに仕事をすること、さらには営業、開発、マーケティングの各事業部や部署で価値創造のための行動を動機付けることにより、企業に付加価値をもたらす。

これらはいずれも簡単なことではないが、すべての努力の結果は容易にわかることであり、証明もできる。スターン・スチュワート社は二〇〇〇年に、ＥＶＡ企業の資本市場での業績と同業他社との業績を比較した二度目の調査結果を公表した。そこでは、EVAを実践している六五企業と同業他社の、五年間の業績を調査した。なお、業績尺度として、株主へのトータル・リターンを用いた。結論からいうと、「平均でEVA企業の株式への投資は、同業他社への投資に比べ五年間で四九％以上の富を生み出した」ことになる。結局のところ、追加的にもたらされた富は一一六〇億ドルに上ったのである。

EVA実践企業に仲間入りすることのインセンティブは、火を見るより明らかである。しかし、誠意を持ってコミットしなければならないことを忘れないでほしい。経営者がEVAプログラムを熱心にバックアップし、EVAの合理性とメカニズムを従業員に叩き込み、そして実現可能な報酬を約束することで、初めて成功に近づくことができるのだ。もちろんこの世に確実なことは何もない。したがって、成功を保証することはできない。しかし、成功は手の届く範囲にあるのだ。

エピローグ　新世紀のEVA評価

グレゴリー・V・ミラノ

ビジネス界は、かつて経験したことのないスピードで変化している。インターネットの拡大と通信技術の発展は、メディアの配信とコミュニケーションに多くの新しいチャネルを提供している。多くの人々は、この現象がゲームのルールを変え、まったく新しいパラダイムをビジネスにもたらしたとみている。予期せぬペースで新規参入者が市場へと参入しはじめている。たとえば、いわゆる「ニュー・エコノミー」ビジネスと呼ばれる分野の特徴は、多くのクリック企業と、わずかなブリック企業しか存在しないという点である。有能な人材は新しいタイプのビジネスへと進出しており、伝統的なビジネスは必要な人材を惹き付け、つなぎ留めておくことが難しくなってきている。新しい時代は、産業革命と情報革命に続く、知識革命と命名されている。それは何もかもがエキサイティングで挑戦的なものだ。

ニュー・エコノミーはニュー・エコノミクスではない

残念なことに、こうした動向がＥＶＡの終焉を意味すると安易に述べる人々がいる。彼らは、固定資産に多くの投資を行うオールド・エコノミー企業にとってのみ、ＥＶＡが有効であると主張するばかりでなく、もはや資本コスト額を心配する必要はないと批判する。われわれはこうした見解に強く反対する。ＥＶＡはＩＴをリードするベンチャー企業に当てはまるばかりでなく、「さびついた地帯」に立地する古い企業よりも、ベンチャー企業の方がＥＶＡの重要性は高い。製品やサービスが革新的な方法で利用可能になるという意味では「ニュー・エコノミー」であるかもしれないが、「ニュー・エコノミクス」ではないのだ。経済的な評価原則は不変であり、ＥＶＡはベンチャー企業などのハイテク・カンパニーを評価する際にも適しているのだ。

新規参入企業はわずかな「利益」しか生み出していないか、もしくはまったく生み出していない。そればかりでなく、固定資産も不足しており、さらには経営者に対してストック・オプションを大量に付与している。そのため批判的な人々は、伝統的な企業の財務諸表と様相を異にするこれらの企業の財務諸表を、どのように用いて真の企業価値を評価したらよいのかと言う。また建物や機械、運転資本が欠落していることを指摘し、資本投資の水準を考慮に入れる必要がないと主張する。

確かに、一時期こうした企業はかなり高い水準で評価されたことがある。一九九九年末に、ヤフーの企業価値は一一〇〇億ドルであった。これはモトローラの企業価値の二〇％以上、そしてモルガン・スタンレー・ディーン・ウィッターの企業価値の四〇％以上であった。さらにはテクストロンの企業価値を一〇〇〇％以上も上回るものであった！　投資家のすべてが正気を失っていたと考えなければ、こうした現象をもっともらしく説明することは難しい。

EVAを用いるベネフィット

こうした企業は、将来に莫大なキャッシュ・フローを生み出すだろうと主張する人々もいる。本書の冒頭で議論したように、現在の企業財務論では、企業価値は企業が生み出すと予測される期待将来フリー・キャッシュ・フローの現在価値合計であるということが基本的前提となっている。投資家は将来の収益、コスト、および資本を予測し、毎年どれだけフリー・キャッシュ・フローに転換するのか、そしてその現在価値がいくらなのかを計算すればよい。きわめて単純な考え方である。では、ヤフーの二〇一四年までのキャッシュ・フロー予測とは何だろうか。継続価値（たとえば、予測の最終年度以降の推定される価値）とは何だろうか。そのような不確実な将来の事業にキャッシュ・フロー・アプローチを適用したとしても、本当に重要な数字を予測することはほぼ不可能である。割引キャッシュ・フローは理論的に正しいが、ベンチャー企業などのハイテク・カンパニーの企業評価をする際には、実際上役に立たないと言わざるを得ない。

われわれはＥＶＡアプローチを用いた方がよりシンプルになることを発見した。ベンチャー企業などのハイテク・カンパニーの評価にＥＶＡを用いることのベネフィットは、予測が現実的であれば、近い将来にどの程度の企業価値が実現するのかがわかることである。われわれの調査によれば、これらの企業に対する一〇年間の割引キャッシュ・フロー分析では、企業価値の八〇～九九％が継続価値であることが判明した。同様の予測にEVAを用いた場合、企業価値の二〇～五〇％が継続価値であるにすぎない。これによって企業評価の専門家が自分の評価に自信を持ち、重要な予測期間に関する仮定について、感度分析による検証を実施できるようになる。

しかし、当期費用と対になる投資、すなわち現金支出を資本として扱うことで、EVAのベネフィットはさらに高まる。それは現在価値のみならず価値創造のパターンを示してくれる。予測時における、毎年の価値への貢献とは何だろうか。キャッシュ・フローだけではわからない。ハイテク・カンパニーの多くは成長のために莫大な投資を行い、その結果、キャッシュ・フローがマイナスになることも珍しくはないが、これは毎年の業績を適切に示しているとは言えない。一方、EVAは毎年どれだけの貢献があったのかを教えてくれる。今年度の利益は、製品開発やブランド広告といった、ソフト面での投資を含む現時点までの累積投資を正当化するだろうか。証券アナリストや投資家は、彼らの予測が正確なのか確認する時間的余裕がある。

これはハイテク・カンパニーの株価を理解するのに、どの程度役立つのだろうか。こうした企業の大半は、資本的支出をカバーするだけの十分な利益を生み出していない。では、なぜEVAを用いるのだろうか。

会計制度はハイテク・カンパニーを評価できない

ここでEVAではなく、会計の持つ欠陥を見てみることにしよう。ハイテク・カンパニーの資本は、R&Dコスト、マーケティング・コスト、広告コスト、そして開業コストから構成される。会計士は

表E.1　リアル・ネットワークス　会計数値（1995〜1998年）

（千ドル）

	1995	1996	1997	1998
売上高	1,812	14,012	32,720	64,839
売上原価	62	2,185	6,465	12,390
売上総利益	**1,750**	**11,827**	**26,255**	**52,449**
一般管理費	747	3,491	6,024	9,841
販売費、マーケティング費および広告費	1,218	7,540	20,124	32,451
R&D費	1,380	4,812	13,268	29,401
営業権償却費	0	0	0	1,596
営業利益	**−1,595**	**−4,016**	**−13,161**	**−20,840**
対売上高比率	−88%	−29%	−40%	−32%

R&Dに資金が支出された期間に、すべての価値が実現すると想定する。そのため、彼らは当該費用を当期利益に対応するものであると考える。本書で述べてきたように、こうした投資は資本化するのが現実的であり、EVAのように、期待される有効期間にわたって償却することが望ましい。事実、会計のフレームワークは、ハイテク・カンパニーよりも、「オールド・エコノミー」企業の評価を行うのに有用である。

これは、実例を見るとより鮮明となる。リアル・ネットワークスは、音楽やビデオなどをパソコン上で再生したり、インターネットを通じて配信するソフトウェアの開発で成功した企業である。表E・1は一九九五年から一九九八年までのリアル・ネットワークスの財務諸表を示したものである。同社ではこの期間中、収益を三五％上回る費用が発生していた。このことは、この種のハイテク・カンパニーを評価するうえで財務諸表が有用でないことを示して

図E.1　リアル・ネットワークス　株価パフォーマンス（1997年11月〜2000年5月）

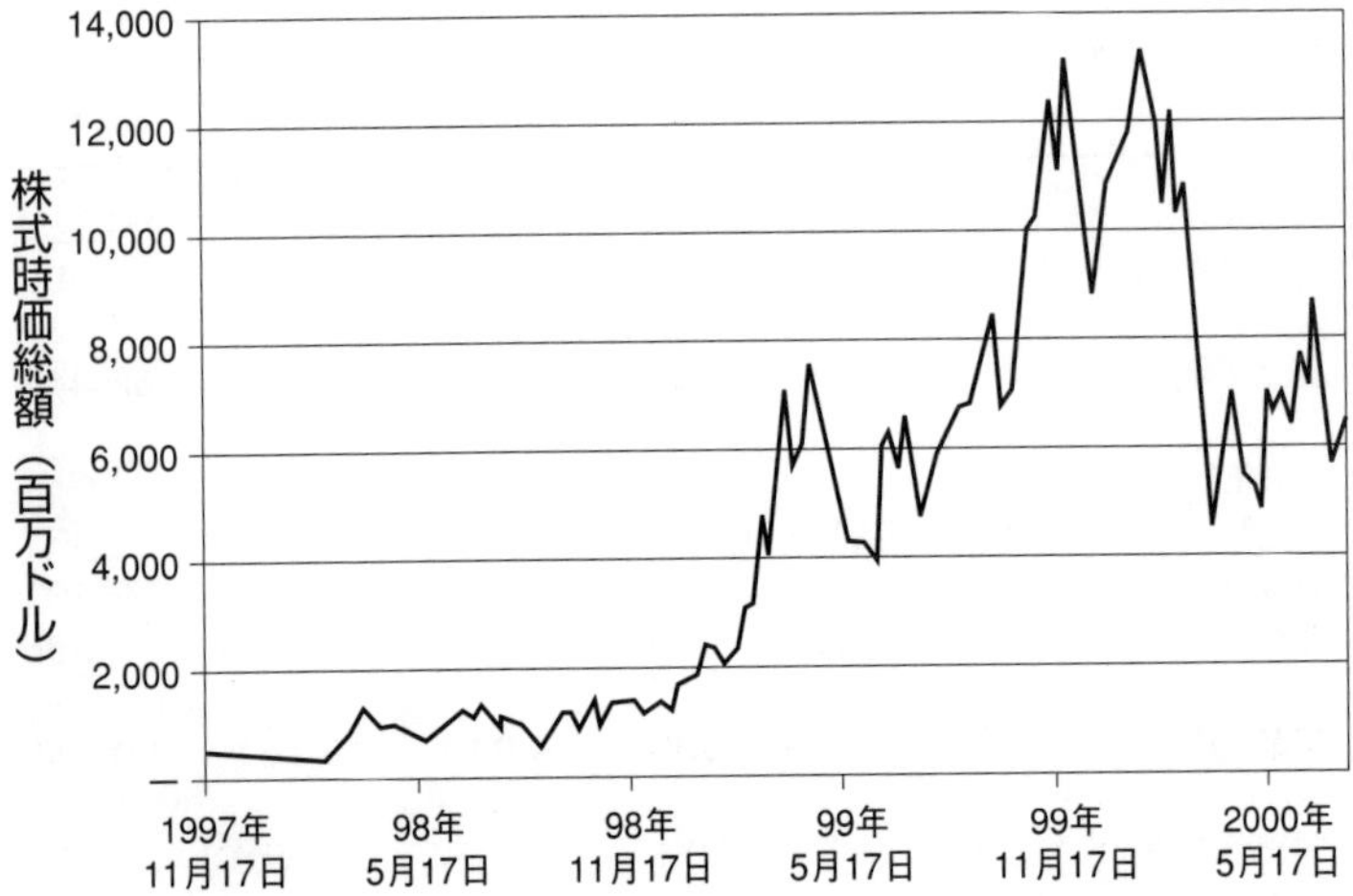

いる。

詳細に見てみると、表E・1はR&D、販売、そしてマーケティングにかかわるコストに対して、会計がネガティブなバイアスを与えていることの顕著な証拠を示している。すなわち、ハイテク・カンパニーによる営業利益の計上を妨げていることがわかる。リアル・ネットワークスの場合、四年間の費用総額の七二％がこうした支出となっている。投資家はどのようにこの情報を利用し、業績を理解すればよいのだろうか。さらに悪いことに、営業利益を基礎にボーナスを支給している場合を考えてみると、経営者は企業を成功に導くためのドライバーとなるR&D、販売、マーケティングにかかわるコストでさえ削減する動機を与えられてしまうだろう。これらの支出を期間費用として処理することは、化学工場の建設コストを工場が建設された期の営業利益にチャージすることに等しく、無謀でさえある。

表E.2　リアル・ネットワークス　EVA数値（1995年〜1998年）

（千ドル）

	1995	1996	1997	1998
売上総利益	**1,750**	**11,827**	**26,255**	**52,449**
一般管理費	747	3,491	6,024	9,841
販売費、マーケティング費および広告費償却	154	1,074	3,529	7,488
R＆D費償却	193	780	2,399	5,986
営業利益	**656**	**6,482**	**14,303**	**29,134**
EVA	**639**	**6,336**	**12,672**	**25,797**
対売上高比率	35%	45%	39%	40%

会計上では損失が拡大しつづけているにもかかわらず、リアル・ネットワークスの株価は上昇しつづけていた（図E・1）。

EVAを用いた方が、この事業の適切な価値をとらえることができる。R＆D、販売、マーケティングにかかわるコストを、五年間の投資として財務諸表を修正したものが表E・2である。

会計基準は投資家に対して常に有用な情報を提供するわけではない。これはハイテク・カンパニーの場合、さらに顕著となる。利益を生み出していないにもかかわらず、高い企業評価を得ているというエキサイティングで逆説的な報道が行われる。しかし、これは会計フレームワークが構造的な欠陥を持っているということの結果にすぎない。こうした会社の業績をフォローする投資家や経営者は、EVAを用いるべきであり、R＆D、販売、マーケティングへの支出を期間費用としてではなく、投資として扱うべきである。EVAを実践していなくとも、多くの

図E.2　現在事業価値と将来成長価値

企業価値 ＝ 資本 ＋ 現在価値（EVA）

$$企業価値 = 資本 + \frac{EVA}{資本コスト} + 現在価値（期待改善幅）$$

企業価値 ＝ 現在の事業価値（COV） ＋ 将来の成長価値（FGV）

投資家はＲ＆Ｄやほかの長期的投資に関して同様の想定を知らず知らずのうちに行い、実行している。事実、リアル・ネットワークスのＥＶＡは大変素晴らしいものである。ＥＶＡの対売上高比率は四年間で平均四〇％であり、一九九九年では四四％にまで上昇している。費用の資本化を行っただけでＥＶＡをこれほど生み出すことができるオールド・エコノミー企業はまれである。

なぜハイテク・カンパニーの将来成長価値は高いのか

この問題をさらに掘り下げてみると、企業価値は現在の業績と将来のコア・コンピタンスや競争優位を発展させることによって向上することがわかる。ＥＶＡ評価式をこうした二つのコンポーネントに当てはめたものが図Ｅ・２である。第一のコンポーネントは単純に、現在のＥＶＡが永遠に繰り返されると仮定した場合のＥＶＡの現在価値である。これは現在のＥＶＡを資本コストで割ることにより計算できる。現在の業績が永続するだろうと市場が考えている場合、ＥＶＡの現在価値に基となる資本を加えることで企業価値が判明する。これを現在事業価値（COV）と呼ぶことにしよう。第二のコンポーネントは、将来におけるEVAの期待改善幅の現在価値である。これを将来成長価値（FGV）と呼ぶことにしよう。

企業価値のほとんどの割合をFGVが占める場合、FGVの構成要素についても考える必要がある。EVAトレンドが力強いにもかかわらず、現実には、ベンチャー系のハイテク・カンパニーの企業価値の大半がFGVによって占められている。

FGVは次の三つの要素から構成される。

1　既に市場で販売されている製品の期待成長。
2　リリースされたばかりの製品の期待貢献。
3　まだ企業が認識さえしていない製品のベネフィット。バリュー・インベスターが近い将来に製品化されるであろうと考えるアイデア。たとえば、医薬品を販売している製薬企業の場合、開発中の有望な新薬や製品開発のノウハウがこれに該当する。

ハイテク・カンパニーに見られる特徴は、時価総額に占めるFGVの割合が高いということである。COVは小さいにもかかわらず、これらの企業のFGVが高くなる理由には以下の四つの要因がある。

1　ＥＶＡマージン

成功しているハイテク・カンパニーのＥＶＡマージンは非常に高い。また、これらの企業が非常に高いＥＶＡマージンを将来生み出すというポテンシャルを示すことは、それほど多くない。売上高の大部分が、税金と資本コストを控除した後のＥＶＡとしてボトムラインに結び付く。先に述べたリアル・ネットワークスの場合、この数字は約四〇％である。一九九八年に、ＡＯＬでは二四％、シスコでは三〇％、マイクロソフトでは四四％、オラクルでは一七％、そして驚くことにヤフーでは五九％であった。こうした数字はオールド・エコノミーの基準からして、非常にショッキングなものである。大成功を収めている医薬品業界の主要企業でさえ、ＥＶＡの対売上高比率は平均して一〇％を下回っている。ハイテク・カンパニーのＥＶＡマージンは突出しているが、これは売上高の一五％以下にまで変動費を削減したことに大きく依存している。かつて人間によって行われていた作業は、いまやソフトウェアによって行われている。スタンフォード大学のポール・ロマー教授が指摘するように、人間を介在させないで世界規模の拡張性を可能にする取り組みの秘訣が成文化されているのである。彼は、われわれがウェットウェア、または頭の中にある知識を、コストをほとんどかけずに複製できるソフトウェアへ転換していると言う。加えて、ブリック＆モルタルと比べれば、従来型の資本は非常にわずかしか必要としない。また、Ｒ＆Ｄ、マーケティング、広告への投資のすべてがその期に償却されるため、納税額は少ない。二〇〇〇年三月にフロリダで開催されたＥＶＡ協会主催のシニア・マネジメント・コンファレンスでピーター・キーンが述べたように、「チェックする際のキーファクターは、第一に顧客を獲得するためのマーケティング・コストであり、その次が継続事業の成長性である。いったん継続事業を獲得することによって、デジタル・マージン（IT化によって達成される高い利益率）へと転化することができる。デジタル・マージンは平均八〇％にもなる」。このようにハイテク・カンパニーのEVAマージンは、現在の売上高だけでなく将来の売上高の成長率に対しても、オールド・エコノミー企業のそれと比べて数倍高い。

2　高い成長率

ハイテク・カンパニーの大半は非常に小規模だが、急激なスピードで成長しつづけている。成長を目的とした成長は価値創造的ではないが、非常に高いEVAマージンと組み合わされた場合、価値へのインプリケーションは莫大なものとなる。多くのハイテク・カンパニーは成長を促すネットワークを有している。なぜなら、ネットワークの規模が成長するにつれて、それに連なる各顧客にもたらされる価値も増加するためである。ケビン・ケリーは『ニューエコノミー勝者の条件』（酒井泰介訳、ダイヤモンド社）の中で、「初期のファックスは数千ドルのコストがかかったにもかかわらず、数台のファックスにしかつながっていなかった。それは、まったく価値のないものであった。しかし今日では、六〇億ドルの価値を持つファックスのネットワークをわずか二〇〇ドルで購入できる」と述べている。成功を収めているハイテク・カンパニーは驚嘆すべきスピードで成長している。一九九八年まで、リアル・ネットワークスは年率二三〇％の勢いで成長してきた。AOLの場合この数値は九九％であり、シスコは六二％、マイクロソフトは三五％、オラクルは三四％であった。こうした数値は不安定であり、たいてい企業が成長するとともに低下していく。しかし、急速な成長と高い収益性を誇る事業を有しているということこそが、停滞したオールド・エコノミー企業よりも価値があると言える。

3　低い市場シェア

現在の成長率も重要ではあるが、潜在的な将来の成長性が投資家の予測に影響を与えている。成長は、市場カテゴリーの拡大や、市場シェアを他社から奪うことによってもたらされる。ハイテク・カンパニーはその特性から、特定の製品やサービスの市場を拡大する。そこでは新しい購入チャネルが生まれる。たとえば、アマゾン・ドット・コムで一冊の本が売れるということは、書店が一冊分の売り上げを失ったことを必ずしも意味しない。新規のチャネルが利用できなかったら、こうした売り上げの多くは生まれなかっただろう。しかし、長期的な成長率の大部分は市場シェアを他社から奪い取ることによってもたらされる。そのため、どれだけの期間成長しつづけられるかということを示す重要な指標は、企業の現在の市場シェアである。市場シェアが小さいかぎり、顧客を刺激することによる成長の余地が多く残されていることを意味する。

4　差別化能力

ニュー・エコノミーは参入障壁が一般的に低い。インターネットの主役が既存のプレイヤーの芝生を荒らすように、新たな主役がこれまでの主役の芝生を荒らす場合がある。さらに、顧客が容易に、オンラインショップで価格を比較できるので、激しい価格引き下げ圧力が起こる。一九九九年九月にフランスで開催されたＥＶＡ協会主催のシニア・マネジメント・コンファレンスで、ケネス・ベーカー卿は次のように述べた。「流通マージンは計り知れない圧力を受けるだろう。これは、ほかの何よりもインターネットによってもたらされるものである。インターネットのように商品を容易に販売できるなら、ほとんどコストを負担しなくてもよい。パワー・バランスは顧客へとシフトしたのである」。ハイテク・カンパニーが、すぐに競合他社の製品から自社製品を差別化できなければ、これは真実となる。差別化された製品やサービスは、参入障壁を確立し、価格保持を可能にする。長期にわたってマージンと成長率を維持できるなら、事業の価値はより高まる。これこそが高い価値を生み出す秘訣である。

ＦＧＶの最初の二つのドライバー、すなわち、ＥＶＡマージンと売上成長率は本質的に企業に価値をもたらす。三つ目のドライバーである現在の低市場シェアは、将来における売り上げの成長余地を与える。そして最後のドライバーである差別化は、将来にわたってＥＶＡマージンを強固なものにする。

オールド・エコノミー企業とのちがいは何か

ＥＶＡマージンと売上成長率が企業価値に与える強烈なインパクトを明らかにするために、二つの企業を想定してみよう。一つは健全に業績をあげているオールド・エコノミー企業（ＯＷＣ）であり、もう一方は急成長を遂げている新世紀型企業（ＮＷＣ）である。ＯＷＣは年間に二〇億ドルの売り上げを誇り、一〇億ドルの資本を有する。現在のＥＶＡは二〇〇〇万ドルであり、ＥＶＡマージンは一％である。ＯＷＣは年率五％で成長し、ＥＶＡマージンを維持しながら、今後も成長しつづけると予想されている。過去二五年間、ＥＶＡは同額であり、今後も変わらない。また、時価総額は一三億三〇〇〇万ドルである。同社の時価は簿価を三三％上回るだけであり、エキサイティングではないにしても、堅調な業績をあげる企業である。

一方、ＮＷＣは非常に規模が小さいが、急速に成長している企業である。売上高は一〇〇〇万ドルにすぎず、Ｒ＆Ｄやマーケティングのコストを資本化しても、資本は五〇〇万ドルしかない。現在のＥＶＡは三〇〇万ドルであり、ＥＶＡマージンは三〇％である。ＮＷＣは去年一〇〇％の成長率を誇っており、年率一〇％の成長率下落に対し五％の余剰成長率を有すると予想される。言いかえると、今年の成長率は九〇・五％であり、来年の成長率は八二・〇％になると予想される。ＥＶＡマージンについても同じように下落していくと予想される。同社はＯＷＣの五％の規模しかないが、現在の時価総額は一三億三〇〇〇万ドルであり、ＯＷＣとまったく同じである。したがって、同社の時価は簿価を一〇〇〇％超過することになる。

これは現在の売上高の一三三倍にも相当する企業評価をＮＷＣに与えていることになる。同社が成長するにつれ、この倍数は当然ながら小さくなるが、信じがたい数値のままであることに変わりはない。一九九八年のヤフーのケースを考えてみよう。同社は五九％のＥＶＡマージン（ＮＷＣの二倍）をあげており、過去三年間の成長率は四三〇％（ＮＷＣの四倍以上）である。もしかしたら、一九九八年末の企業価値を一〇〇〇億ドル以上にするのも、手の届かない範囲ではない。これは同社の一九九八年における売り上げのおよそ五〇〇倍であった。

以上のように、成長力とＥＶＡマージンは説明できる。先に述べた前提を使えば、ＮＷＣがＯＷＣの売り上げを超えるには、一七年かかることになる。だが、時価総額は等しいままである。

内在価値に目を向けよ

ＯＷＣのＣＯＶは時価総額の九〇％近くを占める一方で、ＮＷＣのＣＯＶはわずか二・二％であるということに注意していただきたい。ＮＷＣの時価総額の大半は将来に基づいている。そのため、市場が将来に対する期待を頻繁に修正するので、株価はさらに不安定になると予想される。このことこそが、ダウ平均よりもＮＡＳＤＡＱ銘柄の方が激しく変動する理由である。ＮＡＳＤＡＱはダウ平均よりもニュー・エコノミーの影響を大きく受けるので、こうした現象が生じる。結局、ＮＡＳＤＡＱ市場の企業価値の大半は将来に依存しているため、頻繁に修正されざるを得ないのだ。

企業価値のかなりの部分がＦＧＶで将来価値が変動しやすい場合は、内在価値をよりよく理解するために、第11章で述べた「リアル・オプション」のテクニックを適用していただきたい。これは金融界での陳腐な決まり文句に聞こえるかもしれない。しかし、われわれの経験によれば、オプションのテクニックを語る人々のごく少数しか、企業評価にオプションを利用することの妥当性と実用性を真に理解していない。分析は、価格とコストに関する膨大なデータベースが利用可能な石油やガスに適用する場合に比べ、いくぶん複雑となるが、それにもかかわらずオプションのテクニックは有益である。

二〇〇〇年一月三〇日付の ***Financial Times*** でバリー・ライリーは次のように書いている。「昨年、Ｓ＆Ｐ５００は二一％のリターンをあげたが、中央値はゼロであった。つまり、二五〇の株式では損失が生じたことになる。あなたがたはもっと専門的にならなければならない」。これはショッキングな記事であるが、突飛なことを述べているわけではない。わずかな株式がよいリターンをあげることで、平均を中央値より上方に引き上げるという事態はしばしばみかけることである。わかりやすく言えば、株式オプションは株式を購入する義務ではなく、権利を与えるものであり、株価下落のリスクを受けることなく、株価上昇の可能性に期待することができる。このようなすべての潜在的にネガティブな結果を取り除くことは、常にイン・ザ・マネーの価値（現行株価の行使価格超過額）よりもオプション価値が高くなることにつながる。

第11章で述べたように、さまざまな要因によってオプション価値が上昇する。しかし、最も重要な要因は原資産価値のボラティリティである。事実、将来の不確実性がきわめて高いことと、NWC型企業の現在および将来に利用可能な多くのオプションとが、企業価値を劇的に上昇させる。こうした企業は事前に業績が予測されているため、本質的にそういった企業の株式は将来の分配権に関するオプションを意味する。

オプション価値に対するボラティリティの影響を考えるために、GEとアマゾン・ドット・コムという有名企業二社のコール・オプションの例を見てみよう。GEは約三〇％のボラティリティであるのに対し、アマゾン・ドット・コムのボラティリティは約一〇〇％である。オプション評価のために標準的なブラック・ショールズ・マートン・モデルを用いて、これら二つの株式に対する同質なオプションを考えてみよう。ボラティリティの低いGEのオプション価値は、行使価格が上昇するにつれて急速に下落する。一方、ボラティリティの高いアマゾン・ドット・コムのオプション価値は、行使価格が非常に高くとも高止まりしている。実際、株価が一〇ドルで、ボラティリティが一〇〇％、行使価格が三〇ドル（株価の三倍）だとしても、アマゾン・ドット・コムのオプションは六・二三ドルである。つまり、株価の六二・三％の価値を持つことになる。そして、ＮＷＣ型企業が直面するリアル・オプションのような短い期間ではなく、株式オプションの権利行使期間は五年間と長い。一方で、行使価格が三〇ドルのＧＥのオプションは〇・五七二ドルの価値を持つことになる。そのため、次の五年間にわたって株価が三倍になるであろうアマゾン・ドット・コムのオプションを購入することは、ＧＥのオプション購入コストの一一倍近く（六・二三三／〇・五七二）も価値を持つことになる。このように、オプション価値が著しく高いのは、ボラティリティが高いからである。

オプションの可能性とは何か

オプション保有者に対して一定の期間に一定の価格で株式を購入するための権利を無条件に与えるという点こそが、オプションの重要なポイントである。それは、われわれが考えている以上の価値をもたらす。ボラティリティと不確実性が高まるにつれて、オプションはより価値の高いものとなる。しかし、こうした評価アプローチのベネフィットは、単なる金融オプション以外にも拡張される。企業が直面する業務上の意思決定は、こうした価値のあるオプションを提供する。とりわけ、不確実性が非常に高い場合にはなおさらである。ＮＷＣ型企業の評価を理解するためには、リアル・オプションの価値を理解しなければならない。

あらゆる企業は日々リアル・オプションに直面する。核となる従業員への報酬の多くがストック・オプションで構成されているような新興企業の場合、人的資源のコストは本質的にオプションの考え方に従うことになる。企業が順調ならば、従業員は多額の報酬を得る。だが、うまくいかなかった場合には何の報酬も得られない。人的資源の提供者である従業員が、ある程度の下方リスクを背負うという事実は、株主に対するオプション価値の源泉となる。

将来、NWC型企業はいままで以上にオプションを用いることになるだろう。優良なコンテンツを持つ加入者数の多いメディア企業の場合、ブロードバンド時代へと移行することで、ますます利益を獲得するようになる。さらに発達した通信技術やテレビ電話、ビデオ・オン・デマンド、在宅勤務などの将来性ある技術が、将来の潜在的な発展の源泉となっていくだろう。こうした技術進化が起こることで、情報処理をこなすためにインフラへの投資が活発化するかもしれない。しかし、これらの投資は、技術が価値を持つ場合にのみ行われる。

AOLやヤフーといった企業は、こうした分野へ投資する義務ではなく、権利を確保することによって、自社を将来の可能性を広げる優位性を獲得できるようにポジショニングしている。オプション価値の重要な点は、その結果である。あらゆる産業のあらゆる企業は、そのような戦略的オプションを有しており、それが株式に価値を付加することとなる。だが、先にみた金融オプションの例のように、ボラティリティと不確実性が高い場合、アウト・オブ・ザ・マネーの状態にある、(未行使の)オプションの価値は高くなる。

企業評価の一つの課題として、業界全体を広くとらえて考えるならば、利用可能なオプションのポートフォリオを想定できるだろう。現在活動している事業の価値と組み合わせることで、こうしたオプションの正しい価値は、広い意味での業界内の全企業の価値の合計となる。マネジャーは、どのオプションが最も価値が高いのかを判断する必要がある。こうした判断を行うためには、マネジャーはバリュー・ドライバーを見極めなければならない。

単一のリアル・オプションという単純なケースを考えてみよう。銀行・証券業において、オンライン取引への移行が主流となっている。しかし、現実にはごく少数の顧客がこの種のサービスを契約しているにすぎない。さらに、このような顧客でさえ、オンラインでの取引と、電話や店頭での取引の双方を行っている。銀行がこの分野へ投資してもすぐさま利益に結び付かないかもしれない。だが、銀行はこの種の新しい顧客サービスへ参入するためのオプションを取得したのだ。

今後、コマーシャル・バンクとプライベート・バンクの両方を含む、あらゆる銀行の大部分がネットワーク事業に参入することになるのだろうか。ピーター・キーンは「世界は銀行業を必要とするが、必ずしも銀行が必要なわけではない」と言う。彼の言うことは今後も正しいのだろうか。われわれにはわからない。それを受け入れるには、技術的・文化的な障壁がありすぎる。たいていの人は自宅にコンピュータを所有していない。しかも、彼らは仕事場で私的なネットサーフィンをためらうだろう。しかし、限界コストの低下や固定資産の減少、一貫性を持つサービスに向けた改善、そして利便性の向上によって、人々は今後ますますネットワークを利用するようになるだろう。

こうした変化が生ずることで、一〇〇〇億ドルの価値が発生し、そのうちのいくらかは顧客の利益となるだろう。そして、銀行は残りの利益を獲得できる。ネットワークの利便性がそれほど認知されなければ、価値はまったく生まれない。しかし企業はインフラへの巨額の投資を避けることができるだろう。そのため、銀行はインターネット・バンキング・サービスを成長させる義務ではなく、権利を取得したのだ。

業界の相関図は変化しつつある

ここで再び、NWC型企業について考えてみよう。だれが勝者となり、だれが敗者となるかを考えると、この問題を理解しやすい。一九八〇年の時点で、コンピュータ業界の支配者がIBMからマイクロソフトに取って代わることをだれが予想しただろうか。だが、コンピュータの利用が増加し、だれかが巨万の富を得ることは予測できたであろう。あまりにも多くの評論家が、AOLが勝つのか、あるいはアマゾン・ドット・コムなのか、はたまたイーベイなのかということを議論するのに多大な労力を費やしてきた。だが、パイの取り分や変化について考える前に、パイの大きさを考えるべきであり、しかもそのパイは多様な結果を生み出す可能性を秘めていることを考えるべきである。

検討すべきNWC型セクターは、これまでの考え方からすると実にさまざまな業界から構成されている。そこで、まずはドット・コム企業から考えてみることにしよう。しかし、こうした企業はコンテンツがなければ大した利益もあげられないので、独自のコンテンツを持つ企業を考える必要がある。これには、地図や人口調査、百科事典といった人々や企業を惹き付ける独自のコンテンツを持つ企業を抱えるタイム・ワーナーやディズニーといったメディア企業が含まれる。次に電気製品について考えてみよう。これは、コンピュータ、テレビ、電話などのインターネット関連の製品や、これから市場に送り出される多様な特殊製品が該当する。この業界内の企業には、デルやソニーといったメーカーだけでなく、これらの企業に対する重要な供給業者、たとえばインテルなども含まれる。また、これらの製品を利用するためには、サーチ・エンジンやOSといったプラットフォームが必要になる。そのため、マイクロソフトやヤフーなどの企業も該当することになる。最後に、コミュニケーション手段も必要となるため、電話、無線、有線を含む通信企業もこれに含まれることになる。

業界を広くとらえたうえで考察することには二つの重要性がある。一つは、ある業界内の企業群におけるイノベーションが、即座にほかのすべての業界に変化をもたらすということである。たとえば、一般の家庭に接続されている銅線を用いて、いままでの一〇倍の伝送能力を可能にする技術を通信会社が開発した場合、動画をたくさん用いたウェブサイトや、ユーザー・フレンドリーな特徴を備えたウェブサイトを立ち上げることが可能となる。そうなれば、現時点ではウェブ上であまり利用されていない高画質な動画などのコンテンツにも、容易にアクセスすることができるようになる。ドット・コム企業の最新技術はコンテンツ・プロバイダーにベネフィットをもたらすことになり、新たな製品やプラットフォームも必要となってくる。こうした業界内の一部で起きるイノベーションの頻度は、際立ったスピードで増加している。

未確認の将来の価値

ＮＷＣ型セクターを考察した場合、時系列的に価値への貢献が異なる企業の組み合わせが存在することがわかる。そこで、これらを二つのグループに分けてみよう。一つは現時点で多くの価値を生み出しているグループである。もう一つは現時点ではわずかな価値しか生み出していないが、将来に莫大な価値を生み出すグループである。企業評価の現実性に関して懸念を呼び起こすのは、後者である。これら二つのグループが一つの会社に同居する、製薬メーカーを例に説明しよう。製薬メーカーには現在市場に出している医薬品群がある。通常、これらの医薬品群は高い現在価値を生み出していて、将来の成長機会も見込める。また、製薬メーカーには開発中の新薬もある。現時点では、資源を浪費するだけだが、将来には十分な価値を生み出すことが期待されている。

投資家は開発中の新薬もその企業の現在価値に貢献すると考えている。たとえ、新薬が毎年損失を出しつづけ、資源を浪費しようとも、また長年にわたり利益貢献が確約されていなくともである。だが、このように考える投資家の多くでさえ、製薬メーカーとそのほかのNWC型企業の株式が同様の経済的特徴を持ち、それらの株式が多くの価値をもたらすであろうとは考えたがらない。しかし、医薬品用の新薬が企業内部で管理され、製品化され、利益をもたらしている場合を除いて、製薬メーカーとそのほかのNWC型企業の原動力は等しいはずである。

製薬メーカーの評価に関するほかの要素についても考察する必要がある。一般的に、製薬メーカーの価値の一五～四〇％が遠い将来に発生すると考えられている。なぜなら、新薬はまだ開発段階に入っていないか、あるいは研究者によって発見されていないかもしれない。言いかえれば、その企業が将来どうなるかわからないにもかかわらず、市場はその企業に価値がもたらされるであろうと積極的に考えているのである。

「未確認の将来」についての価値は、製薬メーカーの価値において重要な役割を果たしている。同じことがNWC型セクターについても当てはまる。特許を取得することで、製薬メーカーの将来価値は新規の新薬から生ずるにちがいない。だが、そのほかのNWC型企業は特許によってその後の価値創造が確定しているわけではない。そのため、現在の商品だけでは説明できない将来価値をNWC型企業は持つことになる。

ＮＷＣ型セクター全体を評価する際にも、製薬メーカーを評価するのと酷似した問題が生じる。相違点は、製薬業界の場合、Ｒ＆Ｄ、生産、マーケティングなどを営む多くの総合企業があることである。それらの企業は、現在市場で医薬品を販売していたり、潜在的な医薬品を開発中であったり、さらには将来に新薬を開発するためのノウハウを抱えていたりする。一方、そのほかのＮＷＣ型企業の場合、同様に総合企業が存在する一方、個別に事業を営む莫大な数の「開発専門」企業が含まれる。

ＮＷＣ型企業の株価は異常か

よくＮＷＣ型企業の株式は割高なのか、割安なのかということを尋ねられる。証券トレーダーの視点からすれば、これは明らかに重要な問題である。二〇〇〇年の一年間に、ＮＡＳＤＡＱ総合株価指数は三〇〇〇から五〇〇〇のあいだで上下したが、個別銘柄についてはそれ以上に変動した。この環境で株式を売買するタイミングを計ることは難しい。本書は証券トレーダーを主たる対象としてはいないが、長期的な価値創造を望むエグゼクティブや長期保有株主の参考になるものである。この視点からすれば、市場の上下変動は興味深い。だが、価値創造の基礎となる要因は何だろうか。ＮＷＣ型企業に重要なのは、基礎となる価値を生み出す戦略を構築することである。

これほど大げさに取り上げられていても、ＮＷＣ型セクターで成功するための戦略的思考の多くは、オールド・エコノミーにおける成功要因を反映している。つまり、顧客が要求し、かつ競合他社のものと差別化された製品やサービスが投入されるときに価値が創造される。そのため、製品やサービスの価格は資本コストを含む総コストを上回ることになる。先に述べたように、適切な価値規則を適用し、戦略や戦術を首尾よく実行することによって、価値創造が達成される。

では、一九九九年末におけるアマゾン・ドット・コムの価値が二六〇億ドルであったのに対し、バーンズ&ノーブルの価値が一四億ドルでしかなかったのはなぜなのだろうか。NWC型セクターで生き残ろうとしているオールド・エコノミー企業の、戦略上のインプリケーションとは何だろうか。

不思議なことであるが、最大の変化は時間である。NWC型企業は計画期間を短縮すると同時に、長期化したりする。開発の速度が上がり、技術は時間を短縮する。新規のメディアや新規のプラットフォーム、新規のアクセスへとサービスを改良しつづけて提供する必要がある。われわれが既に保有しているネットワークや電話線からベネフィットが生み出される。これと膨大な情報量を転送する技術を組み合わせることで、いまだかつて経験したことのない、インターフェースがもたらされる。

マネジャーは何をしたらよいのだろうか。オールド・エコノミーかNWC型セクターかを問わず、素早く、完全にウェブを活用することだ。これは当たり前すぎることのように思われるかもしれないが、オールド・エコノミー企業の経営陣の多くは、自社の事業と新しい技術とは関係がないと思っている。「確かに、伝統的小売業と競っているインターネット企業は存在するが、わが社は窓を製造しているにすぎない。インターネットがわが社にとってどういう意味があるのか。単なるお金の無駄遣いではないか」。こうした罠は陥りやすいものだ。もしかしたら、小売業がウェブの最先端を行っているかもしれないが、なにも小売業だけに関係するものではない。ウェブとは接続性に関係するのだ。顧客やサプライヤー、従業員のどれと結び付いていようが、接続性によってあらゆる事業にベネフィットがもたらされる。各企業はこうしたネットワークの優位性を利用することで価値を創造し、競争優位を築くべきである。

ウェブサイトを持つだけでは十分ではない。一九九九年六月二六日号の *The Economist* が指摘するように、「ビジネス界において『ブローシャー・ウェア』として知られている退屈なデザインの掲示板は、顧客やサプライヤーに対して企業や製品に関する基本的な情報を提供するだけ」の状態に陥ってしまいがちだ。これではウェブを利用しているとは言えない。ウェブには、顧客やサプライヤーとの交流や取引、そしてわかりやすい操作が必要なのだ。

投資家の忍耐はいつまで続くのか

また、IT化は投資家の投資期間を長期化させた。投資家はいままでになかったほどにこやかに業績結果が明らかになるのを待っている。大企業にとって最大の障害物の一つは、投資期間が短く、四半期と年次の利益に焦点を合わせすぎているため、投資家が本来持つべき忍耐を保つことが困難になっているということである。これはウォール・ストリートの問題ではない。経営者の強迫観念にすぎないのだ。

インターネット企業への投資にはさらに忍耐がいる。たとえ直近の会計利益が犠牲になろうとも、正しい戦略を実行し、正しい結果を得るならば、投資家は理解してくれるだろう。もちろんそのためには、企業が何をなぜ実行しているのかという本質を、経営者が入念に説明する必要がある。実際、投資家は賞賛してくれるだろう。このプロセスでは、会計利益を生み出すことができない企業は真の利益を生み出さないと発言したくなる衝動を抑えなければならない。ソフト資産への投資を、ハード資産への投資と同じように扱うことのできる、より適切な測定システムを用いるべきである。また、すべての投資は長期的にリターンを生み出すことが要求される。

会計上の財務諸表を無視してみよう。つまり、R&D、マーケティングにかかわるコストを投資として処理し、EVAで業績を測定するのだ。あらゆる国に普及している時代後れの会計システムは、インターネットに関する正しい意思決定を行おうとするマネジャーを妨害するものであり、拒否すべきである。カリフォルニア州のシリコンバレーや、同様の方法で事業を営んでいる世界のあらゆる地域は、完璧なる技術の温室として進化してきた。開発担当取締役の夢はわずかな資金で、官僚的なつまらない組織ではなく、活動的なチームと偉大なアイデアを有する組織にすることである。アイデアを蓄積し、それが成熟するまで待ちつづけ、失敗した際にはきっぱりとあきらめるだけの素晴らしい能力がそこにはある。投資の大半が失敗したとしても、勝者は圧倒的勝者になれるのだ。

非常に多くのオールド・エコノミー企業において、このメカニズムはうまく機能しない。本社スタッフのアナリストはどのようにして投資の大半が失敗するかを示す統計数値を作り上げ、CEOは担当事業部長を叱り飛ばすためにこの分析結果を用いるだろう。多くの企業の事業部長は、成功を最大化させるよりも失敗を最小化することの方がはるかに重要なのだときわめて迅速に学び取る。そのため、オールド・エコノミー企業の大半、とりわけ規模の大きいところほど、イノベーションの可能性がついえてしまうのである。

実験と失敗を許容することは学習プロセスの中核である。シリコンバレー以外の地域でも、ヨーロッパ人に比べアメリカ人は失敗に対して寛容であることが多い。これは重要なことだ。あらかじめ、どの

NWC型企業への投資が失敗するかを知っていたら、その投資は行わないだろう。しかし、それは前もってわかることではない。そのために、ポートフォリオを利用して投資すべきなのである。ポートフォリオへの投資によって、成功者が適切なリターンをあげつづけているかぎり、アメリカ人は成功していると言えよう。そして、単に失敗を許容せずに、しっかりとした学習プロセスを確保する必要がある。実験を経た製品やサービスに関する最良のアイデアのいくつかは、起業したばかりの会社の焦点を劇的に変化させる。

将来の成長のための権利を手に入れよ

製品やサービスをより効率的に投入したり、あるいはライバル企業よりも自社の提供品の価値を高め、差別化するのに、関連した世界がどのように役立つのかを創造的に考えよう。ウェブ販売についてだけ考えるのではなく、より大きなバリュー・チェーンについて考慮すべきである。いかにすれば顧客の認知度を高めることができるだろうか。直接販売によって注文の正確性を上げられるだろうか。在庫を増加させないようにサプライヤーとよりよい連携ができるだろうか。製品開発に関する有益な情報を得られるだろうか。もしくは、製品のデザインをさらにカスタマイズすることができるだろうか。自社とは関係のない業界に所属するほかの企業が行っていることを観察し、彼らの手法をどのように応用するかについてブレイン・ストーミングを行う必要がある。ブレイン・ストーミングの内容をすべて自社内で実行する必要はない。技術的なソリューションを提案できる専門的な企業とパートナーを組めばよいからだ。ニュー・エコノミーの提供品を使うことによって、自社の事業を改善できる。これによって、サプライヤーと顧客に対して事業がより効率的になり、より望ましいビジネス・パートナーになれるだろう。

しかし、商業的可能性が生じる前に、過大投資をすることは避けるべきだ。多くの小規模投資に焦点を合わせるべきである。それはまだ普及していない技術を獲得する以前の段階として、機会そのものを捕まえるための投資である。先に述べたように、ジョイント・ベンチャーや戦略的提携などへの投資は、潜在的な新技術を獲得するための経済的に効率的な方法である。繰り返すと、オプション価値は投資への義務ではなく、権利を得たときに発生するのだ。また、あまりにも早い時期にコミットすることも避けなければならない。

リアル・オプションへ投資し、将来の価値ある機会をできるだけ多く得られるようなポジションへと自社を位置付けるべきである。その本質は、オプション価値は柔軟性から生まれるということである。それは、投資するのか撤退するのかを正しい時期に判断できる柔軟性という形を取る場合もある。将来を予測できる水晶玉を持っているわけではない。さまざまな未来のシナリオで勝者になるようなポジションを確保するために、ベストを尽くさなければならない。

自社のインターネット活動を管理する従業員が、成功か失敗かを左右することになるだろう。また、官僚的になりがちな大企業ほど、成功への可能性が少ないだろう。しばしば、マネジャーはよい業績をあげることよりも、近い将来のよい出来事に関心を持つ傾向にある。こうしたマネジャーの関心と、われわれがマネジャーに生み出してもらいたい業績とを密接に連携させる必要がある。

人的資源の価値を認識し、真のスターを組織の成功に関与させるべきである。これはインターネット事業への資本参加、もしくはストック・オプションを通じて実現できる。しかし、インターネット事業を独立させて設立するときのみ、それは機能する。ほかの事業から完全に分離されていないのなら、新規事業を立ち上げる必要はない。多くの場合、技術の利用は新たな販売チャネルや営業チャネルを追加するだけであり、基本的には同じ事業なのである。だが、従来の事業部門が新規部門のドライバーとなるような調和のとれた戦略を確立することによって、事業の成長が加速される場合は多い。小売業では、この現象を容易に見ることができる。買い物客にオンラインへ移行してもらうよう催促する店舗は多い。なぜなら、配送先の住所が担当地域にある場合、いままでどおりの信頼が得られるからだ。したがって、オールド・エコノミーとニュー・エコノミーの調整からベネフィットを得られない場合にのみ、単独での起業やトラッキング・ストック＊の発行を考慮に入れるべきである。

インセンティブが最も有効な開発の初期段階において、経営者報酬は、複数年にわたる業績の改善を促す積極的なEVAボーナス・プランと結び付けたほうがよい（たとえば、既に述べたリアル・ネットワークスのように）。適切な高額報酬を提供するためにも、リスクと報酬のバランスは、平均的なインセンティブ・プランよりも高くレバレッジされるべきだ。基本構成はほかのEVAボーナス・プランと同じである。核となる従業員は、現在の地位で適切な報酬を得る機会がないと感じたら、あまたあるインターネット・ベンチャーへと流出してしまうだろう。

オールド・エコノミー企業は何をすべきか

NWC型企業の価値に惑わされてはならない。株価は現実的かもしれないが、夢であるかもしれない。

それはわからない。だが、リアル・ネットワークスの企業価値が投下資本よりも小さければ、一九九九年会計年度末における株価は九九％ほど下落しているはずだということを認識する必要がある。よく知られている合理的な評価指標で言えば、これはオールド・エコノミー企業の多くが大切にしている、投下資本に対するNPVになるだろう。だが、現実にそうした高い価値がついている以上、NPVではなく、EVAによる企業評価を行う必要がある。

生き残ることについて考えるのはやめていただきたい。攻撃的なポジションをとる必要があるのだ。オールド・エコノミー企業は多くの資産、多くのスタッフ、そして長い歴史を持っているが、彼らはニュー・エコノミーの世界では負け犬だと思われている。負け犬が勝つとだれもが喜ぶ。しかし、オールド・エコノミー企業が勝つことを信じ、そのように努力しなければ勝てないだろう。カニバリズムへの恐怖を克服することが大きな一歩である。これまで築き上げてきた地位を失ってしまう恐怖から、あまりにも多くの企業が変化を伴う困難な選択を嫌がっている。自分でカニバリズムを起こさなければ、だれかによって引き起こされることを忘れないでほしい。よりよい効率的方法があるなら、だれかがそれを発見するだろう。

一九二九年の中頃、当時の著名な経済学者であったアービング・フィッシャー教授が、株価は永遠に続く高止まりの状態に到達したようだと予測した。その後数年にわたり、ダウ・ジョーンズ工業株平均は壊滅的に暴落した。では、現在の株価はバブルなのだろうか。そうかもしれないし、そうでないかもしれない。しかし、変化は重要である。そして、変化を無視する企業は馬車用のムチを生産しているようなものである。すべてのCEOは未知なる世界に向けて舵取りをしていかなければならない。この業界における価値のドライバーを理解することは、成功への秘訣である。

ＩＴ化が進展し、広範囲な投資を認知する必要性が高まることからも、ＥＶＡの有効性は将来においても非常に明るいといえる。価値創造の重要な源泉は、ブリック&モルタルから、クリック、接続性、そしてアクセスを効果的に結び付けることへと軸が動いている。ＮＷＣ型企業は高いＥＶＡマージンと成長率を示しており、すべての企業が参入に魅力を感じている。価値を求めるための魔法のような計算式は存在しない。かつて価値をもたらしてきたミクロ経済学の原則は、これからも同じく価値の原動力となろう。しかし、企業が価値を創造するための方法は変化した。それればかりか、その変化は加速しつづけている。いまこそ官僚的組織から脱却し、想像力豊かで、より創造的かつ企業家精神旺盛なスタッフとなるべく、彼らを鼓舞すべきである。企業家精神とオーナーシップを兼ね備え、イノベーションを頻繁に繰り返していくような組織文化へと変えるためのツールこそがＥＶＡなのである。

謝辞

一〇年来の親友ジョン・シーリーと、われらのジャーナリズムのメンター、アーヴィン・ロスとの三人で進めたこのプロジェクトは、大変楽しい仕事であった。協力して作業を行ったばかりでなく、友情も深めることができた。ジョンはＥＶＡ革命のヒーローの一人である。彼は、ＥＶＡの概念的基礎と日々の方法論が、財務諸表や企業財務について知識の乏しい人々を動機付けるうえで、いかにちがいを生み出すかということを、ビジネス界のだれよりも早くに気が付いていた。先頭に立つことは容易ではない。彼の疑問、彼の理解、そしてそれらを仕事へと置き換える方法は、ほかの企業だけでなくスターン・スチュワート社にとっても、理論を実務に置き換えるための適切な方法として模範的なものであった。

アーヴィン・ロスは優れたビジネス作家の一人である。彼の作品や知的関心によって、われわれは情報の経済学、情報の非対称性、インセンティブ・シグナリングについて議論するだけでなく、哲学、心理学、さらには社会学に関する議論までも行った。だが、多くの機会で彼に話してきたように、EVAというテーマはシカゴ大学経営大学院に由来する。

その一つは、当時の経営大学院長であったジョージ・シュルツが、あらゆる問題の基礎となる、ミクロ経済学を研究するために経済学部の授業も履修するよう私に勧めてくれたことである（彼は後に、ニクソン政権下で労働省長官、行政管理予算局長官、財務省長官を務め、さらにレーガン政権下で国務省長官を務めた）。もちろん、彼の言うことは正しかった。ゲリー・ベッカー教授の著書を読むことで、人間の行動を決定するうえでインセンティブが重要だということがわかった。

ミルトン・フリードマンは、私のアイデアを発展させるうえで不可欠だった、これまでに経験したことのない研究についての思考方法を教授してくれた。そして、マートン・H・ミラーは企業価値を測定するための基本概念を教えてくれた最大の恩人である。

コロンビア大学、カーネギー・メロン大学、ミシガン大学、ロチェスター大学、ロンドン大学経営大学院、そしてヨハネスブルグにあるウィットウォータースランド大学の授業で学生に話してきたように、一九五八年にフランコ・モジリアーニとマートン・ミラーが発表した資本コストと資本構造に関する論文ほど、私に大きな影響を与えたものはない。いや、正確にいえば、*Journal of Business*の一九六一年一〇月号に掲載された'Dividend Policy, Growth, and the Valuation of Shares（配当政策、成長および株式評価）'の第二節および第三節の脚注一五であろう。それは、資本市場の評価に関して、ミラー教授と行った多くの議論の土台を提供してくれた。彼は、無形資産が、企業の経済モデルによれば長期的価値を有するにもかかわらず、なぜ会計のフレームワークでは即座に償却してしまうのか、といった真っ正面からの疑問について、私を納得させてくれた人である。彼の授業は、私にとって常に刺激的なものであった。マーシャル・ブルーム、マイケル・ジェンセン、リチャード・ロール、そしてマイロン・ショールズがクラスメートだった。その後、彼らの授業を聴講したり、彼らの創造的な論文を読むことによって、これらのエコノミストたちは知らず知らずのうちに私の先生となったのである。シカゴ大学そしてマートン・ミラーのクラスの環境はこのような感じであった。

マイケル・ジェンセンは、ＥＶＡの計算式を実践し、組織をデザインしていくうえで非常に重要な役割を演じてくれた。「エージェンシー理論」（故ウィリアム・メックリングとの共著）のパイオニアである彼の洞察は、経営者は株主の利益のためだけに行動するわけではなく、そのために株主は経営者の行動をモニタリングするためのコストを負担し、とりわけ経営者と株主の利害を一致させるような報酬システムを採用する必要があるということをわれわれに教えてくれた。一九八〇年代半ばに公表されたフリー・キャッシュ・フローに関する彼の論文は、企業が余剰資産を蓄えることの危険性を指摘し、そのような資産を、他部門からの援助なしでは継続不能なほどリターンの低いプロジェクトに用いることは、株主の利益を損なうことになると警鐘を鳴らした。一九八九年に *Harvard Business Review* に掲載された彼の論文‘Eclipse of the Public Corporation（公開企業の失墜）’はスターン・スチュワート社で大いに役立ったと同時に、混乱ももたらした。わが社のさまざまな専門スタッフは、彼の考えが正しかったと感じており、私の同僚のベネット・スチュワートの著書『ＥＶＡ創造の経営』にも大きな影響を与えた。ベネット・スチュワートは価値を引き出し、浪費を最小化するために、（たとえ見せかけであっても）企業は負債比率を高くすべきだと示唆している。

一方で、剰余金を株主に支払い、経営者だけでなく、すべての従業員をバリュー・チェンジ・エージェントにするべく、インセンティブ・システムを慎重に設計する義務を契約で企業に担わせることにより、ジェンセン教授の関心が克服されると考える人々もわが社にはいる。成長を諦めた重工業のような成熟した企業であっても、適切なＥＶＡモチベーションを提供し、考え方を改めさせることで、本当に価値を向上させようとする莫大なエネルギーが生み出される。最も顕著な例だけでも、Ｂ＆Ｓやハーマン・ミラー、さらにはＳＰＸがこれらに該当する。

ハーマン・ミラーのブライアン・ウォーカーには最大級の謝意を述べたい。彼はスキャンロン・アプローチを用いそれを普及させることにより自社のＥＶＡ活動を率先して実行してくれた。ＧＥ出身の賢人であるジョン・ブライストンは、ＥＶＡが実践されていなかったＳＰＸを救済した。彼はＳＰＸに就任するとすぐに、ＥＶＡが実践されるように組織改編を行った。また、国境を越えて、ミュンヘンのシーメンス、ロンドンのテート＆ライル、オスロのオルクラ、パリのラファージでもＥＶＡを用いて成功している。各社のＣＥＯと財務担当取締役は、企業価値を最大化し、従業員を満足させるために、ＥＶＡを持続的、発展的に活用している。さらに、テレコム・ニュージーランド、オーストラリアのテルストラ、シンガポール・パワー、シンガポール港湾管理委員会、ＵＳポスタル・サービスなどの民営化された企業でも、予期しなかったほどの株主価値を創造している。

ジョン・シーリーとアーヴィン・ロス、そして私の三人は、スターン・スチュワート社の専門性と創造性を兼ね備えた同僚に深く感謝するものである。われわれは、既存の価値最大化アプローチについて、気軽に質問できるという、知性あふれる環境に恵まれていた。私はデビッド・グラスマンのオフィスで何度も会合を持ち、スターン・スチュワート社の*Journal of Applied Corporate Finance*の編集者であるドナルド・チョウと頻繁に議論した。ドナルドの協力は、私がアイデアをまとめあげるうえで欠かせないものだった。グレゴリー・ミラノは、ヨーロッパの企業にＥＶＡを導入するうえで克服すべき文化的ギャップを、どのように修正しなければならないかを教えてくれた。彼はまた、こうしたアイデアをオーストラリアやニュージーランド、南アフリカの企業に適用する際にも責任を持って取り組んでくれた。ＪＤグループのＣＥＯであるデビッド・サスマン、ケープタウンとオーストラリアのプライスラインにあるニュー・クリック・ホールディングのＣＥＯであるトレバー・Ｃ・ハニーセットは、ＥＶＡを導入して三年以内に企業価値を三倍以上にまで高めた。スターン・スチュワート社のヴァイス・プレジデントであり、エナジー・プラクティスのリーダーであるジョン・マコーマックは、医薬品産業のヴァイス・プレジデントであるマーク・シンダーとともに、リアル・オプションの理論を開発するうえで注目に値する洞察を行ってくれた。シニア・ヴァイス・プレジデントであり、『富を創造するＥＶＡ（経済付加価値）経営』（河田剛訳、東洋経済新報社）の著者であるアル・アーバーは、私のアイデアを発展させる理論的根拠と焦点を提供してくれた。われわれが初めて会ったのは二五年以上も昔である。当時、彼は*Fortune Magazine*の個人投資部門で記者をしていた。自分の考えというものは少なからず揺らぎやすいものである。そのため、どの著者も新しいアイデアを得るためには親しい友人を必要とする。デニス・ソッターは私にとってそうした友人であった。われわれは三〇年来の友人であるが、知的な議論よりも友情がまず先にあった。彼には深く感謝している。

およそ六年前、われわれのよき友人であり、かつてニュージーランドのオークランドにあるフレッチャー・チャレンジのCEOを務めていたロナルド・トロッター卿に、私が観光用ビザの更新を忘れてしまったと話したことがある。そのため、彼の会社との重要な会議に出席することができなくなってしまった。しかし、ロナルド・トロッター卿は「入国審査の際に、あなたがEVAの宣教師であることを告げてくれれば、ビザなんて必要ないですよ」と答えてくれた。こうした熱狂的なまでの歓迎ゆえに、私にとっては去りがたい帰路となった。こうした体験は、私が一九六四年にシカゴ大学を卒業して以来のものだった。所有している無形資産の全額を当期の費用とするのではなく、バランスシートに記載させるために、私は会計フレームワークの修正が必要であることを他人に説明しようと努力してきた。オペレーティング・リースと同様に、貸借対照表で認識されない項目があるのだ。

およそ四半世紀前の一九七六年に、私はベネット・スチュワートと知り合った。われわれが知的ハードルに直面した際にどのようにして進むのがベストなのか、これについて私たちは同じような感覚を共有してきた。そのため、お互いに尊敬しあってきたのである。私たちのアイデアは共通していたために、そして彼が驚くべき能力を持っていたために、私たちが通ってきた道のりは大変楽しいものであった。学会における私の友人のほとんども、この刺激的な旅の一部に参加していたと思う。ベネットは残されたすべての疑問を解決してから次の挑戦に進むよう常に努力してきた。そのため、いまの私を彼の恩恵抜きには語れないだろう。

言うまでもなく、関心の焦点を定め、残された問題は何なのか明らかにし、そして科学的方法を教えてくれた先生たちにも感謝を捧げたい。われわれのアイデアが今後も通用していくのかどうか、そしてほかのだれかによって、さらなる飛躍をとげるのかどうかに、EVAのすべてがかかっているだろう。

もちろん、シカゴ大学のビジネススクールに誇りを持って進学させてくれた両親のボリス・スターンとイリーナ・スターンにも感謝したい。彼らのアドバイスと支援がなければ、いまの私はなかっただろう。これまでお礼をする機会に恵まれなかった先生方にも、謝意を述べたい。また、私の先生の一人となった息子のエリックにも、重ねて感謝したい。戦略に対する彼の視点と、議論を明瞭にするために何度も空港まで足を運んでくれたことは、彼が生まれる前から、私に足りないと思ってきたことである。EVAの考え方を労働組合に適用したり、社会主義、国家統制、規制といった言葉を子供たちが生まれて初めて学ぶような文化的に疎遠な地域にある政府において、EVAをどのように考えるべきか教えてくれたのは彼の貢献でもある。

事実を直視し、多少なりとも可能性があるならば諦めるべきではないということを教えてくれたのは、タスティアナ・モリナである。彼女はこのプロジェクトを本当に楽しいものにしてくれた。それは優しさとエクセレンスへの飽くなきこだわりとを併せ持った、彼女の性格によるところが大きい。彼女はまた、だれにも負けない笑顔を絶やすことなく仕事に集中してくれた。

今後もたゆまぬ学習が必要である。われわれの理論をより精緻化し、EVAの有効性を高めるためにも、読者諸賢にはお気付きの点があれば遠慮せずにわれわれにご連絡いただきたい。それにより、EVAはさらなる進化を遂げることになるだろう。

ジョエル・M・スターン

私たちは皆、少なくともだれかを知っている。そうした人物に関する私の最も古い記憶は、大学一年生のときのクラスメートである。彼とは大学に入学して、すぐに知り合いになった。彼は、学生寮のちっぽけな部屋向けのカーペットの転売業を営むべく、地元のカーペット業者と関係を築き上げていた。スナック菓子やソフト・ドリンクを販売するベンチャーもしていたと思う。ほかの学生たちが比較文学や数学入門といった授業に勤しんでいる一方で、彼は在庫を管理し、顧客への流通チャネルを開拓していた。しかも、彼は適正な利益を生み出していたのである。

管理会計やミクロ経済学といった授業をまだ履修していないにもかかわらず、彼はキャッシュ・イズ・キングということを知っていた。つまり、現在の事業や成長計画を支えるために、必要最低限の資本しか用いなかったのである。また、彼は競争に勝つうえで、関係性が重要なことを理解していた。では、だれとの関係なのだろうか。簡単に言うと、**バリュー・クリエーター**である。すなわち、二つのものを組み合わせることで、五つを生み出すような特異な能力を持った人々である。彼らは今日の、奇跡に等しいようなビジネスの成功を実現している。彼らはまた、社会において重要かつ高潔な役割を演じており、彼らなしでは社会が繁栄することはないだろう。彼らは起業家である場合もあるし、失敗した事業を買い取り、立ち直らせる場合もある。ワンマン経営を行う者もいれば、大企業で効率的に働く者もいる。マホガニーの家具に囲まれた家に住んでいる者もいれば、店頭の床で寝起きしている者もいる。

ジョエル・スターンが、学術的な理論だけでなく、実務的な内容も記した組織の価値創造に関する本を共同で執筆しようと持ちかけてきたとき、私はその提案に心躍った。価値創造プロセスに関する黒魔術だけでなく、偉大なバリュー・クリエーターの持つ独自の性格に触れるときは、いつでもわくわくしてきた。とりわけ私は、サム・ウォルトンやハーブ・ケレハーのような人々の虜になった。彼らは、価値創造が不可能であると長いあいだ思われてきた、小売業や航空輸送業といった業界で、莫大な価値を創造することに成功してきた。

その秘訣は何なのだろうか。バリュー・クリエーターの独自の性格とは何だろうか。価値創造の規則はだれかによって考えられたのだろうか。あるいは、純粋に遺伝的なものなのだろうか。そうした法則を組織に根付かせた、価値創造の祖であるオビワン・ケノービが死去したり、リタイアしても、その組織は生き残れるだろうか。そして、価値創造的な行動を報いるために、人々を動機付けられるだろうか。

私は一九七〇年代の後半、アーサーアンダーセンのミルウォーキー・オフィスの報酬チームで働いていた。税務会計の若いスタッフではあったが、私は、企業が価値創造とは無関係に、経営者層に報酬を支払うことについて、漠然とした不満を持っていた。売上高の成長や一株当たり利益の増大、あるいはコストを削減させるためのインセンティブに責任を持つ一方で、こうしたエグゼクティブの多くは価値を意識せずに自社の経営を行っていた。

ノーベル賞受賞者である経済学者のマートン・ミラーが、実務にも適用できる価値創造の測定尺度を開発しようと試みていたが、結局のところ分析することはできず、測定できる人はだれもいなかった。私が一番初めに影響を受けた人物は、ケロッグ経営大学院のアル・ラパポートであった。彼は ***Harvard***

Business Review（一九八一年五・六月号）に掲載された、‘Selecting Strategies That Create Shareholder Value（株主価値を創造する戦略の選択）’の著者である。彼の研究は、一九八六年に出版された『株式公開と経営戦略』（古倉義彦ほか訳、東洋経済新報社）に集約された。アルの研究は、私がケロッグ経営大学院のＭＢＡに進学するうえで大きな影響を与えた。

　ラパポートのコンセプトは、カネを直接的にとらえるものであったが、後に私は、ジョエル・スターンとベネット・スチュワートの仕事に興味を惹かれた。彼らのＥＶＡのコンセプトは、企業の価値創造プログラムに実務上適用可能であると私は信じていた。私はベネットの仕事の草分けである『ＥＶＡ創造の経営』に大きな影響を受けた。そしてＢ＆ＳにＥＶＡ実践プログラムを導入する際に、私はスターン・スチュワート社の、最も重要なパートナーである彼と仕事をともにするという名誉を得られた。

　ビジネス界で私に影響を与えた人は非常に多い。そのだれもが価値創造という点において、強力な潜在能力を兼ね備えている。クワド／グラフィックスの創立者であり、社長であるハリー・クワドラッチ（従業員との関係をレバレッジし、統合することで価値を創造している）、ロックウェル・オートメーションの子会社である、バリアンのＣＥＯであるトレイシー・オルークと、サイブロンのＣＥＯであるケン・ヨンツ（価値の再構築をしている）、エクイファックスのＣＥＯであるジャック・ロジャース（資本規則により成長している）、ユニバーサル・フーズのＣＥＯであるジャック・マリー（ＥＶＡの実務的な適応に成功している）、弁護士のトム・クルコウスキー（従業員との関係）、ヤング＆ルビカムのエグゼクティブ・ヴァイス・プレジデントであるスチュワート・アグレス（マーケティングおよびブランド構築）、*Fortune Magazine* のジェフ・コルビンとショーン・タリー（コンセプトの構築とコミュニケーション）、ウィスコンシン・ファニチャーの

ＣＥＯであるフランク・クレッチ（困難な障壁を乗り越えようと努力している）、そしてＥＶＡインスティチュートにおける私の同僚は、多くの洞察を与えてくれた。

また、私に影響を与えてくれた、学術研究や政策研究といった分野で活動している人々にも感謝したい。彼らは、いくつかのベスト・プラクティスは最良の理論の中にある、ということの根拠を継続的に立証してくれている。ハーバード・ビジネススクールのマイケル・ジェンセン（コーポレート・ガバナンス）、ロチェスター大学経営大学院サイモン・スクールのジェリー・ジマーマンとジム・ブリックリー（組織構造の経済学）、クレアモント大学大学院のピーター・ドラッカー（組織ビジョンと情報システム）、ノースウエスタン大学ケロッグ経営大学院のキース・クリステンセン（戦略論）、ペンシルバニア大学ウォートン・スクールの名誉教授であるハーブ・ノースロップ（労働経済学）、フォーダム大学経営大学院のジム・ストナー（品質管理・価値創造）、アクトン・インスティチュートのファーザー・ロバート・シリコ、ブラッドリー・ファウンデーションのマイケル・ジョイス、ボストン大学のローラ・ナッシュ、ウィスコンシン・ポリシー・リサーチ・インスティチュートの主席研究員であるチャールズ・シーケス（価値創造に関する地理的、政治的、倫理的インプリケーション）に感謝したい。

アル・アーバー、デニス・ソッター、デビッド・グラスマン、グレッグ・ミラノ、ドナルド・チョウを含むスターン・スチュワート社のパートナーおよびスタッフの全員に感謝を記したい。彼らは常に、私のＥＶＡコンセプトに関する理解を向上させてくれた。

アーヴィン・ロスには大変お世話になった。彼は私の担当した部分の原稿を編集してくれたばかりでなく、われわれの洞察を引き出し、論理的なものにまとめあげてくれた。彼のたぐいまれなる文章能力、そしてビジネス書に関する深い知識と経験に触れることができ、私自身とても幸運に恵まれたと思っている。

最後に、共同執筆者にも最大の謝意を示したい。彼なくして本書は決して出版されることはなかっただろう。私の人生で最も知的刺激があった瞬間は、ジョエル・スターンとの議論の場であり、私は「タッグチーム」セミナー、そしてサンフランシスコで開催されたフォーチュン500・CEOフォーラムや、ワシントンDCで開催されたワールド・エコノミック・デベロップメントで行った発表をとても楽しむことができた。こうしたイベントがなければ、本書を執筆しようというわれわれの意思決定がせき立てられることはなかっただろう。ジョエルは、この分野における最良の友人であり、最大の偉人でもある。

本書を妻のヘレン、そして子供たちのマイケル、エリン、ミーガンに捧げたい。彼女たちが創り出してくれた協力的な環境がなければ、この原稿を完成させることはありえなかっただろう。

ジョン・S・シーリー

ジャーナリズムのメンターとして、私は本書での共同作業を、知的刺激とともにとても楽しむことができた。議論を明確にするために、私は疑い深い人という役回りを演じなければならなかったが、著者の二人はいつでも寛大であった。そうした作業を通じて、私はわずかながら財務論の知識を得ることができたが、それは私にとって非常にうれしいことでもあった。ジョエルが記しているように、私たちは多くのことがらについて語り合う、大変楽しい時を過ごすことができた。

私が ***Fortune Magazine*** で記者をしていたときからの古い友人でもあり、編集者の一人でもあったアル・アーバーにも感謝したい。アルは何年も前からスターン・スチュワート社とＥＶＡを私に紹介してくれ、ＥＶＡインスティチュートの出版物である ***EVAngelist*** 向けに、ＥＶＡ企業に関する原稿を執筆するという仕事を与えてくれた。また、ドナルド・チョウにも感謝している。彼は、私にこのプロジェクトを初めに持ちかけてくれた人物でもあり、洞察に富んだ原稿チェックは多いに役立つものであった。

ＥＶＡと企業買収に関する第8章のさまざまなパラグラフは、一九九九年一〇月三日にロンドンの ***Sunday Times*** に公表されたジョエル・スターンの記事 'Boardroom Controls Give Conglomerates a Boost（役員室によるコントロールはコングロマリットを促進する）' に記されているものであるが、引用の許可を受けている（©Joel Stern/Times Newspapers Ltd, 3rd. October 1999）。

さらに、センチュラ・ナショナル・バンクス、マニトウォック、ハーマン・ミラー、テート&ライルに関する本書での一部は、*EVAngelist* に公表した私の原稿から引用している。マニトウォックの記事については、トム・レンダーが私の記事を改訂したため、共同執筆となっている。ＥＶＡ企業に関する多くの事例は新しいものであり、あらゆるレベルの取締役や何人かの現場従業員とのインタビューに多くの時間を費やしてきた結果である。彼らに対しても同様に感謝したい。

本書のエピローグを寄稿してくれたグレッグ・ミラノにも感謝している。エピローグは、ＥＶＡを新しい地平へ導いている。彼の文章の一部は、スターン・スチュワート・ヨーロッパの出版物である *EVAluation* 第二巻第一号（二〇〇〇年二月）に掲載されている 'Internet Valuation: Why Are the Values so High（インターネット・バリュエーション：なぜ価値が高いのか）' に収められている。グレッグがエリック・スターン、トーマス・フェンド、ニコラス・ピザ、カル・ベダスの助力に感謝していることをここに記しておきたい。

アーヴィン・ロス

負債コスト──調達した負債に対する利子率。負債に対するリスクに見合った利子率が設定される。通常は、長期債務の利子率が用いられる。また、支払利息は損金算入されるので、負債コストは税引後利子率となる。

フリー・キャッシュ・フロー──資金提供者である株主・債権者らに分配・提供することのできるキャッシュのことである。設備投資などの経常的なキャッシュ・アウト・フローを営業活動によるキャッシュ・フローから控除して算出される。したがって、フリー・キャッシュ・フローは、経営者が自由にステークホルダーに分配することのできるキャッシュと言える。

無リスク利子率──デフォルト（債務不履行）の可能性がないと期待される安全資産への投資から、得られるリターンのこと。通常は、長期国債の実質利回りを使用することが多い。

利益マネジメント── earnings managementのことで、経営者が報告利益を調整する行動を指している。これは一般に認められた会計原則（GAAP）の範囲内であり、違法な粉飾決算とは別物である。しかし、利益マネジメントにより、キャッシュの実態と大きく乖離した利益が報告される可能性がある。このような利益マネジメントも会計上の歪みをもたらす要因と言える。

リスクプレミアム──株式市場の収益率と無リスク利子率との差。ここで株式市場の収益率は時系列的に求め、無リスク利子率は直近の利子率を使用する。経験的に、リスクプレミアムは6％と見積もられている。

割引キャッシュ・フロー法── Discounted Cash Flow Approach（DCF法）のこと。これは企業の生み出す将来のキャッシュ・フローを、そのリスクを反映した割引率で割引計算し、現在価値を求める方法である。DCF法は、キャッシュ・フローを用いることから、会計上の歪みを回避できるというメリットがある。一方、将来のキャッシュ・フローの予測には予測者の恣意性が入り込むという問題点がある。

$$株式資本コスト＝無リスク利子率＋\beta(株式市場の収益率－無リスク利子率)$$

現在価値――将来のキャッシュの価値を、現在時点での価値で示したもの。たとえば、1年後の10,000円は、利子率が5％であれば、10,000円÷(1＋0.05)により、現在価値は9,523.8円となる。つまり、9,523.8円は、利子率5％であれば、1年後に10,000円となるのである。このとき、用いた利子率を割引率という。

実効税率――利益に対して実際に納めた税額の比率。また、法定実効税率という概念もある。企業の所得に対して、法人税や住民税、事業税などの税金が課されるが、これらの税率を単純に合計した表面税率は、実際の税負担率とは異なる。それは、税金の中には、損金算入が認められる税金もあるからである。たとえば、日本の場合、事業税の損金算入が認められている。このような場合、実効税率は　次の式で求めることになる。

$$法定実効税率＝\frac{法人税率\times(1＋住民税率)＋事業税率}{1＋事業税率}$$

投下資本――企業の事業活動に投資されたキャッシュの総額。総資本から無利子の流動負債を差し引いたものから、有価証券と建設仮勘定を控除する一方で、オペレーティング・リースなどの現在価値、および特定の株主資本等価準備金を加算して投下資本を求める。なお、投下資本については、NOPATと同様に、財務アプローチと事業アプローチによる計算方法がある。

トラッキング・ストック――部門・子会社業績連動型株式とも呼ばれ、本社の業績とは関係なく、特定の部門や子会社の業績に連動して配当や株価の上昇が期待できる株式のことである。トラッキング・ストックの発行は、高収益部門や子会社の価値を顕在化させることができるというメリットを持つ。

必要収益率――加重平均資本コスト（WACC ＝ Weighted Average Cost of Capital）とも呼ばれ、資金提供者が要求する最低限のリターンを示す。「加重平均」とは、企業の資金の調達源泉である負債と株主資本それぞれに生じるコストを、調達額でウェートをつけて平均するということである。WACCの計算式は次のように表される。

$$WACC=\frac{負債}{負債＋株主資本}\times負債コスト\times(1－実効税率)$$
$$＋\frac{株主資本}{負債＋株主資本}\times株主資本コスト$$

この株主資本等価準備金には、主に次のようなものがある（カッコ内は調整の方法)。貸倒引当金（債権に加算)、LIFO 引当金（棚卸資産に加算)、営業権償却累計額（営業権に加算)、R&D 費（長期資産とし、5年間で均等償却)。いずれも保守主義、すなわち、控え目な利益測定観により会計上処理される項目である。

会計上の歪み——現在の会計は、発生主義会計と呼ばれる計算システムを採用している。その特徴は、現金収支と収益・費用が必ずしも一致しないという点にある。これは、継続企業の「期間」業績を適正に表示しようとすることを意図しているためである。

一方、経済モデルにおいてはキャッシュをベースに業績評価が行われる。また、会計計算では減価償却という一つの処理をとってみても、複数の代替的な処理方法が認められている。このような会計利益と経済モデルの計算構造のちがいにより生じた差異が、会計上の歪みと呼ばれている。スターン・スチュワート社は、会計上の歪みを120カ所以上も指摘している。

株式リターン——株式投資による収益率。通常は次の式により求めることができる。

$$\text{株式リターン}=\frac{\text{期末株価}-\text{期首株価}+\text{配当}}{\text{期首株価}}$$

将来の期待リターンであれば、次式のように株価と配当に関して予測する必要がある。

$$\text{期待株式リターン}=\frac{\text{期待株価}-\text{現在株価}+\text{期待配当}}{\text{現在株価}}$$

株主資本コスト——投資家が株式投資する際に要求する、期待リターン。株式の期待リターン（＝株主資本コスト）は、資本資産評価モデル（CAPM＝Capital Asset Pricing Model）を用いて推計することができる。CAPMは市場の均衡時に関する理論モデルであり、リスクを持つ資産と期待収益率とのあいだには、需給を均衡させる数量的関係があることを示すものである。

i株式の期待リターンは、リスクプレミアムにベータ（β）をかけた値に安全利子率を加えたものに等しくなる。このベータとは、各社の株式リターンの、株式市場全体のリターンに対する感度を示すものである。ベータは、たとえば、i社の株式リターンとm株式市場のリターンとの共分散を、m株式市場のリターンの分散によって除すことで求められる。各社のベータについては、証券会社や証券情報会社により公表されており、それを利用することもできる。

よって、株主資本コストを式で示すと、次のようになる。

用語解説

EVA ――スターン・スチュワート社によって開発された、Economic Value Added（経済付加価値）という企業評価指標の略称であり、同社の商標でもある。EVAは、NOPAT（税引後営業利益）から投下資本コストを差し引いたものと定義される。式で示せば、次のようになる。

$$EVA = NOPAT_t - (\text{投下資本}_{t-1} \times \text{加重平均資本コスト})$$

この式から明らかなように、EVAは、NOPATから資本コストを引いた後の残余利益である。理論上、市場付加価値（MVA）は、将来期間における期待EVAの割引現在価値の総和に等しい。

MVA ―― Market Value Added（市場付加価値）の略称。ＭＶＡは、企業の市場価値と投下資本の差額として定義され、企業に投下された資本を上回って創造された価値を示す。

NOPAT ―― Net Operating Profit After Tax（税引後営業利益）の略称。財務諸表の損益計算書における営業利益は、税引前の営業利益である。NOPATは、損益計算書における営業利益から税金を控除することになる。このときに適用される税率は、実効税率である。NOPATは次の式により求められる。

$$NOPAT = \text{営業利益} \times (1 - \text{実効税率})$$

ただし、EVAの計算で用いる営業利益は、このように単純な損益計算書上の数値ではなく、「財務アプローチ」や「事業アプローチ」により調整計算を行い、会計上の歪みを修正した数値を用いる。

財務アプローチでは、企業の資金調達の源泉である負債と株主資本に着目して、NOPATや投下資本を計算する。NOPATであれば、純利益に税引後の支払利息や少数株主持分、優先株に帰属する少数株主持分損益や優先配当、そして株主資本等価準備金の増減額を加減して求める。投下資本は、株主資本に有利子負債を加算するとともに、NOPATの計算上加算した少数株主持分、優先株、そして株主資本等価準備金を加算して計算する。

一方、事業アプローチでは、企業が保有する資産に着目して、NOPATや投下資本を計算する。これは、貸借対照表の貸方（資金の調達源泉）と借方（資産）の金額が一致することを利用した考え方である。NOPATは、売上高から営業費用を控除し、それにより計算された営業利益に対応するキャッシュベースの税金を控除して求める。投下資本は、正味運転資本（流動資産－流動負債）に正味の固定資産を加えるとともに、株主資本等価準備金を加算する。

【ま行】

【や行】

【ら行】

【わ行】

【な行】

【は行】

【た行】

【さ行】

索引

[著者紹介]

ジョエル・M・スターン（Joel M. Stern）

スターン・スチュワート社の創業者であり、現在も共同経営者として活躍。最近では経営大学院で教員も務める。株主価値経営の代表的提唱者であり、業績測定や企業価値評価などの権威としても知られている。

ジョン・S・シーリー（John S. Shiely）

大手エンジンメーカー、ブリッグス&ストラットン社の社長。アーサーアンダーセンで税理士として勤務した後、弁護士としていくつかの法律事務所で活躍した。ブリッグス&ストラットン社にEVAを導入し、業績回復と風土変革を達成した。

アーヴィン・ロス（Irwin Ross）

スターン・スチュワート社が発行する*EVAngelist*に連載を持つジャーナリスト。経済・経営関係の著書を多数持つ作家でもある。

[訳者紹介]

伊藤邦雄（いとう・くにお）

1951年千葉県生まれ。一橋大学商学部を卒業後、一橋大学商学部助教授、スタンフォード大学フルブライト研究員を経て、一橋大学大学院商学研究科教授。商学博士。現在、一橋大学大学院商学研究科長・商学部長。主著に『グループ連結経営』『ゼミナール現代会計入門』『コーポレートブランド経営』（いずれも日本経済新聞社）がある。

EVA　価値創造への企業変革

2002年11月21日　1版1刷

著　者　ジョエル・M・スターン
ジョン・S・シーリー
アーヴィン・ロス

訳　者　伊　藤　邦　雄

発行者　喜　多　恒　雄

発行所　日本経済新聞社
http://www.nikkei.co.jp/
東京都千代田区大手町1-9-5　〒100-8066
電話（03）3270-0251　振替00130-7-555

印刷・製本　シナノ

ISBN 4-532-31011-3　Printed in Japan